民國歷史與文化研究

初 編

第 17 冊

孫中山權力制約思想研究

朱仁政 著

花木蘭文化出版社

國家圖書館出版品預行編目資料

孫中山權力制約思想研究／朱仁政 著 -- 初版 -- 新北市：花木
蘭文化出版社，2015〔民104〕
目 2+224 面；19×26 公分
（民國歷史與文化研究 初編：第17冊）
ISBN 978-986-404-153-4（精裝）
1. 孫中山 2. 學術思想 3. 政治思想
628.08   103027666

ISBN-978-986-404-153-4

9 789864 041534

民國歷史與文化研究
初 編 第十七冊   ISBN：978-986-404-153-4

孫中山權力制約思想研究

作　　者　朱仁政
總 編 輯　杜潔祥
副總編輯　楊嘉樂
編　　輯　許郁翎
出　　版　花木蘭文化出版社
社　　長　高小娟
聯絡地址　235 新北市中和區中安街七二號十三樓
　　　　　電話：02-2923-1455／傳眞：02-2923-1452
網　　址　http://www.huamulan.tw 信箱 hml 810518@gmail.com
印　　刷　普羅文化出版廣告事業
初　　版　2015 年 3 月
定　　價　初編 32 冊（精裝）台幣 56,000 元

孫中山權力制約思想研究

朱仁政　著

作者簡介

　　朱仁政。男。漢族。1969 年 8 月 22 日出生。山東省海陽市人。2008 年 6 月獲吉林大學法學博士學位。曾師從寶成關先生多年，專攻中國近代政治思想史。現就職於大連市人民檢察院。曾在《法制與社會發展》、《中國刑事法雜誌》、《國家檢察官學院學報》等刊物發表論文多篇，主持編寫了《關東解放區的人民檢察制度》（全國檢察機關重點課題）。是全國檢察理論研究人才庫成員。現正參與撰寫中國檢察官文聯重點課題《檢察職業行爲研究》一書，是課題組主要成員。

提　　要

　　建立一個「人民有權、政府有能」的國家是孫中山的終生追求，如何在保證「政府有能」的同時實現人民對國家權力的有效控制，始終是孫中山思考和關注的一個重要問題。文章認爲孫中山的權力制約思想有著比較完整的理論體系，既有對人民有權的關照，又有對以權制權的重視，也有對法治的弘揚和官員道德的強調，它們相輔相成，共同構成了孫中山權力制約思想的有機整體。其中，「人民有權」思想是孫中山權力制約思想的邏輯基點，解決的是權力制約的價值取向問題，體現的是以權利制約權力；權力分立思想是孫中山權力制約思想的政制設計，解決的是國家體制層面的設計問題，體現的是以權力制約權力；包括五權憲法在內的法治思想是孫中山權力制約思想的法律化，解決的是權力制約的具體實現問題，體現的是以法制權；「人民公僕」思想是孫中山權力制約思想在道德層面的構想，解決的是權力主體即人的問題，以期通過權力主體的自我約束，實現對權力的規制，體現的是以德制權。文章旨在通過對孫中山權力制約思想的分析與研究，揭示孫中山權力制約思想的邏輯體系、思想特徵和實踐價值，以期爲當代中國正在進行的以加強權力監督制約爲主題的政治體制改革提供借鑒。

謹將此書獻給恩師　寶成關先生

目

次

緒　論

一、問題的提出與選題的意義

　　中共十六大報告在關於政治體制改革的論述中，專門用一段闡述了「加強對權力的制約和監督」問題。明確、公開地提出要加強「權力制約和監督」，並且把對權力的制約和監督作爲一對密切聯繫的政治機制完整地加以表述和強調，這在中共黨代會的政治報告中還是第一次。中共十八大報告進一步提出要「健全權力運行制約和監督體系」，將對權力的制約和監督提高到體系建設的高度上來。這意味著加強對權力的制約和監督已經完全提到執政黨政治體制改革的議事日程，推行多年的政治體制改革正逐漸步入核心領域和攻堅階段。在這樣一個改革的時代背景下，回顧總結我國近代以來的憲政發展歷程及其經驗教訓，對我們今天正在進行的政治體制改革特別是如何加強對公共權力的監督和制約，無疑具有十分重要的現實意義。

　　眾所周知，不管是近代意義上的憲政思想，還是權力制約思想，它們主要還是西方政治和法律文明發展的產物，並非中國社會土生土長。但也正如西方憲政思想和憲政運動經歷了一個歷史的邏輯的發展過程一樣，非西方的中國在向西方學習和模仿的過程中，也經歷了一個歷史的邏輯的發展過程。黑格爾曾經對研究哲學史給出了如下理由：「思想的活動，最初表現爲歷史的事實，過去的東西，並且好像在我們的現實之外。但事實上，我們之所以是我們，乃是由於我們有歷史，或者說得更確切些，正如在思想史的領域裏，過去的東西只是一方面，所以構成我們現在的，那個有共同性和永久性的成分，與我們的歷史性也是不可分離地結合著的。……我們必須感謝過去的傳

統，這傳統猶如赫爾德所說，通過一切變化的因而過去了的東西，結成一條神聖的鏈子，把前代的創獲給我們保存下來，並傳給我們。」〔註1〕

在中國向西方學習和模仿的過程中，孫中山是第一位立足中國國情，彙通中西，比較系統地提出一整套具有近代色彩的憲政架構和治國方略的政治家和思想家。他的權力制約思想既有對西方民主憲政思想的規撫，又有對中國傳統文化的因襲，更是他對中國當時具體國情關照與思考的結果。他對權力制約與監督的獨特理解是一座不可多得的思想寶庫，對中國後世的政治發展產生了深遠影響。研究中國近現代憲政史，不能不關注孫中山的憲政思想和實踐；新時期推行依法治國方略、建立健全權力監督制約體系，也有必要從孫中山的權力制約思想中汲取營養。這是筆者寫作本文的第一個緣由。

寫作本文的第二個緣由源自筆者工作中的一些感觸。仔細觀察就會發現，當下中國大陸的權力監督機制即使不是世界上最多，也是比較多的國家之一。僅以行政權力監督為例，既有來自行政機關內部的監察監督，也有來自外部執政黨的紀委監督、檢察機關的法律監督、人大的權力監督、社會各界的輿論監督，等等，已經形成了一個十分龐大的監督體系。但從實際運行效果來看，其在制約公共權力、防止權力腐敗方面，效果並不理想。這從近年來大陸的權力監督機制不斷完善、權力腐敗案件卻不斷湧現的現實窘境便可得到印證。為何如此嚴密的監督制度，仍然不能有效防止權力的濫用和腐敗呢？通過進一步分析就會發現，這一權力監督模式至少存在如下三方面問題：

第一，從運行機制上講，在權力監督模式中，監督者相對於被監督者是一種外在的權力，它對被監督對象的權力運行過程並非親身經歷和參與，由於不是親身經歷和參與，這種對權力的監督與制約便不是實時的，往往是碎片的、選擇性的，必然會存在監督的死角和盲區。而且由於不是親身經歷和參與，它對被監督領域的權力運行規律和最新變化也缺乏非常專業地瞭解，不可避免會存在監督不專和被蒙蔽的問題。

第二，從功能效果上講，這種權力制約模式主要是對權力的事後監督，而不是事中監督。它與權力制衡模式〔註2〕強調權力運行過程中的相互牽制

〔註1〕 〔德〕黑格爾著：《哲學史講演錄》第1卷，賀麟、王太慶譯，商務印書館1959年版，第7～8頁。

〔註2〕 關於權力監督模式和權力制衡模式的概念和特點，請參照本文第一章有關內容。

不同，這種權力制約模式，往往是在錯誤已經出現，或者損失已經造成後，才啓動監督程序。由於是事後監控，便增加了權力的運行成本。

第三，監督權本身也是一種權力，它也應當受到監督。因此，這種模式便總是存在一個由誰來監督監督者的問題。美國學者丹尼斯・朗說：「完整權力總會引出誰警衛警衛員自己，或誰統治統治者、監護監護人、監督監督員的問題。」〔註3〕體現在制度設計上，必然導致監督體制上的疊床架屋，無休無止。

通過對我國近現代政治思想的觀察與分析，筆者發現，孫中山的權力制約思想與當前大陸實行的這種權力監督模式頗有某些相似之處。

總之，種種因素使我選擇了《孫中山權力制約思想研究》作爲我的研究題目。

二、當前的研究現狀〔註4〕

應當說，目前在國內，單純從權力制約的角度，對孫中山的政治思想進行系統研究的專著還沒有，論文也不多，主要有浙江師範大學何增光寫的《論孫中山的權力制約思想》、武漢大學盧珂寫的《試析孫中山的分權學說》、河北省社科院法學所康立群寫的《孫中山權力制約思想初探》、湖北大學陳會

〔註3〕　〔美〕丹尼斯・朗著：《權力論》，陸震綸、鄭明哲譯，中國社會科學出版社，2001年1月版，第12頁。

〔註4〕　這裡的「當前」是指論文成文時的2008年5月前後。爲保持論文原貌，本次成書時對研究現狀部分基本未作改動，但有必要在此對近年來該方面研究狀況作一簡單介紹。應該說近年來，隨著兩岸關係的深入發展和大陸政治改革的逐步深入，研究孫中山民權、憲政思想的論文與專著數量呈幾何方式增長。與此同時，研究孫中山的權力制約的文章著作也逐漸增多，影響比較大的有三峽大學賈孔會寫的《孫中山權力制約思想述略》、西南政法大學劉翠竹等寫的《孫中山政府權力制約思想研究》、青海民族大學王華寫的《孫中山的分權制約和權力監督思想初探》等。這說明，隨著大陸政治日漸開明，權力制約已逐漸成爲學界關注重點，關於孫中山權力制約思想的研究正開始受到學界重視。正如李文海先生所說：「孫中山的思想、學說和他的偉大實踐，是一個研究很久、爲大家廣泛關注、已經有了很多高水平的學術成果的老課題。很多問題已經討論過了，很多問題也已經研究得相當深入了。也就是說，在這個領域，學術起點已經很高了」（《孫中山研究領域的拓展與創新》，廣東社會科學2008年第3期）。關於孫中山民權和憲政思想的具體研究狀況，可參考韓劍峰等寫的《孫中山「權能分治」理論的文獻綜述》、劉玉青寫的《近十年來關於孫中山研究的新觀點綜述》等文章。

林寫的《孫中山與中國法律監督體制的近代化》等。但並不是說，這方面的研究就欠缺。衆所周知，限制和制約公共權力是西方民主憲政思想的核心所在，也是孫中山民權思想和憲政思想的核心所在。因此，研究孫中山的民權和憲政思想必然要涉及其權力制約思想。

就孫中山民權思想和憲政思想來說，這方面的研究專著和論文可謂汗牛充棟。早在辛亥革命時期，梁啓超等就曾對孫中山的民權思想有所評析，而汪精衛、胡漢民等人出於宣傳的考慮，也發表了一些介紹孫中山民權主義的著述，如胡漢民寫的《三民主義與中國革命》（中興學會 1935 年出版）等。據統計，民國時期研究孫中山民權、憲政思想的專著約有 70 多部以上，論文近百篇。但總體來說，由於孫中山的思想被國民黨執政當局視爲治國的最高指導方針，而孫中山又被神化爲不可質疑的偶像。因此，這一時期關於孫中山民權和憲政思想的研究雖成果比較豐富，但多是述而不議，獨立學術研究的比較少，有不少研究還存在人爲拔高、脫離歷史實際的問題，甚至存在爲現實政治提供理論根據的傾向。正如尙明軒教授所言：「民國時期對孫中山的探索和研究」，「從學術內容而言，基本上還是處於初級，較爲單薄，並且存在著一些問題。」〔註 5〕當然其中也不乏有價值之作，如張君勱著的《憲政之道》、《政制與法制》以及錢端升先生 1935 年發表於《民族雜誌》的《孫中山先生的憲法觀念》一文等，均從法理的角度對孫中山憲法思想中的諸多問題進行了比較客觀、細緻的梳理，有些意見在今天都很有參考意義。

應該說，比較客觀地研究孫中山的民權和憲政思想，還是始於中華人民共和國成立之後。特別是上世紀 80 年代以後，大陸學術界關於孫中山民權思想的研究不再局限於新舊之分，而是試圖對孫中山的思想進行重新審視，並將目光開始投向孫中山民權和憲政思想的微觀領域，出現了專題化研究趨勢。據不完全統計，建國以來，大陸學者以孫中山憲政思想和民權思想爲題發表的論文分別有 38 篇和 79 篇，僅 1994 年以來就分別有 35 篇和 70 篇。就學者們所關注和研究的問題來說，主要集中在以下幾個方面：

一是關於孫中山民權思想的內涵。大多數學者認爲，孫中山的民權主義內容廣泛，「從『全民政治』、自由、平等、博愛等基本政治價值觀到權能分立、

〔註 5〕尙明軒：《民國時期的孫中山研究》，載《學術月刊》2003 年第 4 期。

五權憲法等具體的政治設計，形成了一套嚴密的民權政治思想體系」。〔註6〕也有學者從微觀的角度出發，認爲孫中山所說的民權，「即人民的權利，包括公權與私權兩個方面。公權即人民的參政權，私權即人民個人的平等、自由等基本人權」，並指出：關於人民的權利，「孫中山的正面闡述卻不多，尤其在民權中的私權即人民的平等、自由等基本人權等方面談論得很少」。〔註7〕上海交通大學徐臨江認爲：孫中山既要實行徹底的民權，又反對與國家自由相衝突的個人自由，反對與國家權力相衝突的個人權利，在否認平等自由等權利來自天授的同時，否定了民主權利所必然立足的自然法理論基石，其功利性地從實際情況和實際需要出發，否定個人權利和個人自由的最高價值，爲以後國家權力執掌者肆意剝奪人民權利與自由留下了法理空子。〔註8〕

　　二是關於孫中山的法制思想。五權憲法是孫中山法制思想的重要內容，也是學術界研究比較集中的一個領域。關於五權憲法的內容，大多數學者認爲，主要有五權分立、權能分治、中央及地方之權限三大部分，〔註9〕其基本原則主要包括人民有權、政府有能、五權分立、權能分治。〔註10〕學者們的分歧意見主要集中在五權憲法能否起到制約權力的應有作用以及由此而引出的對五權憲法的評價。李光燦和張磊都認爲：五權憲法是「資產階級分權制」，「實質上仍是『以三權分立』的歐美憲法作爲範本」，不能補三權分立之弊。〔註11〕但謝剛早在80年代就提出：五權憲法是「爲了反對西方議會『專制』或『獨裁』」、「監察權和考試權的分立，是爲了削弱議會對行政權的牽制作用，但其結果卻是加強了行政權力，五權其實是一種集權。〔註12〕耿雲志

〔註6〕秦國民：《論孫中山的民權政治思想》，載《洛陽工學院學報》2001年第4期。

〔註7〕郭世祐：《孫中山的民權理念與辛亥革命》，載《學術月刊》2001年第9期。

〔註8〕上海孫中山宋慶齡文物管理委員會、上海中山學社、上海宋慶齡研究會：《「孫中山：歷史·現實·未來」國際學術研討會綜述》，載2006年紀念孫中山誕辰140週年《「孫中山：歷史·現實·未來」國際學術研討會論文集》。

〔註9〕周新華：《論孫中山的「五權憲法」思想》，載《徐州師範學院學報》，1991年第3期。

〔註10〕李國忠、王永祥：《孫中山五權憲法思想內涵辯析》，載《南開學報》1993年第2期。

〔註11〕李光燦：《孫中山的民權主義》，載《歷史研究》1962年第6期；張磊：《論孫中山的民權主義》，載《歷史研究》1980年第1期。

〔註12〕謝剛：《論〈中華民國訓政時期約法〉的理論來源》，載《華東師範大學學報》1984年第6期。

等也認爲：五權憲法寄託了孫中山的政治理想，但由於他忽略了限制政府權力和權力制衡的深刻意義，五權分立「明顯地是朝著強化政府權能的方向走」，「實質上只是在總統統御下的五權分工合作，不可能有事實上的互相制衡」，因此導致孫中山設計的憲法在實踐中極易出現偏差。〔註13〕王永祥等認爲：孫中山的五權憲法理論既不同於互相制衡的三權分立理論，也不同於議行合一的蘇維埃體制，他「力圖立足於中國現實，把西方的政治法律思想和東方的某些優良傳統融合起來，形成具有中國特色的新的憲法學說和新式的政體。」〔註14〕李華興指出不要過分強調五權憲法的消極因素，過分強調五權憲法的「消極因素」，在立論上「不太公允」。〔註15〕首都師大邱遠猷則對孫中山與南京臨時政府的法制建設進行了專門探討，指出孫中山領導的南京臨時政府揭開了中國法律近代化的新篇章，具體表現爲由主權在君到主權在民，由專制神聖到民主共和，由君權至上到法律至上，由人治到法治，由等級特權到法律面前人人平等和保障人權，由行政與司法不分到司法獨立，由司法中的專制主義、報復主義、懲罰主義、威嚇主義到人道主義，由法律保護封建自然經濟到發展資本主義經濟，由諸法合體到諸法並存，試圖建立「六法」體系，此爲孫中山向西方尋求眞理、移植外國先進法律的積極結果，具有劃時代意義。〔註16〕

三是關於孫中山的權能區分思想。權能區分思想是孫中山爲消解「人民有權」與「政府有能」的緊張關係、使「萬能政府」觀得以安置於其「人民主權」思想框架內的最爲得意的「發明」，但李光燦認爲：權能區分思想體現

〔註13〕耿雲志：《孫中山憲法思想芻議》，載《歷史研究》1993年第4期。此種觀點還可參見王祖志：《孫中山「五權憲法」之特質新論》，載《廣東社會科學》1989年第2期；王永祥、李國忠：《孫中山五權憲法思想評價新論》，載《南開學報》1994年第4期；王祖志：《孫中山五權憲法思想研究新見》，載《法學研究》1999年第4期；王英津：《孫中山五權分立思想新探》，載《文史哲》2001年第4期等文。

〔註14〕王永祥、李國忠：《孫中山五權憲法思想評價新論》，載《南開學報》1994年第4期。參見張豔：《50年來大陸學者關於孫中山民權主義研究述評》，載《東南學術》2003年第6期。

〔註15〕李華興：《評孫中山的民權主義思想》，載《論清末民初中國社會》，復旦大學出版社1982年版。

〔註16〕上海孫中山宋慶齡文物管理委員會、上海中山學社、上海宋慶齡研究會：《「孫中山：歷史·現實·未來」國際學術研討會綜述》，載2006年紀念孫中山誕辰140週年《「孫中山：歷史·現實·未來」國際學術研討會論文集》。

了英雄創造歷史而人民群眾只能是盲目隨從的唯心主義觀點。〔註17〕此說也是建國初期研究孫中山權能區分理論的主流觀點。但近年來，有學者認爲，孫中山的「權能區分」理論是其民主憲政理論的基石，其目的是要解決通過強化國家權力來實現三民主義理想的「萬能政府」主張與現代「人民主權」原則之間的矛盾，但「權能區分」理論將對理想政府的建立依託於「公僕」道德而很少考慮針對權力可能被濫用所需的補救機制。〔註18〕

四是關於孫中山的自由平等觀。自由平等觀是孫中山民權和憲政思想的基礎。姜義華指出：「孫中山的自由平等觀，正是他民權主義由以確立的主要理論基礎。」要瞭解孫中山的民權主義，他的自由平等觀，則是契機所在。他認爲：孫中山的自由平等觀雖然包含矛盾，但卻很有價值，體現了超歐美的追求。〔註19〕但王來棣卻提出了不同看法，他對孫中山自由平等觀的演變過程進行了梳理，並揭示了孫中山自由平等觀存在的矛盾之處。〔註20〕

此外，一些學者還就孫中山的政黨思想、地方自治思想等進行了探討。曾景忠在《孫中山地方自治思想述論》中對孫中山的地方自治思想作了較爲全面的把握。〔註21〕類似的文章還有陸建洪的《試論孫中山的地方自治思想》（《華東師範大學學報》1992年第1期）、張連紅《從聯邦到均權：孫中山對中央與地方關係的探索》（《史學月刊》1998年第2期）。特別是近年來還出現了兩篇專門研究孫中山憲政思想的博士論文，一篇是牛彤博士的《孫中山憲政思想研究》，一篇是李默海博士的《孫中山的憲政思想及其實踐問題研究》。前文從孫中山憲政思想中的重要概念，如「共和」、「政治力」、「全能政府」、「權能區分」、「五權分立」、「政黨」等入手，旨在揭示孫中山憲政思想的邏輯體系、思想淵源和基本特徵。後文則是將孫中山的憲政思想置於中國近代政治思想發展的大背景下，探討孫中山憲政思想的基本內容及其實踐過程，對孫中山憲政思想的實踐歷程著墨較多特別是探討了共產黨人對孫中山憲政思想的實踐，是該文的主要特色所在。

〔註17〕李光燦：《孫中山的民權主義》，載《歷史研究》1962年第6期。

〔註18〕牛彤：《孫中山「權能區分」理論探析》，載《學術界》2005年第3期。

〔註19〕姜義華：《論孫中山的自由平等觀》，載中國孫中山研究學會編：《孫中山和他的時代》中冊，中華書局1989年版。

〔註20〕王來棣：《孫中山的自由平等觀的演變和所揭示的問題》，載中國孫中山研究學會編：《孫中山和他的時代》中冊，中華書局1989年版。

〔註21〕曾景忠：《孫中山地方自治思想述論》，載中國孫中山研究學會編：《孫中山和他的時代》中冊，中華書局1989年版。

　　就港澳臺和國外對孫中山民權和憲政思想的研究來說，其成果也是比較豐富的。據粗略統計，自 1950 年至 2004 年，臺灣地區研究孫中山的政治思想、憲法思想和民權思想的著作不下 20 餘部，論文百餘篇，但多數成果依然帶有民國時期注經式的特點。一直到 20 世紀 80 年代國民黨開放黨禁，這種情形才有所減少。其中，周世輔、周陽山合著的《中山思想新詮》，是近些年來臺灣學界用西方的民主政治理論對孫中山民權主義理論進行比較分析的代表作。該書將孫中山的五權憲法思想和密爾的代議制政府理論做了一番細緻的比較，認為兩種理論頗多相似之處。此外，比較有名的還有劉世鏘著的《中山先生萬能政府之研究》（臺北三民主義研究所博士碩士論文獎助出版委員會 1988 年出版）、謝政道著的《孫中山之憲政思想》（臺北五南圖書出版公司 2000 年出版）等。日本學者橫山宏章的《關於孫文對於西歐式代議政體的批判》（載臺灣《近代中國》106 期）一文，文章雖不長，但頗有新意。文章認為，孫中山的革命程序論對於革新舊政治體制的過渡時期有相當詳細的討論，而對於憲政的政治形態，卻沒有提出解決方案，所提出的只是一個「模糊的憲政框架」，「而且有不少混亂」。孫中山主張用考試的辦法確定民意代表的被選舉資格，受到了中國傳統政治哲學中的賢人政治理想的影響。在 2005 年 5 月由民革中央孫中山研究會等主辦的紀念孫中山先生逝世 80 週年「孫中山與中華民族崛起」國際學術研討會上，日本山陽學園大學班瑋指出：孫中山晚年思想趨向保守，「民權主義」思想中出現專制主義傾向，這對後來國民黨政府的政策產生重大影響。〔註22〕

　　從上述關於孫中山民權憲政思想研究成果的概述來看，涉及孫中山權力制約思想的探討主要集中於以下幾個方面：一是對孫中山民權內涵的理解，以郭世祐為代表；二是五權憲法，這方面的研究比較多，分析也相對比較透徹，但意見分歧也比較大；三是權能區分，中國人民大學的牛彤博士在這方面作了一些有益的探索。其他則主要散見於對孫中山均權制思想和地方自治思想的研究上。總體來看，學者們對孫中山權力制約思想的研究，基本上都是研究孫中山其他思想主要是民權思想和憲政思想的副產品，專門從權力制約的角度來分析研究的並不是很多，而且相關研究成果也比較分散，不是很系統。

〔註22〕民革中央孫中山研究會等撰：《「孫中山與中華民族崛起」國際學術研討會綜述》，載《理論與現代化》2005 年第 4 期。

三、文章的思路及篇章結構

　　本文旨在通過對孫中山權力制約思想基本內容的分析，揭示孫中山權力制約思想的邏輯體系、思想特徵和實踐價值。因此，在行文上，主要採取的是一種概念的邏輯的分析思路，對孫中山權力制約思想的各個組成部分的內容及其邏輯關係進行了專門探討，屬於一種橫向的而不是縱向的結構安排。

　　孫中山的權力制約思想是立足中國國情、融會中西方權力制約思想的產物。因此，文章首先在第一章，對作爲孫中山權力制約思想重要來源的中外權力制約理論進行了梳理，這部分的梳理同時也爲研究孫中山權力制約思想提供了一種方法論上的指導。文章認爲，人類有史以來關於權力制約的理論以及由此所建立起來的權力制約機制，大體可以歸納爲四種類型：（1）以權利制約權力。其對權力的制約主要包括兩層意思：一是權利對權力的消極制約作用。主要是通過承認公民的基本權利，如財產權、人身權和隱私權等，規定政府權力不能逾越其界限而侵入公民的權利領域；二是權利對權力的積極制約作用。通過承認公民有參政議政的權利，如選舉權、監督權、參與權等，對政府人員的去留、決策的形成等產生影響，當政府的權力逾越法定界限、濫用權力或有不當行爲時，公民有權利進行積極的反抗，迫使政府收回成命或改變不當行爲。（2）以權力制約權力。根據權力制約的內在運行機理不同，其又分爲分權制衡模式和分工監督模式。前者將權力分成相互獨立的幾個部分併相互牽制；後者雖也是一種分權，但總是存在一種上位權或主權力，由其派生出其他權力並通過自上而下或自外而內的方式對其他權力進行監督和制約，各派生權力間主要是一種職責分工而不是相互制衡關係。（3）以法律制約權力。主要是通過法律或制度上的規定，明確政府權力的行使範圍、規則和程序等，以規範政府權力的行使。這種機制雖是對前兩種權力制約機制的內容以法律形式的固定，但它更強調法律的獨立價值，主張法律特別是憲法的至上性和權威性。（4）以道德制約權力。它旨在通過教育和道德的感化，將社會或統治階級的要求內化爲權力具體行使者自覺的道德信念，使其樹立「正確」的權力觀和爲統治利益或公共利益服務的意識品質，自覺抵制外在的不良誘惑，並借助外在的輿論和道德規範督促其自我約束，行使好手中的權力。

　　文章分別在第二章、第三章、第四章和第五章，用四章的篇幅對孫中山權力制約思想的基本內容進行了深入的分析和闡述。文章認爲，孫中山的權

力制約思想有著比較完整的理論體系，它既有對公民權利的關照，又有對以權力制約權力的重視，既有對法治的弘揚，也有對德治的強調，它們相輔相成，共同構成了孫中山權力制約思想的有機整體。其中，「人民有權」思想是孫中山權力制約思想的邏輯基點，解決的是權力制約的價值取向問題，體現的是以權利制約權力；權力分立思想是孫中山權力制約思想的政制設計，解決的是國家體制層面的設計問題，體現的是以權力制約權力。其中，「權能區分」是「人民有權」思想的邏輯展開，是孫中山關於國家政制設計的政治學原理，「國民大會」、「五權分立」、「分縣自治」、「均權制」等則是孫中山關於政制的具體設計；包括五權憲法在內的法律思想是孫中山權力制約思想的法律化，解決的是權力制約的具體實現問題，體現的是以法制權；「人民公僕」思想是孫中山權力制約思想在道德層面的構想，解決的是權力主體即人的問題，以期通過權力主體的自我約束，實現對權力的規制，體現的是以德制權。文章同時還認為，孫中山雖然對公民的基本權利即消極性權利給予了一貫的關注，但他更重視公民的積極性權利特別是直接民權的實現，而他晚年對國家自由的強調則使人產生他有輕視個人自由之嫌，為國家權力以公共利益為由侵淩個人自由提供了口實和依據；在權力制約的政制設計上，孫中山早年主張實行權力制衡，但他後來提出的「權能區分」、「國民大會」和「五權分立」等設想，就權力制約機理來說，總體上應屬於權力制約機制中的分工監督模式，即由國民大會行使人民主權，對政府的行政權、立法權、司法權、考試權和監察權五權，實行自上而下的權力監督，五權之間雖實行權力分立，但相互之間更強調配合，而不是相互制衡，主要是一種政府機構內部的職責分工關係，但依然帶有權力制衡的痕迹；他主張法律至上，依法治國，體現了他對依法治權的崇尚和嚮往，但他關於「黨治」是「人治」不是「法治」的主張、在民初「以人就法」的表現以及他將「萬能政府」的建設過於依靠政府官員道德的思想，則沖淡了他以法制權的思想光芒。

　　任何理論特別是政治理論，其最後的歸宿都要走向實踐，運用於實踐，解決或者回答現實社會中所存在的問題。孫中山的權力制約思想同樣如此。文章在第六章，通過對孫中山生前和身後其權力制約思想的實踐歷程的分析，對其權力制約思想的實踐性進行了探討。文章認為，受歷史條件的制約，孫中山在生前對其權力制約思想只是在比較小的範圍內就其思想中的某些部分進行了初步的實踐，其權力制約思想的全方位實踐，特別是在國家政權層

面的實踐，主要還是在其逝世後由南京國民政府代行展開的。同時認爲，南京國民政府對孫中山思想的實踐，在根本精神上，實爲貌合而神離，總體上並不成功。但同時，它也在孫中山的權力制約思想如何付諸實踐方面進行了一些有益的探索，並對孫中山思想中的一些不完善之處進行了些許技術上的完善。文章認爲，南京國民政府實踐孫中山權力制約思想的不成功，固然與當時中國內憂外患的歷史條件和南京國民政府對推行憲政缺乏誠意有關，但也與孫中山權力制約思想中存在的一些不完善甚至矛盾之處不無關係，這些不完善和矛盾之處不但沒有起到限制權力的作用，反而成爲南京國民政府實行獨裁統治的依據和口實。

四、文章的研究方法

1、概念研究的方法。文章試圖從孫中山思想中的人民主權、消極性權利、間接民權、直接民權、權能分立、國民大會、政治力、萬能政府、五權分立、均權制、地方自治等基本概念和基本命題入手，探詢這些概念、命題的基本內涵和相互間的邏輯關係，並以此爲基礎勾勒出孫中山權力制約思想的基本框架和邏輯體系。

2、比較研究的方法。一方面，文章對孫中山權力制約思想的基本意旨以及他對西方憲政思想的理解與本來意義上的西方憲政思想進行了比較分析。另一方面，還就孫中山提出的權能分立、五權分立思想與西方的三權分立思想進行了對比，並在此基礎上指出了孫中山的權力制約思想所具有的基本思想特徵。

3、跨學科研究的方法。跨學科研究是政治思想史研究必然要遇到的一個問題。政治思想史涉及政治學、史學、法學、社會學、邏輯學等方方面面的問題。因此，僅運用一種學科的研究方法是遠遠不夠的，必須根據所要研究的對象、問題的性質等，綜合運用多種學科的研究方法，有些時候還需要就所研究的問題做一些實證分析。本文在力所能及的範圍內，綜合運用了史學、政治學、法學等學科的研究方法，以期對所研究的問題得出比較公允、中肯的結論。

應該說，上述所呈現的研究思路和框架，只是作者本人所進行的一種嘗試。這種嘗試借鑒了前人的研究成果，但在具體構建上卻是無先例可循。因此，這種構建的合理性還有待進一步的觀察和論證。同時，鑒於作者受到知

識積累、理論分析和總體駕馭能力等方面的限制，也會影響文章的理論深度和預想要達到的理論目標。這些都有待作者在以後的學習和研究中進一步努力解決。

第一章　權力制約的四種類型

　　孫中山曾經說過：「余之謀中國革命，其所持主義，有因襲我國固有之思想者，有規撫歐洲之學說事迹者，有吾所獨見而創獲者。」〔註1〕因此，在正式介紹孫中山的權力制約思想之前，有必要對有史以來人類社會特別是西方社會關於權力制約的理論與實踐進行一番梳理和歸納，一方面其中的許多內容是孫中山權力制約思想的重要淵源，一方面也為研究孫中山權力制約思想提供方法論上的指導。

　　密爾曾說：統治者的「權力被看作是必要的，但也是高度危險的……在一個群體當中，為著保障較弱成員免遭無數鷙鷹的戕賊，就需要一個比餘員都強的賊禽受任去壓服它們。但這個鷹王之喜戕其群並不亞於那些較次的貪物」，〔註2〕「國家的建立對社會來說是必要的，但是它代表著一種威脅」。〔註3〕密爾的上述言論觸及了人類社會關係中的一個基本悖論：權力的必要性與權力的有害性。一方面，人的生存離不開權力，人的生命、幸福、安全、自由以及維持其生存所必須的物質資料的保護、人們之間各種糾紛的解決等等，都需要權力的介入。另一方面，權力又是有害的。

　　權力的有害性，一方面是因為人以及由人所組成的機構在道德上並不是完全可靠的，道德上的不完善和不可靠是私人利益損害公共利益或統治利益的原因所在。阿克頓曾說：「權力使人腐化」，韋伯稱權力是「暗藏在一切暴

〔註1〕《孫中山全集》第7卷，中華書局1985年版，第60頁。
〔註2〕〔英〕密爾著：《論自由》，許寶騤譯，商務印書館1959年版，第2頁。
〔註3〕轉引自〔美〕埃爾斯特、〔挪威〕斯萊格斯塔德編：《憲政與民主——理性與社會變遷研究》，潘勤、謝鵬程譯，三聯書店1997年版，第152頁。

力中的邪惡力量」。〔註 4〕另一方面，經過無數的經驗和教訓，人們逐漸意識到，人類的理性也是有局限的，理性的有限性所導致的一個嚴重後果便是決定的失當與錯誤。

關於人類理性的有限性，哈耶克曾有過比較精闢的分析。他認爲：人類所必須利用的關於各種具體情況的知識，從未以集中的或完整的形式存在，而只是以不全面而且時常矛盾的形式「作爲無數不同的個人的分立知識而存在的」，在社會領域以及本質複雜的有機體居於支配地位的所有其他領域，人類根本就不可能獲得那種可以使他們掌控事件成爲可能的充分知識，如果「認爲我們擁有能夠使我們完全按照自己喜好去型構社會發展進程的知識和能力並根據這種信念行事（事實上我們並不擁有這種知識和能力），極可能使我們給其他人和社會造成大害」。他進而指出「試圖控制社會的企圖是致命的，因爲它不僅會使這些人變成宰制其同胞的暴君，而且還完全有可能會使他們成爲這樣一種文明的摧毀者——這種文明並不是任何頭腦設計出來的，而是在無數個人的自由努力或自由嘗試的過程當中逐漸發展起來的。」〔註 5〕人類社會的無數事實也充分證明了這一點，正是當權者「致命的自負」，才導致了人類一次次悲劇的重演。〔註 6〕

〔註 4〕 轉引自〔美〕丹尼斯·朗著：《權力論》，陸震綸等譯，中國社會科學出版社 2001 年 1 月版，第 118 頁。權力濫用的趨向和可能性一直是政治和法律論著探討的一個主題，有關文獻請參見〔古希臘〕亞里士多德：《政治學》，吳壽彭譯，商務印書館 1965 年版，第 70～71、161～171 頁；Marsilius of Padua，The Defender of Peace，Vol.2，The Defenser Pacis，trans.by Alan Gerwith，NewYork：Columbia University Press，1956，pp.87～88；〔法〕孟德斯鳩：《論法的精神》（上），張雁深譯，商務印書館 1995 年版，第 154 頁；〔美〕漢密爾頓、傑伊、麥迪遜：《聯邦黨人文集》，程逢如等譯，商務印書館 1982 年版，第 51 篇；〔英〕約翰·密爾：《代議制政府》，汪瑄譯，商務印書館 1982 年版，第 84～91 頁；〔英〕約翰·密爾：《論自由》，許寶騤譯，商務印書館 1959 年出版，第 1 頁以下；〔英〕阿克頓勳爵：《自由與權力論說文集》，侯艦、范亞峰譯，商務印書館 2001 年版，第 27～29、278～295 頁；〔英〕羅素著：《權力論》，吳友三譯，商務印書館 1991 年出版，第 1～3 頁；〔美〕丹尼斯·朗著：《權力論》，陸震綸等譯，中國社會科學出版社 2001 年 1 月版，第 292～293 頁；《馬克思恩格斯選集》第 2 卷，人民出版社 1972 年版，第 334～335 頁。

〔註 5〕 〔英〕馮·哈耶克著：《哈耶克論文集》，鄧正來編譯，首都經濟貿易大學出版社 2001 年 9 月版，第 216 頁，第 395 頁。

〔註 6〕 在這方面，人類有過許多深刻教訓。許多權力主體在行使權力之初，往往還是出於某種良好的願望。如發生於我國二十世紀五十年代的人民公社運動，

　　因此，有必要設立一定的機制監督制約政府機構和政府官員的行爲。這一種考慮貫穿了人類社會的主要歷史，並促進了有關機制的設計與建設。人類社會關於權力制約的思想以及由此所建立起來的整個權力制約機制正是這種考慮的產物。正如美國學者丹尼斯所說：「政治包括奪取權力的鬥爭以及限制、抵制和擺脫權力的鬥爭，兩者兼而有之。」〔註7〕

　　人類社會有史以來關於權力制約的思想與機制，從不同的角度可以有不同的分類。有學者將之概括爲四種模式：權力模式（以權力制約權力）、權利模式（以權利制約權力）、制度模式（以制度或法制制約權力）以及混合模式（「以法律、權利、權力三者統一作爲制約權力的手段」），〔註8〕有的將之概括爲以權力制約權力、以道德制約權力、以權利制約權力等〔註9〕。綜合上述分法，本文將人類歷史上關於權力制約的思想和由以所創建的機制主要歸納爲以下四種類型：以權利制約權力、以權力制約權力、以法制制約權力和以道德制約權力。

　　這裡必須明確指出的是，不管是近代意義上的憲政思想，還是權力制約思想，它們主要還是西方政治和法律文明發展的產物，並非中國社會土生土長。嚴格說來，中國傳統政治思想中是不存在近現代意義上所謂的權力制約理念的。中國傳統社會實行的是君主專制統治，而君主的權力是不受制約的。但並不是說，中國傳統政治思想中就沒有權力制約的因子，如本文後文所談及的皇權與相權的分立、御史監察制度的設立等，都是出於制約權力的考慮。因此，本文在此所謂對權力制約思想的歸納，主要是對西方權力制約思想的歸納，但也對中國傳統政治思想中的一些相關因素有所吸收和體現。

其初衷原本是領導人民快步進入共產主義，爲人民謀取幸福，結果卻造成數億中國人挨餓，甚至數以千萬計的人非正常死亡。再如發生在1973～1976年的坦桑尼亞的「烏賈瑪村運動」也是如此。參見周永坤著：《規範權力》，法律出版社2006年出版，第92頁。

〔註7〕〔美〕丹尼斯‧朗著：《權力論》，陸震綸等譯，中國社會科學出版社2001年版，第14頁。

〔註8〕林喆著：《權力腐敗與權力制約》，法律出版社1997年版，第186頁。

〔註9〕《三種權力制約機制及其比較》，作者不詳。本文在表述時，借鑒了該文的一些觀點。見
http://www.so100.cn/html/lunwen/falvlunwen/fashi/2006-3/18/2006063180315164118857617.htm。

一、以權利制約權力

以權利制約權力是民主社會所獨有的權力制約類型。其涵義是在正確理解權利與權力關係的基礎上,通過恰當地配置權利,使權利起到限制、阻遏權力濫用的作用。這裡包含著兩層意思:一是權利對權力的消極制約作用。通過承認公民的基本權利,如財產權、人身自由權和隱私權等,規定政府權力不能逾越其界限而侵入公民的權利領域。這樣,公民的權利對於政府濫用權力便起著一種阻遏與制約的作用,但這種阻遏和制約作用還只是消極的。也就是說,在這裡,公民權利的規定主要是作爲一種標識,一道不可逾越的紅線,提醒當權者不能逾越權力的法定界限。二是權利對權力的積極制約作用。有的公民權利不僅對權力具有消極的抵禦作用,而且還具有積極的制約作用。當政府逾越權力的法定界限、濫用權力或有不當行爲時,公民便有權利進行積極的反抗,迫使政府收回成命或改變不當行爲,有的甚至還可以參與政府決策,決定政府人員的去留。〔註 10〕對權力具有積極制約作用的公民權利至少有如下幾種:

1、選舉權和罷免權。即公民享有的選舉和罷免國家代表機關代表或某些國家機關領導人的權利。公民可以選舉他們認爲合格的人作爲代表或領導人,可以撤換或罷免他們認爲應當對濫用權力或不當行爲負責的領導人,從而保證公共權力的行使不脫離和違背絕大多數公民的意志。這種權利往往會對公共權力的行使施加一種直接的壓力,產生積極的制約作用。

2、言論自由權。這裡的「言論自由」應作廣義理解,包括憲法所規定的言論自由,出版或新聞自由,集會、遊行、示威的自由等內容,意指公民享有的將所見、所聞、所思發表意見並傳播出去的權利。言論自由權具有輿論監督的功能,特別是在自媒體比較發達的今天,這種權利成爲公眾監督制約公共權力的一種非常有效的手段。

3、參與權。即公民以某種方式參與公共決策的權利,包括參加立法和行政聽證、參與法庭陪審等。通過參與,對公共決策提出意見和建議,保證權

〔註10〕 傑斐遜曾經區分這兩種類型的權利,一類是個人保有的權利,其享有與政府的目的並非不相容;另一類權利構成「某種保障,經驗證明這種保障可使人們特別有效地抵禦侵害。」他舉例說:「例如,在前一類中有信仰自由;後一類中有獲得陪審團審判的權利,人身保護令和新聞自由」。
See L.W.Levy(ed.), Freedom of the Press from Zenger to Jefferson, NewYork:theBobbs-MerrillCompany, 1966, pp.341~42。

力始終體現民意而不敢爲所欲爲。同時，通過參與，也使政府決策增加公開性和透明度，這不僅有助於抑制權力的腐敗，且有助於明智決策的形成。

4、結社權。即公民享有的爲進行某種活動組成一定社會團體的權利。在現代社會，單個個人相對於強大的政府權力往往是軟弱無力的，結社權可使個體形成強大的力量，從而有效彌補個體力量分散、缺乏組織的弱點，以增強其對抗政府行爲的制約能力和自衛能力。

5、知情權。即公民享有的瞭解政府某些行動或政府所掌控的某些信息的權利。當公民行使這項權利時，政府有義務將有關信息予以公開或對有關事項作出解釋。通過信息公開或作出解釋，迫使政府機構或官員規範地行使權力。

6、對政府機構或官員濫用權力等不當行爲進行舉報、檢舉和控告的權利，以及在遭受來自公權力的侵害時獲得救濟的權利，如申訴權、申請行政復議權和提起行政訴訟權等。

權利的這種對權力的積極制約作用實際上就是民主的體現。一般認爲，民主分爲直接民主和間接民主兩種形式。直接民主意味著公民直接掌握對公共事務的決策權和管理權，間接民主意味著公民委託其中的一部分公民行使公共權力。一般來講，直接民主只出現於古代城邦國家，在一個略微複雜的國家裏則只能實行間接民主，現代民主國家多是實行間接民主。民主的含義主要體現在公民對於他們委託出去的權力的制約中，體現在他們享有的一些能夠起到制約作用的權利上。換言之，民主的實質在於以權利制約權力。我們衡量一個國家的民主發達程度，不僅要看它的法律所標明的統治權力的最終歸屬，更要看普通公民以何種形式實現權利制約權力以及實現程度。

以權利制約權力所體現的這種對人民意願和個人自由的重視，不僅充分體現了制約權力的根本目的所在，而且彌補了其他權力制約類型的缺限。無論是以權力制約權力，還是以法制制約權力，或是以道德制約權力，它們均屬於基於統治體系的內部制約，一旦缺少來自公民權利的外部制約，所謂的權力制約便不過是統治者爲維護一己利益而採取的策略而已，甚至成爲統治者愚弄被統治者的幌子。

但是，對以權利制約權力所具有的消極作用和積極作用這兩種作用還需要作進一步的分析，絕不能依據字面意思而想當然地認爲後者對權力的制約作用要優於前者。仔細分析就會發現，權利在制約權力方面所具有的這兩種

作用，所體現的分別是自由與民主兩種不同的理念。嚴格說來，在理論與實踐雙重層面上，自由與民主是一對既相互獨立、相互衝突又相互融合的概念。自由關注的是權力如何行使問題，即權力行使方式的正當性問題和權力行使的界限，它意味著權力的行使主體無論是誰，即使是人民自己，都不得成為強制與專橫的理由，不能侵犯每個人與生俱來的基本權利與自由，否則就是不正當的。民主則關心的是權力由誰行使，即權力的來源和合法性問題，意味著未經人民同意不得對人民實施統治，統治一旦背離人民的意願便失去其合法性基礎。但民主雖然解決了權力的合法性問題，卻並不必然要求限制權力和防止權力對個人自由的侵害。相反，它可能會像盧梭那樣要求社會的「每個結合者及其自身的一切權利全部都轉讓給整個的集體」，〔註11〕並以公意的名義強迫個人服從，從而引發多數暴政致使少數人的自由受到侵犯。而且，其對權力的實際制約效果，往往還會因民主實現的外部條件——這些條件往往需要借助於國家和政府的幫助——和民主行使者的自身素質所限而受到影響。而自由只要在法律上予以明確規定，就會具有剛性的作用而使公共權力的行使有所畏懼，不敢越雷池一步。因此，古典自由主義者始終對保障公民的基本權利強調有加，並將對公民自由權利的規定和保障程度視為檢驗和衡量任何憲法和憲政實質的根本標誌之一。

以權利制約權力的理論基礎主要有三：一是社會契約論。該理論認為國家和政府是自由的具有道德的人自願同意結合的產物，權力只有經過同意，才具有合法性，如果當權者違背了人民的意願即締結契約時的承諾，其統治就失去了合法性基礎，人民就有權利中止服從的義務甚至推翻它。阿奎那說：「如果人民給自己設立國王是一種權利，而國王暴虐地濫用了王權，那麼人民廢黜國王或監督他讓他回歸到選舉之際的狀況，就不是不正義的，而廢黜一個暴君的做法也不能說是對誠信的違反，即便人民先前已決定永遠接受國王的統治；因為，臣民撤回與他的協議是國王自己沒有依王權要求誠信地進行統治這一行為所招致的。」〔註12〕

二是有限政府論。該理論認為：政府是一個相對獨立的實體，是與社會

〔註11〕〔法〕盧梭著：《社會契約論》，何兆武譯，商務印書館 1980 年版，第 23～24 頁。

〔註12〕轉引自〔愛爾蘭〕J・M・凱利著：《西方法律思想簡史》，王笑紅譯，法律出版社 2002 年版，第 121 頁。

和個人利益相分離的一套機構和運行過程，它因保護人們的生命、自由、財產的需要而產生，受委託保障人們的自由權利是政府得以成立並存在的根本目的，因而政府的權力必須限定在某個界限之內，不得損害個人與社會的權利和利益。具體講，就是用天賦的、絕對優越的個人的自由權利（包括生命、健康、自由和財產權等）作爲對政府權力的道德約束，將對財產權的保護構成政府權力擴展的邊界或底線，並通過選舉權等方式使政府的權能從屬於市民社會代表。〔註13〕在密爾看來，主張限制政府干涉有三種理由：第一種是，所要辦的事若由個人來辦會比由政府來辦更好一些；第二種是，有些事情（比如陪審制度、地方自治、慈善事業等）由個人來辦雖未必能像政府官吏那樣辦得好，但仍宜讓個人來辦，因爲這樣可以增強他們作爲公民的主動性和判斷能力；第三種也是最有力的理由是，不必要地增加政府的權力，會增加人們的恐懼心理，使活躍而富於進取性的一部分公眾愈來愈變成政府的依存者，或者變成旨在組成政府的某一黨派的依存者。人們需要政府在某些方面作爲「守夜人」去保障個人的自由，其職能相應地限定在保障安全、履行執法責任、維護和建設某些公共設施等狹小的範圍之內，聲稱「管治得最少的政府才是最好的政府」，主張對執掌權力的人進行監督，防止他們濫用權力。〔註14〕有限政府理論，尤其是有關政府目的與權力範圍的各種限制原則，是近現代社會監督和輿論監督得以發生和形成的重要理論淵源。

三是人民主權論。該理論認爲：國家主權屬於人民，人民才是國家的主人，政府不過是人民的公僕。洛克認爲：當政府與人民發生爭端時，人民應該是裁判者，政府若一意孤行，違背主權者的意志，人民就可以收回自己的權力，甚至以強力對付強力。盧梭特別強調，「行政權力的受任者決不是人民的主人，而只是人民的官吏，只要人民願意就可以委託他們，也可以撤換他們。對於這些官吏來說，決不是什麼訂約的問題，而只是服從的問題」。爲了監督政府不至於篡奪人民的主權，避免「人民的統治」蛻變成「對人民的統治」，盧梭曾設想像古羅馬人民大會那樣，通過民眾定期集會來制定法律和決定政府及其官吏的去留，甚至認爲使用武裝鬥爭的方式也是合理合法

〔註13〕　參見費維照：《有限政府論：早期資產階級的政府觀念與政制設定》，載《政治學研究》1998 年第 1 期。

〔註14〕　〔英〕密爾著：《論自由》，許寶騤譯，商務印書館 1959 年版，第 130～131 頁。

的。〔註 15〕恩格斯在總結巴黎公社經驗時指出：防止工人階級自己的公僕蛻變爲「主人」的根本、有效方法之一，就是人民掌握罷免權，可以隨時撤換那些不稱職的公社委員。〔註 16〕毛澤東在回答黃炎培如何解決一個國家「其興也勃焉，其亡也忽焉」的歷史周期率問題時指出：「我們已經找到新路，我們能跳出歷史周期率。這條新路就是民主。只有讓人民來監督政府，政府才不敢鬆懈；只有人人起來負責，才不會人亡政息。」〔註 17〕

二、以權力制約權力

以權力制約權力的核心是分權。分權是相對集權而言的，意即將權力分由不同的人或機構行使，使不同權力機構之間形成一種制約與被制約、監督與被監督的關係，在權力的行使過程中實現對權力的監督與制約。監督（制約）者被賦予監督（制約）的權力或職責，這種職責或是專門的，或是兼職的；或是單向的，或是交互的。由此，以權力制約權力又可分爲兩種類型：一種是將權力劃分爲彼此平等而又獨立的幾個部分，各部分之間相互牽制又相互支持，所體現的是同等權力之間的衡平與牽制，我們姑且稱之爲分權制衡模式；另一種是由高級權力監督低級權力或是另設一專門機構對權力的運行進行監控，我們姑且稱之爲分工監督模式。

（一）分權制衡模式

嚴格說來，分權制衡學說以及由此所建立起來的政治制度，並不是人類社會自然生成的，而是人類爲防止權力濫用和作惡而有意識地將權力分成幾部分，並將之分配給不同的主體行使，通過各權力主體彼此之間的制約，以達致相互間的牽制與平衡，進而實現限制權力的目的，是人類有意爲之的一種制度。

分權制衡模式反對絕對的權力。典型的分權制衡模式是三權分立，即將政府權力劃分爲行政、立法和司法三部分，分別由立法、行政和司法三個機構行使。對於這種模式，維爾曾有一段精彩的描述。他認爲「純粹」的分權

〔註 15〕〔法〕盧梭著：《社會契約論》，何兆武譯，商務印書館 1980 年版，第 132～134 頁。

〔註 16〕《馬克思恩格斯選集》第 2 卷，人民出版社 1972 年版，第 335 頁。

〔註 17〕黃炎培：《延安歸來》，載《80 年來》，文史資料出版社 1982 年版，第 148 頁。

也許可以這樣表述：「為了政治自由的建立和維護，關鍵是要將政府劃分為行政、立法和司法三部門或三部分。三個部門中的每個部門都有相應的、可確定的政府職能，即立法、行政和司法的職能。政府的每個部門都一定要限於行使自己的職能，不允許侵蝕其他部門的職能。進而，組成這三個政府機構的人員一定要保持分離和不同，不允許任何個人同時是兩個以上部門的成員。這樣一來，每個部門將對其他部門都是一個制約，沒有任何一群人將能夠控制國家的全部機器。」〔註18〕根據維爾的理解，這種模式有四個要素：第一，將政府機構分為三個部分：立法機關、行政機關和司法機關；第二，政府有三種職能，即立法、行政和司法；第三，人員分離，即政府的三個部門應當由相互分離的不同的人群組成，而且成員身份不能重疊；第四，政府的每個部門都將成為對其他部門行使專斷權力的制約，以及由於各部門只限於行使其自身的職能，政府各部門便無法對其他部門行使不當的控制或影響。因此，對管理人民的權力就有一種制約。〔註19〕

　　分權制衡模式主要包含兩層意思：分權和制衡。分權即指將權力分成相互獨立的不同部分。制衡就是制約和均衡，即賦予每個部門以影響或控制其他部門的一定手段，以使各部門的權力在效力上和相互制約上力求達致一種均衡狀態。分權並不必然意味著制衡，制衡才是分權制衡模式的核心所在。麥迪遜指出：簡單地通過分權給權力行使設置「紙上障礙」是不夠的，實踐告訴我們「有必要接受這種權力制衡權力和利益平衡的思想，因為這樣才能保證紙上條文得以實施」，〔註20〕「憲法在創設三個獨立的機關時，給它們規定了部分重疊的責任以促它們相互依賴，鼓勵它們運用制衡制度……設計者運用制衡學說防止任何一個機關擁有絕對權力。制衡學說是這樣一種設計，它同時軟化和增強了權力分立。制衡軟化了權力分立是因為它要求把對一個機關的行為的有效認可適當地分配給另一個機關；它增強了權力分立是因為

〔註18〕〔英〕M・J・C・維爾著：《憲政與分權》，蘇力譯，三聯書店1997年版，第12頁以下。

〔註19〕在維爾那裡，「三種職能」與「三個部門」是兩個不同的概念，三種職能是社會學的真理或「規律」，是所有政府都必須行使的，不論其組成如何，也不論其是由一人還是多人組成。參見〔英〕M・J・C・維爾著：《憲政與分權》，蘇力譯，三聯書店1997年版，第14頁以下。

〔註20〕轉引自〔英〕戴維・米勒、〔英〕韋農・波各丹諾主編：《布萊克維爾政治學百科全書》，鄧正來等譯，中國政法大學出版社2002年版，第108頁。

它具體規定了政府的每一部分對其他部分的控制」。〔註21〕由此可見，在分權制衡模式下，每一個政府部門既是權力的行使者，又是權力的制約者，其權力的行使既受到其他權力的約束，同時也約束著其他權力。其對權力的制約是在各權力行使的過程中即時實現的，在權力制約的方向上是雙向的、相互的。

分權制衡是西方政治思想和政治文化中所特有的一種學說。早在古希臘，分權就是一種普遍的政治制度，並被認為是一種自然的現象。但人們不是從權力分立的角度，而是基於一種和諧的政治理念，主張諸要素的混合，認為兼有君主政體、貴族政體和民主政體的混合政體才有力量，才是完善的。〔註22〕亞里士多德指出：「一切政體都有三個要素，……三者之一為有關城邦一般公務的議事機能（部分）；其二為行政機能部分……；其三為審判（司法）機能」，〔註23〕「人間互相依仗而又互為限制，誰都不得任性行事，這在實際上對各人都屬有利。人類倘若由他任性行事，總是難保不施展他內在的惡性。」〔註24〕波里比阿不僅主張分權，而且主張權力系統的某一部分不應凌駕於其他部分之上，這樣「任何越權的行為都必然會被制止，而且每個部門自始就得擔心受到其他部門的干涉。」〔註25〕當然，在亞里士多德和波里比阿特別是在亞里士多德那裡，分權還不是嚴格意義上的分權，如他所說的議事權能既有立法職能，同時還有行政職能和審判職能，屬於一種混合政體理論。而且，那時的所謂分權基本上還只是偶然產生、不具有普遍性的個案，主要是社會轉型時期不同階級因勢均力敵而相互妥協的產物，即馬克思、恩格斯所說的階級分權，「在某一國家的某個時期，王權、貴族和資產階級為奪取統治而鬥爭，因而，在那裡統治是分享的，那裡占統治地位的思想就會是關於分權的學說」。〔註26〕真正出於限制權力的目的而有意識地將權力分配給不同的權力主體行使並成為具有普遍性的民主法治原則，是

〔註21〕〔美〕彼得‧G‧倫斯特洛姆編：《美國法律辭典》，賀衛方等譯，中國政法大學出版社 1998 版，第 35 頁。

〔註22〕〔美〕斯科特‧戈登著：《控制國家──西方憲政的歷史》，應奇等譯，江蘇人民出版社 2001 年版，第 82 頁以下。

〔註23〕亞里士多德著：《政治學》，吳壽彭譯，商務印書館 1965 年版，第 214～215 頁。

〔註24〕亞里士多德著：《政治學》，吳壽彭譯，商務印書館 1965 年版，第 319 頁。

〔註25〕《世界資料叢刊‧羅馬克里同時期》（上），三聯書店 1957 年版，第 55 頁。

〔註26〕參見馬克思、恩格斯著：《費爾巴哈》，人民出版社 1988 年版，第 4 頁。

到了西方近代以後的事情，是西方近代啓蒙思想家努力的結果。

　　將分權作爲一種政府組織結構的原則，最早是由洛克在總結英國政制的基礎上明確提出來的。洛克認爲分權是政治社會的前提之一，絕對的專斷的權力是與「社會和政府的目的不相符合的」。〔註27〕爲了削減王權，他將政府權力分爲立法權、執行權和對外權，並要求必須由不同的機關來執掌。由於在國家權力中，立法權的地位最高，他主張立法機關不能常設，必須與行政機關分立，召開由行政機關決定；立法權是一種受託的權力，必須受人民建立它的目的限制和政治社會的基本價值的限制；未經人民或其代表同意，立法機關不得對人民的財產征稅，不得把權力讓給任何其他人，或把權力放在不是人民所安排的任何地方。〔註28〕洛克的三權分立其實是立法權和行政權的兩權分立，而且主要還是一種階級分權，帶有階級分權的印記。

　　孟德斯鳩認爲：權力濫用是對自由最大的威脅，「要防止濫用權力，就必須以權約束權力」。他以洛克的分權學說爲基礎，首次明確規定了立法、行政、司法三權的特性、範圍、內容、歸屬和行使規則，以求國家權力的運行在分解、制約的基礎上取得協調平衡。他說：立法權是制定臨時的或永久的法律，以及修正或廢止已經制定的法律的權力，「應該由人民集體享有」，並就立法機關的建設提出了兩點意見：一是實行代議制；二是實行兩院制，「貴族團體和由選舉產生的代表平民的團體應同時擁有立法權」，二者相互制約，各自擁有否決對方的權力；行政權是執行立法機關的意志、維護公共安全、派遣和接受外交使節、防禦外國侵略的權力，應交給國王掌握以提高辦事效率；司法權是懲罰犯罪和裁決私人訟爭的權力，應當交給由人民選舉出的法官所組成的法庭行使。立法機關有權監督法律和公共決議的執行情況，對壞的行政輔弼人員有權追究和處罰；行政機關可以用立法反對權參與立法，有權決定立法機關的開會時機和會期長短，從而對立法機關進行牽制。〔註29〕與洛克相比，孟德斯鳩對分權學說的獨特貢獻，主要不在於他的分權思想，而在於他提出的制衡理論，即關於三種國家權力「彼此牽制」和「協調前進」

〔註27〕　〔英〕洛克著：《政府論》（下），葉啓芳、瞿菊農譯，商務印書館 1964 年版，第 85 頁。

〔註28〕　〔英〕洛克著：《政府論》（下），葉啓芳、瞿菊農譯，商務印書館 1964 年版，第 88 頁以下。

〔註29〕　〔法〕孟德斯鳩著：《論法的精神》（上），張雁深譯，商務印書館 1995 年版，第 154 頁以下。

的學說，以及第一次規定了司法權在國家權力系統中的地位，使分權制衡理論進一步完備。

以漢密爾頓爲首的美國聯邦黨人對權力制衡原則進行了新的闡釋和發展。他們認爲：按照常識，爲了體現人民主權的原則，本應把立法機關作爲國家權力系統的中心，但現實往往與理想相悖，因爲「一百七十三個專制君主一定會像一個君主一樣暴虐不道。」〔註 30〕爲此，他們主張：第一，要在各個國家機構之間設計一種基於利益和動機的制衡機制，「防止把某些權力逐漸集中於同一部門的最可靠辦法，就是給予各個部門的主管人抑制其它部門侵犯的必要法定手段和個人的主動。在這方面如同其它各方面一樣，防禦規定必須與攻擊的危險相稱。」〔註 31〕第二，要把立法機關劃分爲若干單位，實行兩院制，並規定以不同的選舉方法和行動原則，造成立法機關內部的自我約束。第三，要讓三權中最弱的司法權獨立，實行法官終身制、法官工資法定、依法審判、違憲審查等。漢密爾頓認爲：國家權力一分爲三，只是相對的分治，不應被理解爲立法、行政、司法三權的絕對分開，相反，它「只是各個權力部門主要方面保持分離，但並不排除爲了特定目的予以局部的混合」。如總統對國會的法案有否決權，但立法機關又可以復議；總統對官吏有任命權，但要徵得參議院的同意，國會有質詢、彈劾高級官員之權；司法機關有審判權和違憲審查權，但國會也有部分司法權，總統和國會聯合起來任命法官。〔註32〕在漢密爾頓的權力制衡思想中，權力的監督與制約是雙向的，而且與孟德斯鳩的理論相比，其立法機關內的相互制約，已不再有階級分權的印迹，完全是對代表資產階級一個階級利益的立法機關的不同部分 —— 參、眾兩院之間，出於防止專制的目的而實行的一種純粹的分權，以實現「讓政府管理自身」，是眞正意義上的以權力制約權力。從此，分權制衡理論徹底擺脫了階級分權的色彩而成爲人類理性爲制約政府權力而刻意設計的一項原則。

與漢密爾頓不同，傑斐遜從防止專制和暴政考慮，認爲代議民主制不僅要重點限制總統和司法機關的權力，而且要用州的權力限制聯邦中央的權

〔註30〕〔美〕漢密爾頓、傑伊、麥迪遜著：《聯邦黨人文集》，程逢如等譯，商務印書館 1982 年版，第 254 頁。

〔註31〕前引書《聯邦黨人文集》，第 264 頁。

〔註32〕前引書《聯邦黨人文集》，第 40～41 頁。

力，實行「雙重分權」原則，即在聯邦政府實行立法、行政、司法橫向權力制衡，在中央和州、縣、區之間實行縱向權力制衡。他認為這樣既可以縮短政府同人民的距離，收人民監督、控制政府之效；同時又可以通過實行地方自治，發揮民眾參與的主人翁精神。「在美國的復合共和國裏，人民交出的權力首先分給兩種不同的政府，然後把各政府分得的那部分權力再分給幾個分立的部門。因此，人民的權力就有了雙重保障。兩種政府將互相控制，同時各政府又自己控制自己」。〔註33〕「雙重分權」理論的提出標誌著權力制衡理論的完備，它解決了像在美國這樣的大國如何實行共和政體和分權制的問題。至20世紀70年代，全世界142部憲法中，設計有三大國家機關的憲法佔了絕大多數，含有立法機關條款和行政機關條款的各占100%，含司法機關條款的占95.8%。〔註34〕

（二）分工監督模式

分工監督模式也包含兩層意思，即分工和監督。分工與分權一樣，都是將權力分給不同的主體行使，也就是說都是一種分權，但分工與分權又有區別。權力的分工一般是指因權力主體能力不逮所造成的權力行使上的分權，即由主權力派生出若干次級權力，一般存在於一個階級占統治地位之時。〔註35〕與分權制衡模式下各權力相對不是很完整、互有交叉不同，在權力分工模式下，各次級權力相對比較完整，相互間一般不存在權力交叉關係，相互獨立，互不隸屬，均可獨立完成各自工作或任務，共同對產生它們的主權力或母權力負責，接受母權力的監督。當然，各權力之間也存在一定的相互制約關係，但這種制約主要還是基於權力分工基礎上所產生的彼此制約。

監督，從字面意義理解，監督之「監」，意味著監視、察看、臨下，甲骨文中，「監」字為一睜目之人，利用皿中之水，照看自身，因而有「自監其容」之說；又指自上而下的察看，《說文解字》中云：「監，臨下也」。監督之「督」，意味著督導、督促、糾正。因此，監督二字合起來就是觀察和糾正，體現在權力設置上，就是觀察權和糾正權。在英語中，監督一詞

〔註33〕〔美〕漢密爾頓、傑伊、麥迪遜著：《聯邦黨人文集》，程逢如等譯，商務印書館1982年版，第265～266頁。

〔註34〕〔荷〕亨利‧范‧馬爾賽文等著：《成文憲法的比較研究》，陳雲生譯，華夏出版社1987年版，第74頁。

〔註35〕參見《馬克思恩格斯全集》第5卷，人民出版社1958年版，第224頁以下。

「Supervision」由 super 和 vision 兩部分組成，前部分指位居上方，後部分指觀察、視察，基本與漢語同義。

現實中的分工監督模式所遵循的權力制約原理正是如此。其權力結構主要有以下特徵：一是存在一個位級較高的權力機關；二是由權力機關產生若干執行機關，各執行機關對權力機關負責，受權力機關監督；三是各執行機關之間主要是一種職責分工關係。其制約權力的途徑也主要有三：一是由權力機關監督各派生權力；二是各派生權力基於權力分工基礎上的相互制約；三是由權力機關設立一專門監督機構，代表權力機關對其他權力的運行進行監督。這種對權力的制約不同於分權制衡模式，它是自上而下或由外而內的。從權力機關來說，它是自上而下；從專門機關來說，它是由外而內〔註 36〕。因而它對權力的制約進路是線性的，單向的。不論是權力機關行使的權力監督，還是專門機關行使的專門監督，其監督職責是專門職責，不同於分權制衡模式是在履行各自職責的過程中完成對權力的制約的，而是作爲一個裁判者，專職監督其他權力主體是否依法依規履行職責，是否存在權力濫用情況。其監督方式主要是通過檢查、評價、判斷、反饋、督促、控制、約束，甚至制裁等，從外部給被監督者施加一種控制力量，使其按照規定或要求履行職責。它不是立法、執法、司法中的任一具體環節，也不同於批准、認可、同意、公告、通知等的任一作爲或不作爲，而是高於這些活動的一種監控行爲，是對管理的再管理、對控制的再控制。而爲了保證專門監督機構不致濫用監督權，專門監督機構的這種監督權一般不具有實體處分權，而只是一種程序啓動權，如蘇維埃制下的檢察長和人民代表大會制下的人民檢察院所具有的監督權即是如此。而對最高權力的監督，在君主專制下是不存在的；在人民主權制下，則是由選民代表或選民負責進行。

由此可見，分工監督模式的最大特點就是它對權力的制約是自上而下或由外而內的、線性的和單向性的。由於它對被監督者的實際制約效力一般產生於事後，因而它主要屬於一種對權力的事後察糾和追責。

分工監督的權力制約模式一般存在於權力一元的體制之下。古代中國所實行的權力制約機制就是一種比較典型的分工監督模式。〔註 37〕在專制社會

〔註36〕其實，專門機構的這種監督，也是自上而下的，因爲它是受權力機關委託行使監督權的，從道義上講，它的地位要比被監督者高。

〔註37〕如前文所言，權力制約思想主要是西方政治和法律文明發展的產物，並非中

中，最高君主的權力一般是集中而不分散的，但君主能力有限，不可能事必躬親，總攬一國所有必要的統治權力和處理所有的統治事務，因而設立了相關機構，賦予其一定的權力，分別處理一定的事務。而其對臣下忠心和能力的懷疑，又促使其不得不設立專門人員或專門機構，對這些機構的履職情況進行監督，或分散它們手中權力使它們相互監督和制約。中國古代的統治者很早就意識到分權和設立監察官員的必要性。如道家「君道無爲」的思想就是潛在的權能分工思想。《呂氏春秋》說：「君代有司爲有司也」，意思是說如果君主去做臣下做的事情，那麼君主就成了臣下了。所以明主應當「順天」，制定好法律，規定好臣下的職責，而天下的職責又應當是分離的。〔註 38〕錢穆就認爲中國古代存在著國家權力的職權劃分：第一是皇室與政府的職權劃分，第二是中央與地方的職權劃分。他說：自秦漢以後，皇帝是國家的元首，象徵國家的統一，宰相是政府的領袖，承擔政治上一切實際的責任，「皇權和相權的劃分，是中國政治史上的大題目」。比較典型的是唐代。唐代的中央政權分別操掌於中書省、門下省、尚書省三個衙門：中書主發令，政府一切最高命令，皆由中書省發出，然後呈皇帝畫一「敕」字，即成爲皇帝的命令，然後下達門下省覆核，即對命令進行審查，行使副署權。每一命令，必須經門下省副署後，始得發生正式效力，然後送尚書省執行。如門下省反對，即使皇帝畫敕也等同無效。故唐代下詔敕，先由門下省和中書省舉行聯席會議定奪。凡屬皇帝命令，在「敕」字之下，須加蓋「中書門下之印」，即須政事堂會議正式通過，然後再送尚書省執行。若未加蓋「中書門下之印」，而由皇帝直接發出的命令，在當時被認爲是違法的，不能爲下級機關所承認。只是到明洪武十三年，因宰相胡惟庸造反，明太祖廢止宰相，自此從明至清，政

國社會土生土長。雖然中國傳統政治思想中也存在一些權力制約的因子，如本文在此處所談的皇權與相權的分立、御史監察制度的設立等。但這種權力制約與現代意義上的權力制約在性質上是完全不同的。現代意義上的權力制約是基於對公民權利的保護和防止權力的濫用而實行的對公共權力的一種制約，是真正意義上的限權。而中國傳統社會所存在的權力制約不過是君主爲實現其專制統治的需要而採取的分而治之的一種手段而已，而且它在限制臣下權力的同時，君主本身的權力並不受限制，因此，它並不是真正意義上的限權。文章之所以在此以中國傳統社會的制權方式爲例，並稱之分工監督模式，是因爲它在限權的方式上代表了一種思路。如果將人民主權取代君權，它就是現代意義上的權力制約方式了。

〔註38〕《呂氏春秋・君守》。

府不再設有宰相，一切軍國大權逐漸集中到皇帝一人之手，分權因素遂不復存在〔註39〕。

御史監察制度是中國古代監督制約權力的一大創舉。早在西周時期，就出現了言諫監督的官職設置。如負責調查民意的詢問官「小司寇」、察訪民風的采詩官「遒人」、專「掌諫王惡」的「保氏」、負責糾舉王都百官過失的「冢宰」和「小宰」等，而且懲治官吏違法亂紀已成為監察的重要內容。《呂刑》中規定的「五過」罪（惟官、惟反、惟內、惟貨、惟束），大體都屬職務犯罪之列。與西方古代民主制中的權力制約不同的是，古代中國的監察制度是在強化封建專制的過程中發展起來的。兼併與爭霸之勢，迫使春秋戰國時的各諸侯國在獎勵進諫獻策的同時，出於自保，讓御史監軍監吏。秦始皇統一中國後，置御史大夫，位列三公，行「察舉非法，典正法度」之職，正式建立了御史監察制度，負責對自中央至地方的所有政府機構及其官員的行為進行監察、糾舉、彈劾。御史大夫及其統率的監察官，均對皇帝直接負責，上至丞相、太尉，下至基層官吏，均受其監督。當然，監察官也互相監督，以防止蒙弊聖聽擅權專斷之行為發生。丞相及其他官員發現監察官違背聖命或違法作亂，可以直奏皇帝。監察制度歷代不廢，只是具體規定有所不同而已。〔註40〕

與分權制衡模式相比，分工監督模式雖然也是一種分權，但分權制衡強調的是最高權力的分權與相互制衡，反對絕對權力的存在；而分工監督模式則關注的是如何保證最高權力對其派生權力的有效監控，始終有一個絕對權力的存在，不過在君主專制下它表現為君權，在人民主權制下它是代行人民主權的權力機關。

三、以法律制約權力

以法律制約權力的核心是依法治權。法治與人治相對。亞里士多德認為，法治應具有三項要素：第一，是為了公眾的利益或普遍的利益而實行的

〔註39〕 參閱錢穆著：《中國歷代政治得失》，三聯書店 2001 年版，第 1 頁，第 3 頁，第 39～42 頁，第 103 頁。

〔註40〕 三國時魏夏侯玄所言揭示了古代分權監察制度的存在原因和效果：「始自秦世，不師聖道，私以御職，姦以待下；懼宰官之不修，立監牧以董之；畏督監之容曲，設司察以糾之；宰牧相累，監察相司，人懷異心，上下殊務。漢承其緒，莫能匡改。」《三國志》（一），中華書局 1959 年版，第 296 頁。

統治，以區別於爲某一個階級利益或個人利益的宗派統治或專橫統治；第二，是守法的統治，即統治的實施鬚根據普遍的法規而不是根據專斷的命令；第三，法治意味著對臣民出於自願的統治，以區別於僅僅靠武力支持的專制統治〔註41〕。戴雪在闡釋英國憲政的法治特點時認爲，法治應包括三個概念：「首先，它意味著正常的法律保障有絕對的至高無上或壓倒一切的地位，與專制權力的影響相對立，並且排斥專制的存在、特權的存在，乃至政府之自由裁量權的存在。其次，它意味著法律面前的平等，或者說意味著所有階級平等地服從由普通法庭實施的國家普通法……。最後，它可以被當作表達一個事實的公式，即對於我們來說，憲法的法律、那些在外國當然屬於憲法法典組成部分的法律，在由法庭加以界定並實施時，它們不是個人權利的淵源而是其結果。」〔註42〕在現代社會，法治意味著崇尚法律和秩序，統治必須依據法律行事，而且一個人一旦受到政府行爲影響，便可以在有獨立裁判權的法官進行判決的法庭上對政府的合法性表示異議。在更廣泛的理解中，法治概念實際上是主張有限政府的〔註43〕。

　　法治的思想即以法律制約權力的思想在西方具有悠久的歷史。古希臘人認爲法律對統治者具有約束力，統治者對法律的服從對一個良好政府至關重要。修昔底德借與波斯王薛西斯一世交談的斯巴達流亡國王德馬瑞特斯（Dēmaratos）之口評論古希臘人的生活時說：「儘管自由，但不是在一切方面都自由；他們有一個叫做法律的主人，他們對這個主人的畏懼甚至超過你的臣民對你的畏懼。」〔註44〕這可以說是西方社會關於法治思想的最早記載。柏拉圖在《法律篇》中所概述的國家是一個法律至上的國家，統治者和臣民均須同樣服從法律。他認爲「法律一旦被濫用或廢除，共同體的毀滅也就不遠了；但若法律支配著權力，權力成爲法律馴服的奴僕，那麼人類的拯救和上蒼對社會的賜福也就到來了」。〔註45〕亞里士多德把以法律至上作爲好國家的標誌，即使最明智的統治者也不能置法律於不顧，「我們許可的不是人的統

〔註41〕參見〔美〕喬治·霍蘭·薩拜因著：《政治學說史》，托馬斯·蘭敦·索爾森修訂，盛葵陽、崔妙因譯，商務印書館1986年版，第127頁。

〔註42〕轉引自〔英〕戴維·米勒、〔英〕韋農·波各丹諾主編：《布萊克維爾政治學百科全書》，鄧正來等譯，中國政法大學出版社2002年12月版，第726頁。

〔註43〕參見前引書《布萊克維爾政治學百科全書》，第324頁。

〔註44〕轉引自〔愛爾蘭〕J·M·凱利著：《西方法律思想簡史》，王笑紅譯，法律出版社2002年版，第8頁。

〔註45〕柏拉圖著：《柏拉圖全集》第3卷，人民出版社2003年版，第475頁。

治，而是法律的統治」，法律若得以合宜地制定，應是至高無上的，只有在一般性的法律不能窮盡問題細節的情形中，統治者才擁有自由裁量權。〔註46〕經過近代啓蒙思想家的發展，法治已成爲當今世界治理國家的主要模式，以法律制約公共權力的理念已經普遍爲當今世界大多數國家所接受。

在西方傳統上，法治模式主要有兩種表現形式：一是對人定法的服從。這裡的人定法既包括根據人們的意見制定的成文法，也包括由人們的生活習俗形成的習慣法。正是由於對人定法的服從和信仰，才導致了古希臘民主政治的產生並使之達到了那個時代輝煌的頂峰。二是自然法的思想。自然法的思想最早可以追溯到古希臘柏拉圖的理念論和亞里士多德的自然正義說。古希臘晚期的斯多葛學派率先在眞正意義上使用了「自然法」概念，把它界定爲自然的理性。古羅馬人繼承了這一概念並使之進一步成熟。西塞羅稱「法律並非人的思想的產物，也不是各民族的任何立法，而是一些永恒的東西，以其在指令和禁令中的智慧統治整個宇宙」，〔註47〕「眞正的法是與自然契合的正確理性」，〔註48〕如果一個國家的成文法即人定法與正義相矛盾，那麼它就不是眞正的法律。與西塞羅的自然法思想不同，一些古羅馬法學家在談到某一規則或制度背後的自然法或自然理性時，所討論的不是天上之神的律法或理性，而是地上之人的自然本性，即人的境遇、常識，以及生命的事實和商業關係的特徵等，「對他們來說，『自然』不僅僅是人與萬物共同遵守的物理規則，而且是那一體系框架之內的關乎人類利益的正常和合理的秩序，關於這一點，並不需要提出進一步的證據。」〔註49〕

古羅馬法學家關於自然法基於人性的思想爲後來的格老秀斯、霍布斯、斯賓諾莎、洛克、盧梭等所吸收，發展出了天賦人權、個人權利神聖不可侵犯、平等與民主等思想。洛克認爲法律必須保護和擴大個人的自由權利，必須限制統治者的權力，必須得到切實遵循，「法律一經制定，任何人也不能憑他自己的權威逃避法律的制裁，也不能以地位優越爲藉口，放任自己或任何

〔註46〕 轉引自〔愛爾蘭〕J・M・凱利著：《西方法律思想簡史》，王笑紅譯，法律出版社 2002 年版，第 24 頁。

〔註47〕 〔古羅馬〕西塞羅著：《國家篇、法律篇》，沈淑平、蘇力譯，商務印書館 1999年版，第 179 頁。

〔註48〕 〔古羅馬〕西塞羅著：《論共和國》，轉引自前引書《西方法律思想簡史》，第 56 頁。

〔註49〕 厄斯特・列維著：《Natural Law In Roman Thought》，轉引自前引書《西方法律思想簡史》，第 58 頁。

下屬胡作非爲，而要求免受法律的制裁。公民社會中的任何人都是不能免受它的法律的制裁的。」〔註50〕孟德斯鳩把自由和法治相聯結，稱「自由是做法律所許可的一切事情的權利；如果一個公民能夠做法律所禁止的事情，他就不再有自由了，因爲其他的人也同樣會有這個權利。」〔註51〕進而認爲以權力制約權力，其制度形態必然是以法律制約權力。盧梭認爲：法律是主權者意志即「公意」的記錄，任何人的自由都是在平等地服從法律時才有的；統治者若強制他人守法，他自己必須守法。

法治思想特別是自然法思想所強調的法律具有至高無上權威性，培育了近現代社會法律至上、憲法至上、以法制權、權在法下的法治理念。但這一思想存在著兩個致命的缺陷：一是規範內容的價值正當性難以確定；二是規範的實效難以保障。當思想家們確證的限制權力的原則與規範體系被權力主體視爲敝屣的時候，自然法就顯得蒼白無力了；當權力主體把持了自然法的發現之門的時候，自然法甚至會成爲權力的幫兇。希特勒正是借著正義的名義而濫用權力、大開殺戒的。所以，以法制權的思想還必須借助其他思想的救濟，方能實現其制約權力的最終目的。

四、以道德制約權力

以道德制約權力意指通過學習和教育的方法使社會或統治階級對政府官員即權力行使者的要求內化爲其自覺的道德信念，使其樹立「正確」的權力觀，培養勤政廉政爲統治利益或公共利益服務的意識品質，自覺抵制外在的不良誘惑，並借助外在的輿論和道德規範督促其自我約束，行使好手中的權力。

通過學習和教育的方法培養統治者的良好品德和能力的思想古已有之。西方以柏拉圖和亞里士多德有名，中國以儒家倡導最力。亞里士多德說：「在主奴關係的統治以外，另有一類自由人對自由人之間的統治，被統治者和統治者的出身相同。這類治理的方式就是我們所謂城邦政治家的治理體系（憲政）；在這類體系中，統治者就須先行研習受命和服從的品德」，「要明白主政

〔註50〕〔英〕洛克著：《政府論》下篇，葉啓芳、瞿菊農譯，商務印書館 1964 年版，第 59 頁。

〔註51〕〔法〕孟德斯鳩著：《論法的精神》（上），張雁深譯，商務印書館 1981 年版，第 154 頁。

的良規，必先學習服從的道理。」〔註52〕亞里士多德要求統治者需具備明哲、節制、正義、勇毅四種品德，培養這些品德的途徑就是學習和教育。

儒家倡導的「德治」思想主要是針對統治者的，其核心就是以道德約束權力的行使，主張「以德行仁者王」〔註53〕，「政者，正也。子帥以正，孰敢不正？」，指出「其身正，不令而行，其身不正，雖令不從」〔註54〕，要求「爲政以德」〔註55〕，「修己以安百姓」〔註56〕，而對不道德的行爲則大加鞭撻，「八佾舞於庭，是可忍孰不可忍也？」〔註57〕孔子認爲季孫氏超標準享受舞樂違反了禮制，是不可容忍的行爲。儒家認爲，道德上的完善是通過不斷學習和教育取得的，強調「修身」是「齊家治國平天下」的根本，所謂「修」之道，一方面在於「學」與「習」。「學則三代共之：皆所以明人倫也」〔註58〕。「習」即在於通過內省的方式將所學轉化爲行動，「學而時習之，不亦說乎」〔註59〕。正是基於對學習的強調，孔子提出了一系列具有科學意義、至今仍有價值的教育心理學的普遍規律，如「性相近，習相遠也」〔註60〕，「學而不思則罔，思而不學則殆」〔註61〕，「毋意毋必毋固毋我」〔註62〕。另一方面又強調意志的克制和鍛鍊，主張自覺約束自己，「約之以禮」〔註63〕，「克己復禮」〔註64〕，特別強調「戒愼」、「愼獨」，「君子無終日之間違仁，造次必如是，顚沛必如是」〔註65〕。儒家的「德治」思想，既使在今天依然具有很強的借鑒意義。

與「以權力制約權力」相比，以道德制約權力主要側重於事先的預防，

〔註52〕 亞里士多德著：《政治學》，吳壽彭譯，商務印書館 1965 年版，第 124 頁，第 387 頁。
〔註53〕 《孟子・公孫丑上》。
〔註54〕 《論語・顏淵》。
〔註55〕 《論語・爲政》。
〔註56〕 《論語・憲問》。
〔註57〕 《論語・八佾》。
〔註58〕 《孟子・滕文公上》。
〔註59〕 《論語・學而》。
〔註60〕 《論語・陽貨》。
〔註61〕 《論語・爲政》。
〔註62〕 《論語・子罕》。
〔註63〕 《論語・雍也》。
〔註64〕 《論語・顏淵》。
〔註65〕 《論語・里仁》。

寄望於當權者的道德自覺，期望將外在規制內化爲當權者的自覺行爲而防患於未然，其原理在於通過學習和教育的方式去培養政府官員內心的道德力量，利用人的向善之心和趨利避害的心理，增強他們抵禦外部不良誘惑的能力，進而減少濫用權力的可能性，即通過制約靈魂來制約行動，解決的是不想爲的問題。而權力制約機制則側重於事中的制約及事後的懲戒，依靠的是制度的剛性力量，希望通過各權力行使者相互之間的牽制而使問題在權力的運行中得到解決或通過事後的懲戒而使之心存畏懼，即通過行動制約行動，解決的是不能爲、不敢爲的問題。以權力制約權力往往形成各種法律和制度，具有制度化的外觀，而以道德制約權力有可能形成若干的制度，如紀律、條規等，但是更多地表現爲非制度化的、漫延式的、多種多樣的方法和措施，如某種活動或運動，這種活動或運動可能是一個更大規劃的組成部分，也可能彼此之間並不緊密相連，有著不同或不一致的要求和內容。以權力制約權力表現爲以一種剛性的力量對付另一種剛性的力量，甚至表現爲如麥迪遜（或漢密爾頓）所謂的「野心必須用野心來對抗」。〔註66〕而道德制約機制表現爲以一種柔性的力量去馴化一種剛性的力量，它期望監督者或施教者具有足夠的耐心、春風化雨般的說服技巧和以身作則的榜樣作用。而對於被監督者或被施教者，這種權力制約方式雖然有些硬性的要求，如規定政府官員必須反覆學習官方指定的政治道德讀本，但是更注重提倡和鼓勵學習以及進行細緻嚴密並持之以恒的思想教育。這些措施雖然是潛移默化地緩慢起作用，但效果卻可能是巨大和持久的。

到底傾向於哪種權力制約模式，是傾向於以道德制約權力還是以權力制約權力，是傾向於以權利制約權力還是以法律制約權力，在某種程度上往往取決於人們所持的人性觀。若傾向於採取以權力制約權力或以法律制約權力，一般認爲人的本性是靠不住的，難以改變的。若傾向於採取以道德制約權力，則對人性所持的態度一般是比較樂觀的，認爲人是可以通過教育改變的。但不管是在以權力制約權力爲主的社會，還是在以道德制約權力爲主的社會，一般都看重道德對權力的制約作用，因爲它被認爲是更爲根本的權力制約方式，而且更符合人類所追求的理想社會的目標。

〔註66〕〔美〕漢密爾頓、傑伊、麥迪遜著：《聯邦黨人文集》，程逢如等譯，商務印書館 1980 年版，第 264 頁。

第二章　人民有權——孫中山權力制約思想的邏輯基點

　　孫中山追求的最理想國家是人民有權管理政府，政府有能力為人民謀幸福。他曾經引用一位美國學者的話說：「現在講民權的國家，最怕的是得到了一個萬能政府，人民沒有方法去節制他；最好的是得一個萬能政府，完全歸人民使用，為人民謀幸福。……要怎麼樣才能夠把政府成為萬能呢？變成了萬能政府，要怎麼樣才聽人民的話呢？」〔註1〕「人民有權」和「政府有能」是孫中山整個政治思想的兩個基礎性概念，猶如車之兩輪，鳥之雙翼，但在二者的邏輯關係上，「人民有權」始終是第一位的，邏輯在先的。建設一個「人民有權」的國家，貫穿了孫中山思想的始終，被孫中山視為「政治革命的根本」。〔註2〕他曾說：「講到那政治革命的結果，是建立民主立憲政體。」〔註3〕正是出於對人民主權的這種優先性考慮，才引發出了孫中山的整個權力制約思想。「人民有權」是孫中山權力制約思想的邏輯基點，是出發點和最終歸宿。而從權力制約的角度看，孫中山所主張的「人民有權」思想，其實就是一種以權利制約權力的思想，期望通過對人民權利的明確和強調，實現對政府權力的控制，解決政府權力腐敗的問題。

一、主權在民——孫中山民權主義的核心

　　主權（sovereignty）一詞的原意為王權，它來源於拉丁語 superamms，意

〔註1〕　《孫中山選集》，人民出版社 1981 年版，第 765 頁。
〔註2〕　《孫中山全集》第 1 卷，中華書局 1981 年版，第 325 頁。
〔註3〕　《孫中山選集》，人民出版社 1981 年版，第 82 頁。

爲「聖上」、「主上」。其詞義可以追溯到古希臘。在古希臘，主權用來表徵主奴關係，如奴隸主對奴隸享有主權，家長對子女享有主權。可見，主權的原初之意就是一種絕對的、全總的權力。現代主權觀念即源於此。在民族國家興起的時候，主權起先是王權的代名詞。在民主憲政運動中，主權逐漸與君主的人格分離，轉而與人的特殊的結合體相聯結，歸屬於國家和人民，於是產生了國家主權和人民主權的觀念。

最早在近代意義上對主權理論作出全面論述的是 16 世紀法國的思想家博丹。博丹認爲主權是國家的主要特徵，是絕對的、不可分割的和永久的，是「統治公民和臣民的不受法律約束的最高權利」。〔註4〕不過，博丹主張主權在君，認爲不管君主的權力壞到何種程度，臣民都必須服從，不能抵抗。所以，有人稱博丹的主權觀念「實際上是一種主權與王權相結合的觀念。」〔註5〕盧梭繼承並發展了博丹的主權理論〔註6〕，認爲主權至高無上，不可讓與，不能代表，不可分割。但與博丹根本不同的是，盧梭明確主張主權在民，認爲國家是人民契約的結果，人們「要尋找出一種結合的形式，使它能以全部共同的力量來衛護和保障每個結合者的人身和財富，並且由於這一結合而使每一個與全體相聯合的個人又只不過是在服從自己本人，並且仍然像以往一樣地自由」。〔註7〕在訂立契約建立國家後，人民便成爲國家的主人。由於在一個國家內能夠體現國家最高和最終意志而又具有普遍性的主要是立法權，所以盧梭主張「立法權力是屬於人民的，而且只能是屬於人民的。」〔註8〕在主權者即人民與政府的關係上，盧梭認爲「政府只不過是主權者的執行人」，「行政權力的受任者絕不是人民的主人，而只是主權者的官吏，只

〔註4〕 Jean Bodin, The Six Bookes of a Commonweale, Richard Knolles, London: Imppencis G. Bishop, 1606, 84。轉引自范進學著：《權利政治論》，山東人民出版社 2003 年版，第 77 頁。

〔註5〕 何華輝著：《比較憲法學》，武漢大學出版社 1988 年版，第 50 頁。

〔註6〕 在從博丹到盧梭的過程中，霍布斯、斯賓諾莎、洛克等都對主權理論作出了貢獻，主權理論也經歷了一個由主權在君到主權在民的發展過程。一般認爲，以斯賓諾莎爲界，之前的思想家基本上主張主權在君，之後的思想家則主張主權在民。盧梭使主權在民理論最終發展完善，成爲一種系統的成熟的理論。

〔註7〕 〔法〕盧梭著：《社會契約論》，何兆武譯，商務印書館 1980 年版，第 23 頁。

〔註8〕 〔法〕盧梭著：《社會契約論》，何兆武譯，商務印書館 1980 年版，第 75～76 頁。

要人民願意就可以委託他們，也可以撤換他們。」〔註9〕

　　主權理論旨在解決權力的正當性來源，以及與此相關的最終權力的歸屬問題。博丹的君主主權理論是爲了給君主爭取最高權力，爲君主權力的最高性和最終性進行合法性論證，其理論鋒芒主要針對著教會、領主和神聖羅馬帝國的主權。盧梭的人民主權思想是爲了給人民爭取最高權力，爲人民權利的最高性和最終性進行合法性論證，其理論鋒芒針對的則是君主主權。

　　近代中國比較早地在西方意義上使用「主權」概念的是梁啓超和嚴復。1900年，梁啓超在《少年中國說》中指出：「夫國也者，何物也？有土地，有人民，以居於其土地之人民，而治其所居之土地之事，自製法律而自守之；有主權，有服從，人人皆主權者，人人皆服從者，夫如是，斯謂之完全成立之國。」〔註10〕他還辨析了國家與朝廷的區別，稱「國家者，全國人之公產者；朝廷者，一姓之私業也」，是先「有國家而後有朝廷，國家能變置朝廷，朝廷不能吐納國家」。〔註11〕嚴復也稱「國者，斯民之公產也；王侯將相者，通國之公僕隸也」。〔註12〕但是，最早明確提出主權在民並將之作爲批判君主專制的思想武器的是孫中山和以他爲首的資產階級革命派。

　　孫中山沒有專門對主權作過定義，但他基本上是在西方的語境下來理解和使用「主權」這一概念的。首先，孫中山認爲主權即指政治主權。「權就是力量，就是威勢。」「政治主權是在人民」。〔註13〕「謂政治上之權力完全在民，非操諸少數武人或官僚之手」〔註14〕。其次，他認爲主權是一種所有權。在法律上，所有權包括佔有權、使用權、支配權和收益權等。孫中山也是這樣來理解和使用主權這一概念的。他說：「民國之國家，爲全國國民所公有；民國之政治，爲國民所共理；民國之權利，爲國民所共享」〔註15〕。第三，主權是一切政治權力的合法性來源和基礎。他說：「蓋國民爲一國之主，爲統治權之所出」，〔註16〕各級政府和官吏不過是人民的公僕，「夫中華

〔註9〕〔法〕盧梭著：《社會契約論》，何兆武譯，商務印書館1980年版，第132頁。

〔註10〕梁啓超著：《梁啓超選集》，上海人民出版社1984年版，第124頁。

〔註11〕梁啓超：《積弱溯源論》，載《清議報》第77冊，1901年4月29日。

〔註12〕嚴復著：《嚴復集》第1冊，中華書局1986年版，第35頁。

〔註13〕《孫中山全集》第9卷，中華書局1986年版，第254頁。

〔註14〕《孫中山全集》第9卷，中華書局1986年版，第314頁。

〔註15〕《孫中山全集》第1卷，中華書局1981年版，第297頁。

〔註16〕《孫中山選集》（下），人民出版社1956年版，第340頁。

民國者，人民之國也。……國中之百官，上而總統，下而巡差，皆人民之公僕也」。〔註17〕正是沿著這一思想進路，他於晚年提出了著名的「權能區分」理論，主張政權要完全交給人民，使人民有充分的權力直接管理國家大事；治權即政府權則要完全交給政府機關，使政府具備治理國家事務的能力。

在孫中山看來，所謂主權在民，就是國家是全體人民的國家，國家權力屬於人民，人民是國家的主人，各級政府和官吏是人民的公僕，替人民做事，爲人民謀利益。他指出：

> 夫中華民國者，人民之國也。君政時代則大權獨攬於一人，今則主權屬於國民之全體，是四萬萬人民即今之皇帝也。國中之百官，上而總統，下而巡差，皆人民之公僕也〔註18〕。

> 何以叫做民國呢？民國是和帝國不同的：帝國是由皇帝一個人專制，民國是由全國的人民作主；帝國是家天下，民國是公天下。好比做生意，帝國是東家生意，民國是公司生意。公司生意賺了錢，股東都有份；東家生意賺了錢，只有一個人享受。所以從前清朝是家天下，現在民國是公天下。這便是民國和帝國的分別。〔註19〕

那麼，如何判斷「主權在民」是否實現呢？他說：「夫『主權在民』之規定，決非空文而已」；「欲知主權在民之實現與否，不當於權力之分配觀之，而當於權力之所在觀之。權在於官，不在於民，則爲官治；權在於民，不在於官，則爲民治。」〔註20〕也就是說，只要權力掌握在官僚手裏，不管權力如何分配，都是「官治」。只有權力歸人民掌握時，才算得上「民治」。孫中山指出：「官治云者，政治之權，付之官僚，於人民無與。……民治則不然，政治主權，在於人民，或直接行使之，或間接行使之；其在間接行使之時，爲人民之代表者，或受人民之委任者，只盡其能，不竊其權，予奪之自由，仍在於人民，是以人民爲主體，人民爲自動者，其所以與官治截然不同也。」〔註21〕即是說，不僅人民直接行使的直接民權是主權在民的體現，就是人民間接行使的間接民權，也仍然體現了主權在民的原則。因爲即使是人民「間

〔註17〕《孫中山選集》，人民出版社1981年版，第173頁。
〔註18〕《孫中山全集》第6卷，中華書局1985年版，第211頁。
〔註19〕《孫中山選集》，人民出版社1981年版，第572頁。
〔註20〕《孫中山集外集》，上海人民出版社1990年版，第33～34頁。
〔註21〕《孫中山集外集》，上海人民出版社1990年版，第34～35頁。

接行使」民權，主權仍在人民手裏，國家的一切大事依然由人民作主，「人民以爲可則可，人民以爲否則否」，作爲人民的代表（議員）或受人民的委任者（官吏），只能盡其所「能」，而不能「竊取」人民委託給他們的權力，選舉、委任或罷免他們的權力仍掌握在人民的手裏，「如果政府是不好的，我們四萬萬人可以實行皇帝的職權，罷免他們，收回國家的大權」。〔註 22〕這是「民治」與「官治」截然不同的地方。正是基於這樣一種理解，孫中山認爲西方的代議制不是一種完整的民權，主張增加創制權、復決權和罷免權，從而進一步豐富了人民主權的內容。

按照主權在民原則，孫中山於 1906 年在《中國同盟會革命方略》中首次提出了中國民主共和國的方案，「今者由平民革命以建國民政府，凡爲國民皆平等以有參政權。大總統由國民公舉，議會以國民公舉之議員構成之。制定中華民國憲法，人人共守。敢有帝制自爲者，天下共擊之」。〔註 23〕1912 年，由其簽署並通過的《臨時約法》，則在中國歷史上第一次以國家根本大法的形式將「主權在民」的原則確定下來，規定「中華民國由中華人民組織之」，「中華民國之主權屬於國民全體」。〔註 24〕對於這一點，孫中山直到晚年，依然念茲在茲，引以爲豪。1921 年 4 月 4 日，他在廣東省教育會的演講中說：「在南京所訂民國約法，內中只有『中華民國主權屬於國民全體』一條是兄弟所主張的。」〔註 25〕由此可見主權在民原則在孫中山思想中所佔的重要地位。

辛亥革命失敗後，孫中山雖然在民權的具體內容和實現方式上有所變化，但主權在民的思想始終沒有改變，體現了他作爲一名革命家爲了實現人民當家作主的眞誠和執著。他鑒於「近世各國所謂民權制度，往往爲資產階級所專有，適成爲壓迫平民之工具」的狀況，〔註 26〕提出了「直接民權」和「全民政治」的設想，指出「我們所主張的民權，是和歐美的民權不同。我們拿歐美以往的歷史來做材料，不是要學歐美，步他們的後塵，是用我們的民權主義，把中國改造成一個『全民政治』的民國，要駕乎歐美之上。」〔註 27〕孫中山進而提出，國家權力應「爲一般平民所共有，非少數人所得而

〔註 22〕《孫中山選集》，人民出版社 1981 年版，第 774 頁。
〔註 23〕《孫中山全集》第 1 卷，中華書局 1981 年版，第 297 頁。
〔註 24〕《孫中山全集》第 2 卷，中華書局 1982 年版，第 220 頁。
〔註 25〕《孫中山全集》第 5 集，中華書局 1985 年版，第 497 頁。
〔註 26〕《孫中山選集》（上），人民出版社 1956 年版，第 438 頁。
〔註 27〕《孫中山選集》（下），人民出版社 1956 年版，第 722 頁。

私」，這一思想在某種程度上，已包含了革命階級聯合專政的因子。對此，毛澤東曾高度評價說：「除了誰領導誰這一個問題以外，當作一般的政治綱領來說，這裡所說的民權主義，是和我們所說的人民民主主義或新民主主義相符合。只許爲一般平民所共有、不許爲資產階級所私有的國家制度，如果加上工人階級的領導，就是人民民主專政的國家制度了。」〔註28〕

　　人民主權思想的提出，在中國歷史上具有顛覆性的革命意義。在中國長達兩千多年封建統治的歷史中，盛行的是君權至上、權力私有和家天下，「普天之下，莫非王土；率土之濱，莫非王臣」，君與臣、君與民是父與子、上與下、尊與卑、支配與被支配的關係，君讓臣死，臣不得不死。正如《尙書・泰誓上》篇所言：「惟天地萬物父母，惟人萬物之靈，亶聰明，作元后，元后作民父母。」王朝的更替不過是一名一姓的更替。雖然也有「保民」、「爲民」的「民本」思想，雖然也意識到「民」在維護統治中的重要作用，但這些觀念都是以「君」的存在爲前提並爲實現「君」的統治服務的，「民」只能作爲「天命」的顯現者，而無權參與權力的分配和行使。人民主權思想的提出，徹底顛覆了這種家天下的權力私有制和「君爲民之父母」的權力合法性論證模式，預示著帝制時代在中華大地的徹底終結。雖然孫中山關於主權在民的政治設計因辛亥革命的失敗而流產，但主權在民的思想卻已衝破封建專制的牢籠，成爲不可阻擋的歷史洪流，並在反對袁世凱稱帝和張勳復辟的鬥爭中顯示了它的巨大力量。從此，在中國，再也沒有人敢公開以帝制自爲。任何新生政權，不管它是眞人民的，還是僞人民的；不管它是由衷地，還是違心地，都不得不在憲法中鄭重宣示「國家的一切權力屬於人民」，都不得不從主權在民的原則中尋找其存在的合法性基礎。這就是孫中山所宣揚的主權在民思想在制約權力方面的眞正歷史意義，也是孫中山在中國政治發展史上的偉大貢獻之所在。

二、「人民有權」的基本內涵

　　我們已經知道，權利對權力的制約作用主要有兩種：一是消極的制約作用，二是積極的制約作用。與此相對應，權利一般被分爲消極性權利和積極性權利。消極性權利如生命權、財產權、人身自由權等。由於這些權利主要

〔註28〕《毛澤東選集》第四卷，人民出版社 1991 年版，第 1477～1478 頁。

存在於或發生於私人領域，又被稱作個人權利或私權。積極性權利如選舉權、參與權、言論自由權、結社權等，由於這些權利多發生於公共領域或政治領域，又被稱作公權或政治權利。

　　將權利分為消極性權利和積極性權利的思想源自英國的伯林。伯林曾把歷史上存在過的自由區分為消極的自由和積極的自由，認為消極的自由回答的是：「在什麼樣的限度以內，某一個主體可以或應當被容許做他所能做的事，或成為他所能成為的角色，而不受到別人的干涉」，是一種免於受他人侵害的自由（liberty from...）。而積極的自由則回答的是：「什麼東西或什麼人，有權控制或干預從而決定某人去做這件事、成為這種人，而不應該去做另一件事、成為另一種人」，這種自由其實就是自主（self-mastery）。〔註29〕

　　消極性權利對權力的制約意義在於它為國家公權力劃定了行使的底線，凡逾界之權必是濫用之權，從而為限制權力濫用和防範權力腐敗提供了強有力的保護屏障，並由此確立了現代政治的兩條法治原則：一是法定權利保障原則；二是法律未禁止的權利，國家權力不得介入和干預，即對公民私權利而言「法不禁止即自由」，而對國家公權力而言「法無授權即禁止」。積極性權利則強調對政府權力的主動反抗和對政治生活的積極參與，一方面公民通過參與政治生活對政府權力的運行進行監督，另一方面當政府逾越權力的法定界限、濫用權力或有不當行為時，公民有權利進行積極的反抗，迫使政府收回成命或改變不當行為。在古典自由主義者看來，自由主要是個人自由，但人們之所以要求進入公共領域分享政治權力，不是因為他們渴望參與政治生活，而主要是因為他們對那些擁有支配他們生命和財產的權力的人的普遍不信任，因而需要通過擁有積極性權利來監督制約那些當權者；在人民主權者看來，公民積極參與政治是實現人民當家作主的內在要求，是主權在民的具體表現。

　　根據公民參與政治的形式和途徑不同，積極性權利一般又分為直接民主和間接民主。這是我們在前文已經闡述了的。

　　那麼，孫中山所主張的「人民有權」到底包括哪些內容呢？1922 年 9 月，孫中山在上海召開改組國民黨的會議，隨後起草了《中國國民黨宣言》。《宣言》對國民黨的「國家建設計劃及現所採用之政策」進行了闡述。在談

────────────

〔註29〕　〔英〕伯林著：《兩種自由概念》，載劉軍寧編：《市場邏輯與國家觀念》，三
　　　　　聯書店 1995 年版，第 201 頁，第 210 頁。

及民權的實現時，孫中山稱「欲踐民權之眞義，爰有下列之主張：甲、實行普選制度，廢除以資產爲標準之階級選舉。乙、以人民集會或總投票之方式，直接行使創制、復決、罷免各權。丙、確定人民有集會、結社、議論、出版、居住、信仰之絕對自由權。」〔註30〕可見，在孫中山心目中的「民權之眞義」，涵蓋了上文所提及的公民權利的所有內容即公民的消極性權利、間接民權和直接民權。

（一）公民的消極性權利

關於公民的消極性權利，孫中山正面闡述特別是系統闡述的不是很多，多散見於他的一些演講、批示和簽發的一些政令之中。這主要是因爲孫中山首先是一名革命家，作爲一名革命家，他首先關注的主要還是政權的奪取和建設問題，與此相關聯的主要是公民的政治權利即積極性權利問題。但並不能說，孫中山不重視公民的消極性權利。可以說，孫中山對民權的關注，是從關注公民的消極性權利開始的。

1904年，孫中山在《中國問題的眞解決——向美國人呼籲》一文中，歷數了清政府的十一項罪過，其中至少有九項是關於公民的消極性權利，如他稱清政府「侵犯了我們不可讓與的生存權、自由權和財產權」、「壓制言論自由」、「禁止結社自由」、「不經我們的同意而向我們徵收沉重的苛捐雜稅」等等。〔註31〕這裡，孫中山雖不乏爲搏取美國人民的同情而採取的某種表達策略成分，但他對清政府踐踏人權的無情抨擊，不正充分說明他對公民與生俱來的生存權、自由權和財產權的肯定與嚮往嗎？1906年，他又在《同盟會革命方略》中稱「所謂國民革命者，一國之人皆有自由、平等、博愛之精神」，〔註32〕即共和國的每一個國民都有平等、自由的權利。

1912年1月5日，孫中山就任臨時大總統後，在《對外宣言書》中慷慨陳詞：「天賦自由，縈想已夙，祈悠久之幸福，掃前途之障蔽，懷此微忱，久而莫達」，把實現人人所享有的「天賦自由」視爲自己的平生夙願，將中華民國的成立視爲平生夙願的實現。他還以「天賦人權」理論來論證男女的平等，稱「天賦人權，男女本非懸殊，平等大公，心同此理。」〔註33〕並在《中華

〔註30〕《孫中山全集》第7卷，中華書局1985年版，第3頁。
〔註31〕《孫中山選集》（上），人民出版社1956年版，第60頁。
〔註32〕《孫中山全集》第1卷，中華書局1981年版，第297頁。
〔註33〕《孫中山全集》第2卷，中華書局1982年版，第8頁。

民國臨時約法》中，明確規定了人民應享有的自由權利，「一、人民之身體，非依法律不得逮捕、拘禁、審問、處罰產；二、人民之家宅，非依法律不得侵入或搜索；三、人民有保有財產及營業之自由；四、人民有言論、著作、刊行及集會、結社之自由；五、人民有書信秘密之自由；六、人民有居住、遷徙之自由；七、人民有信教之自由」，〔註34〕並將公民權利的規定列在國家機關之前，表明他充分理解了公民權利在西方憲政架構中的重要地位，體現了對公民權利的高度重視。

除《中華民國臨時約法》外，孫中山還領導南京臨時政府制定和頒佈了大量關於保障公民權利的法規和政令，如《保護人民財產令》、《禁止買賣人口文》、《禁絕販賣豬仔及保護華僑辦法文》、《禁止體罰文》、《禁止刑訊文》，等等，所涉及的權利內容包括公民的生命健康權、財產所有權、繼承權、勞動權、受教育權、經商（開辦公司）權、簽訂契約權、專利權、婚姻自主權等。

孫中山非常重視公民的財產權，認為「財產之重，等於生命」，〔註35〕並頒佈法令，要求各地都督對人民財產，「除果為反對民國，甘作虎倀，及顯有侵吞欠官款確證外，應予一律保護，斷不忍有株連抄沒之舉而禍我生民……以盡保護之責」。〔註36〕嚴正聲明：臨時政府「以保護人民財產為急務。……凡人民財產房屋，除經正式裁判宣告充公者外，勿得擅行查封，以安閭閻」。〔註37〕

孫中山還非常重視公民的言論出版自由，鼓勵報刊發揮輿論監督作用，稱「輿論為事實之母，報界諸君又為輿論之母」，〔註38〕「今民國成立，尤賴報界有言責諸君，示政府以建設之方針，促國民一致之進行，而建設始可收美滿之效果。故當革命時代，報界鼓吹不可少，當建設時代，報界鼓吹更不可少，是以今日有言責諸君所荷之責任甚重。」〔註39〕南京臨時政府成立後，在財政十分困難的情況下，他依然令交通部核辦報界公會請減郵電費的請

〔註34〕《孫中山全集》第2卷，中華書局1982年版，第220頁。
〔註35〕《孫中山全集》第2卷，中華書局1982年版，第133頁。
〔註36〕《孫中山全集》第2卷，中華書局1982年版，第263頁。
〔註37〕《孫中山全集》第2卷，中華書局1982年版，第59頁。
〔註38〕《孫中山全集》第2卷，中華書局1982年版，第356頁。
〔註39〕《孫中山全集》第2卷，中華書局1982年版，第495頁。

求,「查報紙代表輿論,監督社會,厥功甚巨」。〔註 40〕最能體現他這一思想的是他對《民國暫行報律》事件的處理。1912 年 3 月 2 日,南京臨時政府內務部為加強報業管理,出臺了暫行報律,與報界「約法三章」:其一,新聞雜誌已出版及今後出版者,其發行及編輯人員姓名須向本部呈明註冊;其二,流言煽惑,關於共和國體,有破壞弊害者除停止出版外,其發行人、編輯人坐以應得之罪;其三,調查失實,污毀個人名譽者,被污毀人得要求其更正。要求更正而不履行時,經被污毀人提起訴訟時,得酌量科罰。因該報律係一政府部門簽發屬越權行為,再加之罪與非罪界限模糊,極易被濫用。所以,在執行時遭致報界的普遍反對,聯名致電孫中山並通電全國表示抵制。孫中山得知後,於 3 月 9 日立即下令撤銷了《民國暫行報律》,指出:「案言論自由,各國憲法所重,善從惡改,古人以為常師,自非專制淫威,從無過事摧抑者,該部所布暫行報律,雖出補偏救弊之苦心,實昧先後緩急之要序,使議者疑滿清鉗制輿論之惡政,復見於今,甚無謂也。」〔註 41〕

即使在提出直接民權思想後,孫中山依然非常重視對公民個人權利的保護。1922 年夏天,葉夏聲曾奉孫中山之命起草了一份《五權憲法草案》。該草案規定:「中華民國人民一般及永久所享有之權利及自由,不受限制」(第十一條),「土地為建築物時,地上一切建築及加工物,依法於一定期限內,得為私人之所有權」(第六十四條)等。〔註 42〕他於 1923 年 12 月頒行的《廣州市民產保證條例》第一條就聲明:「本條例係為保障人民私權、杜絕蒙混妄報而設。」〔註 43〕1924 年 1 月,他在《中國國民黨第一次全國代表大會宣言》中的「對內政策」中稱,要「確定人民有集會、結社、言論、出版、居住、信仰之絕對自由權」,「嚴定田賦地稅之法定額,禁止一切額外徵收,如釐金等類,當一切廢絕之」。〔註 44〕他於 1924 年 10 月以廣州軍政府名義頒行的《工會條例》,是一部體現其「扶助農工」政策的重要法規,該《條例》第一條規定:凡年齡在 16 歲以上,不論男女,同一職業(產業)的腦力、體力的勞動者,家庭與公共機關的雇傭勞動者,學校教師職員,政府機關事務員,集合

〔註 40〕《孫中山全集》第 2 卷,中華書局 1982 年版,第 245 頁。
〔註 41〕《孫中山全集》第 2 卷,中華書局 1982 年版,第 198～199 頁。
〔註 42〕王培英編:《中國憲法文獻通編》,中國民主法制出版社 2007 年版,第 309 頁,第 314 頁。
〔註 43〕《孫中山全集》第 8 卷,中華書局 1986 年版,第 513 頁。
〔註 44〕《孫中山選集》(下),人民出版社 1956 年版,第 530～531 頁。

同一業務的 50 人以上者，均可適用該法組織工會，並全面規定了工會所享有的權利，如出版權、言論自由權、財產不得被沒收等。這實際上是對公民結社權利的肯定和具體化。我們知道，作爲個體的公民，是很難與處於強勢地位的公權力相對抗的，只有賦予公民以結社的權利，讓公民自行組織起來，才能使法律上所規定的公民權利得到眞正實現。

尤其需要指出的是，孫中山還準確地對「公權」和「私權」的概念進行了區分。1912 年 3 月，他在《開放疍戶惰民等許其一體享有公權私權文》的「權利平等令」中明確規定：「天賦人權，胥屬平等」，凡中華民國境內的人民，「對於國家社會之一切權利，公權若選舉、參政等，私權若居住、言論、出版、集會、信教之自由等，均許一體享有，毋稍歧異，以重人權，而彰公理。」〔註 45〕

總之，孫中山關於消極性權利的這些論述或頒行的法規政令，都是西方古典自由主義者關於個人權利的核心內容。同時也可以看出，他對個人權利的重視與保護，始終是一以貫之的。

（二）間接民權

在孫中山那裡，間接民主一般被稱爲間接民權，其實二者的意思是相通的，所不同的是前者著眼於權利的實現方式，後者則著眼於權利本身。

孫中山非常重視間接民權。1906 年他在《中國同盟會革命方略》中首次提出的建國方案就是一個實行間接民權的方案。〔註 46〕民國初年，他積極主張在中國實行西方議會政黨政治，並到處演講，闡述議會政黨思想。他論證了政黨政治存在的必要性，稱國人「同此圓頂方趾之類，其思想知識能力不能一一相等倫者眾矣。是故有優秀特出者焉，有尋常一般者焉，而優秀特出者，視尋常一般者恒爲少數。雖在共和立憲國」，「而實際左右其統治權力者，也恒在優秀特出之少數國民，在法律上，則由此少數優秀特出者，組織爲議會與政府，以代表全部之國民。在事實上，則由此少數優秀特出者集合爲政黨，以領導全部之國民。」〔註 47〕他認爲政黨的作用「一以養成多數者政治上之智識，而使人民有對於政治上之興味；二組織政黨內閣，直行其政策；

〔註 45〕《孫中山全集》第 2 卷，中華書局 1982 年版，第 244 頁。
〔註 46〕《孫中山全集》第 1 卷，中華書局 1981 年版，第 297 頁。
〔註 47〕《孫中山全集》第 2 卷，中華書局 1982 年版，第 396～397 頁。

三監督或左右政府，以使政治之不溢乎正軌」。〔註48〕宣稱若將中華民國建成完全之國家，「必先有完全議會，必先有完全政黨」，若此，「民權主義，可以鞏固於千年萬年」。〔註49〕

　　孫中山還對政黨政治原理進行了闡述，指出「得國民贊成多數者爲在位黨，起而掌握政治之權；國民贊成少數者爲在野黨，居於監督地位，研究政治之適當與否。凡一黨秉政，不能事事皆臻完善，必有在野黨從旁觀察，以監督其行動，可以隨時指明。國民見在位黨之政策不利於國家，必思有以改弦更張，因而贊成在野黨之政策者必居多數。在野黨得多數國民之信仰，即可起而代握政權，變而爲在位黨。」〔註50〕1912年冬，當國民黨國會選舉獲勝後，孫中山即誠懇表示，國民黨將按議會政治忠實履行職責，「假使本黨實施之黨綱，不爲人民所信任，則地位必至更迭。而本黨在野，亦當盡監督之責任」。〔註51〕

　　即使在提出直接民權思想後，間接民權思想在孫中山那裡依然佔有重要地位。1916年7月，他《在滬尙賢堂茶話會上的演說》中指出：「代議政體旗幟之下，吾民所享者，只一種代表權耳。若底於直接民權，則有創制權、廢制權、退官權。但此種民權不宜以廣漠之省境施行之，故當以縣爲單位」。〔註52〕孫中山在這裡指出，連省都不能實行直接民權，更何況治理領域更廣的國家了。既然在省和國家這樣的「廣漠之境」不能實施直接民權，那就只能實施間接民權了。1922年，他在《中華民國建設之基礎》中進一步闡述了這一觀點。他說：

　　　　政治主權，在於人民，或直接以行使之，或間接以行使之；其在間接行使之時，爲人民之代表者，或受人民之委託者，只盡其能，不竊其權，予奪之自由，仍在於人民，是以人民爲主體，人民爲自動者，此其所以與官治截然不同也。

　　他指出，人民行使政治主權，有直接和間接兩種方式。緊接著，他又進一步提出了實現民治的四種方略。「欲實行民治，其方略如左」：一曰分縣自治，「行直接民權，與聯省自治不同者在此」；二曰「全民政治。人民有選舉

〔註48〕《孫中山全集》第3卷，中華書局1984年版，第147頁。
〔註49〕《孫中山全集》第3卷，中華書局1984年版，第44頁。
〔註50〕《孫中山全集》第3卷，中華書局1984年版，第35頁。
〔註51〕《孫中山全集》第3卷，中華書局1984年版，第5頁。
〔註52〕《孫中山全集》第3卷，中華書局1984年版，第323頁。

權、創制權、復決權、罷官權」。「以上二者，皆爲直接民權，由人民直接行於縣自治」。三曰「五權分立」；四曰「國民大會」。「以上二者，皆爲間接民權，由代表而行於中央政府，其與官治不同者，有分縣自治、全民政治，以行主權在民之實。」〔註 53〕即直接民權只能實行於地域較小的縣，在中央實行的則是間接民權。可見，孫中山所說的民治、民權，實際上是直接民權與間接民權兼而有之，即在一縣之內行直接民權，在中央政府則實行間接民權，二者相輔相成，共同構成了孫中山的民權思想的主要內容。

　　他如此重視間接民權，爲什麼還對西方的代議制度大加批判呢？筆者認爲，孫中山之所以批判西方的代議制度，是認爲西方代議制下的民權還不充分，只有間接民權，沒有直接民權，並不是對間接民權的全盤否認。他說：「間接民權就是代議政體，用代議士去管理政府，人民不能直接去管理政府」。〔註 54〕認爲「舉『主權在民』之實，『代表制度』，於事實、於學理，皆不足以當此」。〔註 55〕意思是說，不論從事實上講，還是學理上講，代議制度都不足以擔當起主權在民的實現，要徹底實現主權在民，還必須有直接民權的加入，「更採直接民權之制，以現主權在民之實」。〔註 56〕正因爲如此，他才提出了直接民權與間接民權相結合的方式，稱「國民黨之民權主義，於間接民權之外，復行直接民權」，〔註 57〕「非若今日人民，惟持選舉權，以與據國家機關者抗。彼據國家機關者，其始藉人民之選舉，以獲此資格；其繼則悍然違反人民之意思以行事，而人民亦莫如之何。此今日政治現象，所可爲痛心疾首者，必如吾之說，乃得救此失也。」〔註 58〕所以，他要用直接民權來彌補間接民權之缺和西方代議制之弊，建立一個既有間接民權，又有直接民權的眞正民治國家，並不是反對間接民權本身。

（三）直接民權

　　從孫中山對間接民權與直接民權的論述可以看出，他更看重直接民權，將直接民權視爲間接民權的基礎和最終目標，是實現主權在民的根本保證和體現。

〔註 53〕　《孫中山集外集》，上海人民出版社 1990 年版，第 35 頁。
〔註 54〕　《孫中山選集》，人民出版社 1981 年版，第 796 頁。
〔註 55〕　《孫中山集外集》，上海人民出版社 1990 年版，第 32 頁。
〔註 56〕　《孫中山全集》第 7 卷，中華書局 1985 年版，第 61 頁。
〔註 57〕　《孫中山全集》第 9 卷，中華書局 1986 年版，第 120 頁。
〔註 58〕　《孫中山集外集》，上海人民出版社 1990 年版，第 35 頁。

　　他反覆強調，必須使國家主權在實際上而不是在名義上屬於人民，「夫『主權在民』之規定，決非空文而已」〔註59〕，「欲知主權在民之實現與否，不當於權力之分配觀之，而當於權力之所在觀之。權在於官，不在於民，則為官治；權在於民，不在於官，則為民治」〔註60〕。進而認為，相對於間接民權，直接民權才是「權在於民」的真正體現，才是實現民權的最好方式。

　　孫中山關於直接民權的思想，早在1912年頒佈的《臨時約法》中就有所體現。《臨時約法》明確規定，人民可以以主人翁的身份參與政治，享有管理國家事務的一切權力，如「人民有選舉及被選舉之權」，「人民有應任官考試之權」，「人民對於官吏違法損害權利之行為，有陳述於平政院之權」，「人民有請願於議會之權」等。當然，孫中山明確提出直接民權思想並對之作比較系統的闡述，還是在1916年以後。1916年下半年至1917年上半年，他發表了一系列演講，對民權主義作了進一步闡釋，明確提出了直接民權的思想。他認為，民國成立「五年以來，付託不得其人，幾將民國根本推翻」，其根本原因就在於人民沒有真正掌握國家權力。〔註61〕指出：「二十世紀之國民，當含有創制之精神，不當自謂能效法於十八、九世紀成法而引為自足。……如美國則已有十四省樹直接民權之模，而瑞士則全乎直接民權制度也。吾人今既易專制而成代議政體，然何可故步自封，始終落於人後。故今後國民，當奮振全神於世界，發現一光芒萬丈之奇採，俾更進而底於直接民權之域。代議政體旗幟之下，吾民所享者只一種代議權耳。若底於直接民權，則有創制權，廢制權，退官權。」〔註62〕稱「以前人民僅有選舉權，今並有罷免權。以前議會立法，雖違反人民意志，人民無法取消，或得資本家賄賂，將有益公眾之事，寢置不議」，人民無可奈何。而現在普通百姓只要「贊成署名，可開國民大會」，多數贊成，「即可成為法律」，而「違反人民意思之法律，亦可以是法取消之。議會所定法律有疑點，亦可以是法復決之」，「必如是而後可言主權在民也。」〔註63〕他還專門撰寫了《民權初步》一書，教導人們如何開會、如何發言、如何選舉、如何議決事項等基本規則和方法，提高人們實現直接民權的能力和本領。對此，筆者將在第三章作專門介紹。

〔註59〕《孫中山集外集》，上海人民出版社1990年版，第32頁。
〔註60〕《孫中山集外集》，上海人民出版社1990年版，第33～34頁。
〔註61〕《孫中山全集》第3卷，中華書局1984年版，第325頁。
〔註62〕《孫中山全集》第3卷，中華書局1984年版，第323頁。
〔註63〕《孫中山全集》第3卷，中華書局1984年版，第328頁。

　　此後，孫中山對直接民權思想不斷加以闡發，提出了選舉權、罷免權、創制權、復決權四大直接民權，稱「必具有此四大民權，方得謂為純粹之民國」〔註64〕，才是「真正底民權主義」。〔註65〕進而指出：「人民而有此四大權也，乃能任用官吏，役使官吏，防範官吏，然後始得稱為一國之主而無愧色也」。〔註66〕並在《中國國民黨宣言》中將四大直接民權解釋為「民權之真義」的重要內容之一，〔註67〕同時又在國民黨「一大」通過的大會宣言和《國民政府建國大綱》中，將之列為民權主義的重要條文。特別是在國民黨「一大」期間，他還在《民權主義》演講中，專門就直接民權思想作了系統論述。總之，在孫中山看來，沒有「四大直接民權」，就根本談不上「主權在民」。

　　孫中山倡導直接民權，其目的就是要擴大國民參與政權的範圍和能力，確保將國家的政治主權，牢牢地控制在人民的手裏。〔註68〕他特別以控制機器作比喻，進一步強調人民享有四權對於控制國家的作用和意義。

　　　　關於民權一方面的方法，世界上有了一些什麼最新式的發明呢？第一個是選舉權。現在世界上所謂先進的民權國家，普遍的只實行這一個民權。專行這一個民權，在政治之中是不是夠用呢？專行這一個民權，好比是最初次的舊機器，只有把機器推到前進的力，沒有拉回來的力。現在新式的方法除了選舉權之外，第二個就是罷免權。人民有了這個權，便有拉回來的力。這兩個權是管理官吏的，人民有了這兩個權，對於政府之中的一切官吏，一面可以放心去，又一面可以調回來，來去都可以從人民的自由。這好比是新式的機器，一推一拉，都可以由機器的的自動。國家除了官吏之外，還有什麼重要東西呢？其次的就是法律。所謂有了治人，還要有治法。人民要有什麼權，才可以管理法律呢？如果大家看到了一種法律，以為是很有利於人民的，便要有一種權，自己決定出來，交到政府去執行。關於這種權，叫做創制權，這就是第三個民權。若是大家

〔註64〕《孫中山全集》第6卷，中華書局1985年版，第412〜413頁。
〔註65〕《孫中山全集》第5卷，中華書局1985年版，第476頁。
〔註66〕《孫中山全集》第5卷，中華書局1985年版，第189頁。
〔註67〕《孫中山全集》第7卷，中華書局1985年版，第3頁。
〔註68〕王金鋙，李子文著：《中國現代政治思想史》，吉林大學出版社1991年版，第38頁。

看到了從前的舊法律，以爲是很不利於人民的，便要有一種權，自己去修改，修改好了之後，便要政府執行修改的新法律，廢止從前的舊法律。關於這種權，叫做復決權，這就是第四個民權。人民有了這四個權，才算是充分的民權；能夠實行這四個權，才算是徹底的直接民權。……人民能夠實行四個民權，才叫做全民政治。全民政治是什麼意思呢？就是從前講過了的，用四萬萬人來做皇帝。四萬萬人要怎麼樣才可以做皇帝呢？就是要有這四個民權來管理國家的大事。〔註69〕

關於「直接民權」的實現形式，孫中山在闡述其民治方略時曾表述有兩種形式：一種是包括四大直接民權的「全民政治」，另有一種是「分縣自治」。他說，「分縣自治」和「全民政治」「皆爲直接民權，由人民直接行於縣自治。」〔註70〕從孫中山的表述來看，「分縣自治」和「全民政治」其實爲一回事，均是由人民實行於縣，但二者又有所區別。大體上，「全民政治」比較強調直接民權的內容，而「分縣自治」則主要是從制度層面講的。所以孫中山進而指出：若「無分縣自治，則人民無所憑藉，所謂全民政治，必無由實現。無全民政治，則雖有五權分立、國民大會，亦終未有舉主權在民之實也。」〔註71〕也就是說，「分縣自治」是實行「全民政治」即四種直接民權的制度載體。孫中山在《國民政府建國大綱》中進一步闡述了這一思想。他說：「一完全自治之縣，其國民有直接選舉官員之權，有直接罷免官員之權，有直接創制法律之權，有直接復決法律之權」，並據此提出了「分縣自治，行直接民權」的主張。〔註72〕

孫中山之所以要在「間接民權之外，復行直接民權」，首先在孫中山看來，歐美國家的代議制存在著許多弊端，需要以直接民權作「根本之刷新」。孫中山認爲，代議制度雖然體現了「人民參政」的原則，但在代議制下，「人民選舉了官吏、議員之後便不能再問」，「不能直接去管理政府」。〔註73〕而且這種代議權實際上僅僅是「一種有限制的選舉權」，因爲它在最初「只限

〔註69〕《孫中山選集》，人民出版社 1981 年版，第 796～797 頁。
〔註70〕《孫中山集外集》，上海人民出版社 1990 年版，第 35 頁。
〔註71〕《孫中山集外集》，上海人民出版社 1990 年版，第 35～36 頁。
〔註72〕《孫中山選集》，人民出版社 1981 年版，第 602 頁。
〔註73〕《孫中山全集》第 9 卷，中華書局 1986 年版，第 350 頁。

於男人才能夠享受」，而女子被排除在外，特別是眞正享有選舉權的只是少數富有者，即握有大量「資產」的有產階級，﹝註 74﹞名爲「普選」，實「爲少數人所操縱」，是地地道道的「以資產爲標準之階級選舉」，﹝註 75﹞其結果是「有權者仍爲少數人，大多數依然在被治地位」。﹝註 76﹞當然，孫中山並沒有全盤否定間接民權，而是一方面「實行普選制度，廢除以資產爲標準之階級選舉」，另一方面「以人民集會或總投票之方式，直接行使創制、復決、罷免各權」。﹝註 77﹞

其次，他認爲直接民權代表了世界民主的新潮流。從 19 世紀中葉開始，西方一些資本主義國家，在繼續採用代議制實行「間接民權」的同時，在一定範圍內開始採用所謂「直接民權」。如美國的內拉斯加州於 1897 年頒佈法律，允許該州各城市人民就本市法律行使創制權和復決權。再如瑞士，在 19 世紀中葉，一些州開始由人民直接選舉、罷免官員，以及直接創立和修改法律，後來這一制度被推行到全國並寫入憲法，從而使曾經全能的瑞士大議會衰退爲僅僅是預備性的會所，「代議制的民主政治變成純粹的民主政治」。﹝註 78﹞我們知道，孫中山在他的政治生涯中，總是以「適乎世界之潮流，合乎人群之需要」爲宗旨，以「取法乎上」爲原則的。當他發現直接民權優於間接民權時，便很快轉而大肆宣揚直接民權思想，稱「民權最發達者、最完全者，則爲瑞士國。其人民對行政且有選舉權、罷免權，……又對立法方面有創制權、復決權。……瑞士人民完全有此四權，是眞謂之民權發達」﹝註 79﹞。

三、孫中山民權思想的發展演變和主要理論淵源

（一）孫中山民權思想的發展演變

孫中山是一個革命家和政治實踐者，「順乎時代之潮流，適乎人群之需要」是其一生革命生涯的眞實寫照。因此，他的政治思想包括民權思想總是隨著中國國情和民主革命形勢的發展而不斷調整的。孫中山民權觀的發展演

﹝註 74﹞《孫中山全集》第 9 卷，中華書局 1986 年版，第 305 頁。

﹝註 75﹞《孫中山全集》第 7 卷，中華書局 1985 年版，第 3 頁。

﹝註 76﹞《孫中山集外集》，上海人民出版社 1990 年版，第 29 頁。

﹝註 77﹞《孫中山全集》第 7 卷，中華書局 1985 年版，第 3 頁。

﹝註 78﹞埃·邦儒爾等著：《瑞士簡史》（下），南京大學歷史系編譯組編譯，江蘇人民出版社 1974 年版，第 528～530 頁。

﹝註 79﹞《孫中山全集》第 5 卷，中華書局 1985 年版，第 560 頁。

變大體上經歷了三個階段。與此同時，其民權思想內涵也經歷了從重間接民權到重直接民權、從重個人本位到重群體本位、從重消極性權利到重積極性權利的演變過程。

第一階段，孫中山民權思想的萌發形成時期

這一階段主要從孫中山到海外求學至二次革命失敗前夕，是他學習西方民主思想並將之初步運用於中國革命的時期。

自 12 歲至 19 歲，孫中山曾在檀香山和香港接受過正規的西式教育。而這一時期也正值一個人世界觀形成的黃金時期，這使他對西方近代民主思想和民主政治較之國內的人們有著更直接的切身體驗和感性認識。特別是他在香港麗雅英文醫學書院學習期間，受到了我國近代著名啓蒙思想家、該院創始人何啓以及鄭觀應等人的思想影響。何啓認爲：「人人有權，其國必興；人人無權，其國必廢」。這種將興民權視爲救國強國途徑的工具理性思想對孫中山民權思想的發展變化產生了很大影響。

1894 年，在上書李鴻章被拒絕後，孫中山徹底放棄了對清政府的幻想，毅然扛起民權大旗，走上了推翻帝制、創建民國的革命道路。1894 年，他在興中會秘密誓詞中明確將「創立合眾政府」作爲奮鬥目標，旨在建立一個美利堅合眾國式的民主共和政府，以取代由滿清貴族壟斷的專制獨裁政府。這是孫中山將西方民主思想運用於中國革命的開始。當然，此時的孫中山對於「合眾政府」的具體內涵還是比較模糊的，尚缺乏具體闡釋。

1896 年倫敦蒙難脫險後，孫中山得以詳細考察西方國家的社會風俗和政治制度，集中精力研究當時世界各派政治經濟學說。這一經歷對孫中山思想的影響甚大，不但促進了其三民主義思想的初步成形，而且也使他看到了西方民權政治的不完善之處，爲後來改良西方民主、提出直接民權思想埋下了伏筆。「兩年之中，所見所聞，殊多心得。始知徒致國家富強、民權發達如歐洲列強者，猶未能登斯民於極樂之鄉也；是以歐洲志士，猶有社會革命之運動也。予欲爲一勞永逸之計，乃採取民生主義，以與民族、民權問題同時解決。此三民主義之主張所由完成也」。〔註80〕

此後，他頻頻著文，宣揚西方的天賦人權與自由，以西方的民主自由思想爲武器，批判清政府的獨裁專制。1904 年，他在《中國問題的眞解決——

〔註80〕《孫中山選集》，人民出版社 1981 年版，第 196 頁。

向美國人呼籲》一文中，痛斥清政府「侵犯了我們不可讓與的生存權、自由權和財產權」，「他們壓制言論自由」，「禁止結社自由」，等等〔註81〕。1905 年，他在《中國同盟會總章》中，用「建立民國」取代「創立合眾政府」，以凸顯革命之政治目標的「民主」性質，突出了民眾在未來國家中的地位。〔註82〕不久，他便將這一反對專制主義的民主思想歸結為「民權主義」。1906 年秋，他在《中國同盟會革命方略》中正式提出了中國的民主共和國方案：「今者由平民革命以建國民政府，凡為國民皆平等以有參政權。大總統由國民公舉。議會以國民公舉之議員構成之。制定中華民國憲法，人人共守」〔註83〕。這個方案中除了包括實行議會制、總統制、選舉制、民主立憲制等資產階級民主共和政體的基本內容外，還規定了人民享有參政權、由人民選舉總統和議員等。至此，孫中山的民權觀初步形成，並成為其日後進行理論思考和指導革命實踐的思想基礎和出發點。

　　1912 年，中華民國成立。孫中山在就職臨時大總統儀式上莊嚴宣佈：「國家之本，在於人民」〔註84〕。從此，他與他的戰友們開始了實踐他從西方學來的民主憲政思想的路程。根據資產階級自由平等思想，他領導制定頒佈了一系列政策法令。由其主持制定的《臨時約法》開宗明義：「中華民國由中華人民組織之」，「中華民國之主權屬於國民全體」。〔註85〕這是中國歷史上第一次以國家根本大法的形式將「主權在民」的原則確定下來。根據這個原則，《臨時約法》不僅明確規定了人民以主人翁的身份參與政治，享有管理國家事務的一切權力，如「人民有選舉及被選舉之權」、「人民有應任官考試之權」、「人民對於官吏違法損害權利之行為，有陳述於平政院之權」、「人民有請願於議會之權」等，而且還規定了人民的言論、出版、著作、集會、結社、法律訴訟等基本權利。他在以臨時大總統名義頒佈的《開放疍戶惰民等許其一體享有公權私權文》中明確規定：無論「疍戶」、「惰民」、「丐戶」、「家奴」等，凡「各種人民，對於國家社會之一切權利，公權若選舉、參政等，私權若居住、言論、出版、集會、信仰之自由等，均許一體享有，

〔註81〕《孫中山選集》（上），1956 年版，第 60 頁。
〔註82〕吳雁南、馮祖貽、蘇中立等著：《中國近代社會思潮》第 1 卷，湖南教育出版社 1998 年版，第 311 頁。
〔註83〕《孫中山全集》第 1 卷，中華書局 1981 年版，第 297 頁。
〔註84〕《孫中山全集》第 2 卷，中華書局 1982 年版，第 2 頁。
〔註85〕《孫中山全集》第 2 卷，中華書局 1982 年版，第 220 頁。

毋稍有歧異，以重人權而彰公理。」〔註86〕嚴正聲明：「臨時政府成立以來，即以保護人民財產爲急務」，堅決反對擅自查封勒索人民財產等違法亂紀等行爲。〔註87〕

在讓位於袁世凱之後，孫中山雖然對宋教仁改組國民黨的主張及其建黨思想不贊成，〔註88〕但仍然對議會政治和政黨政治抱有希望並大力進行宣揚，稱議會政治和政黨政治是民主國家政治的通例，第一，可以「養成多數者政治上之智識，而使人民有對於政治上之興味」；第二，可以「組織政黨內閣，執行其政策」；第三，可以「監督或左右政府，以使政治不溢乎正規」。指出中華民國若要建成完全的國家，「必先有完全議院，必先有完全政黨」，如此可使民權主義「鞏固於千年萬年」。他進而號召國民黨在注重黨德的基礎上要與其他政黨展開競爭，並向其他各政黨誠懇表示，國民黨將忠實實施議會政黨政治，倘若國人不贊成國民黨的政綱，國民黨決不戀棧，將退爲在野黨。〔註89〕

總結孫中山這一時期的民權觀有這樣幾個特點：一是強調個人權利本位。認爲每個人都有著與生俱來的完全屬於自己的自然權利，如生命權、享有自由和追求幸福之權等，這些「自然權利」不可剝奪，不可出讓。政府以保護每個人的不可讓與的生存權、自由權和財產權作爲目的；二是強調積極性權利與消極性權利相結合。他將個人權利分爲「公權」和「私權」兩種，主張每個人既享有諸如選舉權、參政權等公權（積極性權利），也享有諸如言論、出版、結社，財產權等私權（消極性權利），體現了其對自由的尊重。而對自由的尊重，正是憲政價值的重要體現。這裡，孫中山的思想旨趣與西方民主憲政的主要精髓已經非常接近；三是主張間接民權。在政治上，倡言代議政治和權力制衡，主張由民眾選舉議員和總統，分別代表人民行使立法權和行政權。他所宣揚的一系列民權主張，以及由他主持起草或制定的《中國同盟會革命方略》和《中華民國臨時約法》等，實際上就是歐美資本主義國家所倡行的代議政治在中國的翻版。

〔註86〕《南京臨時政府公報》第27號，轉引自殷嘯虎著：《近代中國憲政史》，上海人民出版社1997年版第110頁。

〔註87〕《孫中山全集》第2卷，中華書局1982年版，第59頁。

〔註88〕參見李時岳、趙矢元著：《孫中山與中國民主革命》，遼寧人民出版社1981年版，第165頁。

〔註89〕《孫中山全集》第3卷，中華書局1984年版，第147頁，第44頁，第63頁。

第二階段，孫中山民權思想的轉折時期

1913 年，宋教仁案的槍聲和二次革命的失敗，打碎了孫中山簡單地將西方民主憲政思想運用於中國的夢想。從此，他不再對西方民主憲政思想無限傾心、深信不疑，而是對之進行了深刻反思，開始更多地關注中國的具體國情，注意從中國傳統文化中吸取營養。與此相應，孫中山的思想旨趣和價值取向也開始發生轉向，即開始由重個人本位轉向重群體本位，由重間接民權轉向重直接民權，由重消極性權利轉向重積極性權利。

其實，這一轉變過程在孫中山那裡始終在進行著。早在 1896 年，孫中山就曾對西方的民權有所懷疑，並曾多次談及要仿行中國古代的「三代之治」。只不過在那時，這種轉變還處於一種無意識、不明顯狀態。而自此以後，這種轉變不但具有很強的主動性，而且已經外化爲一種明顯的思想特徵。確切地說，孫中山對西方的民主憲政思想的反思和質疑，是從二次革命失敗後開始的。正是從這一時期，孫中山開始了他極富特質的三民主義思想的「發明」創作過程。

二次革命的失敗使孫中山深深地認識到，民國雖然建立了，但民權主義並未實現。他將革命失敗的原因主要歸納爲兩條：一是自由平等思想的泛濫，黨人不服從領袖統一指揮。他認爲二次革命「所以失敗者，非袁氏兵力之強，實同黨人心之渙」〔註 90〕，「黨員皆獨斷獨行，各爲其是，無復統一」，〔註 91〕「迫夫外侮之來，立見摧敗，患難之際，疏如路人。此無他，當時立黨徒眩於自由平等之說，未嘗以統一號令、服從黨魁爲條件耳」；〔註 92〕二是官僚、政客、劣紳混迹革命隊伍，破壞革命，「真心革命志士，且多被此輩殺戮，真僞莫分，熱誠志士，成敗俱遭慘禍」。〔註 93〕

爲此，他主要採取了四項應對措施：一是取消國民黨，另組中華革命黨。「務在正本清源：（一）屏斥官僚；（二）淘汰僞革命黨。以收完全統一之效」；〔註 94〕二是實行黨魁獨裁制。明確要求參加中華革命黨者，必須「願犧牲一己之生命、自由權利，附從先生革命」，並採取個人效忠方式，對黨首宣誓，

〔註 90〕《孫中山全集》第 3 卷，中華書局 1984 年版，第 165 頁。
〔註 91〕《孫中山全集》第 3 卷，中華書局 1984 年版，第 82 頁。
〔註 92〕《孫中山全集》第 3 卷，中華書局 1984 年版，第 92～93 頁。
〔註 93〕《孫中山全集》第 3 卷，中華書局 1984 年版，第 142 頁。
〔註 94〕《孫中山全集》第 3 卷，中華書局 1984 年版，第 113 頁。

宣誓後還要印指模；〔註95〕三是重新高舉民權主義旗職。規定中華革命黨「以實行民權、民生兩主義爲宗旨」，「以掃除專制政治、建設完全民國爲目的」；〔註96〕四是提出革命分段論和一黨治國模式。吸取「宋案」教訓，強調革命時期實行以黨治國、一黨專政。《中華革命黨總章》規定：「自革命軍起義之日至憲法頒佈之時，名曰革命時期；在此時期之內，一切軍國庶政，悉歸本黨負完全責任。」〔註97〕革命成功後，「非本黨不得干涉政權，不得有選舉權」，〔註98〕「吾人立黨，即爲未來國家之雛形」。〔註99〕

　　孫中山對革命失敗原因的總結無疑是深刻的，但他將失敗的原因幾乎完全歸咎於自由平等思想本身，卻不免有失偏頗，這也是他晚年在反思和論述自由平等思想和代議政治等思想時，出現牴牾、矛盾之處的主要原因。當然，對於孫中山這種思想轉變，應該具體地歷史地分析，不能簡單地用是否違背民主憲政原則的標準來衡量。當時，國民黨內人心渙散，成員不純，尤其是袁世凱手下組織「暗殺團」，用重金收買逃亡到日本的國民黨員，不少黨員投降變節，給革命帶來極大危害。正是在這種情況下，孫中山不得已才採取宣誓效忠和印指模的方法，防止投機分子混入黨內，保證黨內純正。1924年，孫中山再次改組國民黨時，他在解釋當年成立中華革命黨爲什麼要求黨員服從他一人而在此次改組中卻將總理制改爲委員制時說：

　　　　那時我沒有法子，只得我一個人肩起這革命的擔子，從新組織一個中華革命黨。凡入黨的人，須完全服從我一個人，其理由即是鑒於前次失敗，也是因爲當時國內的新思想尚未發達，非由我一人督率起來，不易爲力。到現在已經十年了，諸同志都已習慣了，有人以此次由總理制改爲委員制，覺得不大妥當。但須知彼一時，此一時。當前回大家灰心的時候，我沒有法子，只得一人起來擔負革命的責任。現在有很多有新思想的青年出來了，人民的程度也增高起來了，沒有人覺得中國的革命應在二十年以後了。……本黨此次改組，就是本總理把個人負擔的革命重大責任，分之眾人，希望大

〔註95〕鄒魯著：《中國國民黨史稿》第一冊，第159頁。
〔註96〕《孫中山全集》第3卷，中華書局1984年版，第97頁。
〔註97〕《孫中山全集》第3卷，中華書局1984年版，第97頁。
〔註98〕《孫中山全集》第3卷，中華書局1984年版，第104頁。
〔註99〕《孫中山全集》第3卷，中華書局1984年版，第184頁。

家起來奮鬥，使本黨不要因為本總理個人而有所興廢，如列寧先生
之於俄國革命黨一樣。這是本總理的最大希望。〔註100〕

可見，孫中山所採取的宣誓、印指模等方法實在是在特殊歷史時期的應
急措施和不得已之舉。這雖有違民主憲政精神，但他主觀上卻是為了使四萬
萬中國同胞享受真正的自由、平等、幸福，這也正是孫中山先生的偉大和令
人敬仰之處。當然，也正是由於這段特殊的歷史時期，孫中山的思想路徑從
此發生了重大轉折，他對西方的自由平等思想開始由過去的無限傾慕轉向反
思、揚棄。

護國運動失敗後，孫中山又深深認識到，建立共和國家不能僅僅關注中
央政府政制建設，還要關注基層政權建設，認為共和制必須建立在堅實的民
眾自治的基礎之上，這樣才會真正鞏固。因此，他積極主張推行以縣為單位
的自治制度，實行直接民權。1916 年 7 月，他在上海總結檢討指出：民國共
和制度傾覆掃蕩，專制帝國復辟，「此非徒袁氏之罪也，多數人不知自愛其
寶，故強有力者，得逞於一時」；〔註101〕要鞏固民國，必須「自人民造起」，
「必築地盤於人民之身上」，「以地方自治為建國基礎」，「以縣為單位」，「即
為全國之直接民權」，〔註 102〕主張用以縣為單位的地方自治的直接民權制
度，來確保中央政權不被一般封建官僚所把持和破壞。辛亥革命後所發生的
一系列社會現實如袁世凱稱帝、張勳復辟、曹錕賄選等，致使議員成豬仔，
投票為形式，國會變成了「橡皮圖章」，更是使孫中山親身體會到了西方代議
制的缺陷，進而主張以創制權、復決權、罷免權作為對代議制即「間接民權」
的補充，由此提出了「直接民權」的思想，設想通過由革命黨在「訓政」期
間訓導人民實施「地方自治」，最終實現人民當家作主的「全民政治」。此後，
孫中山利用自反袁至護法這一段時間，對「地方自治」和「直接民權」思想
進行了全面而系統地闡述。「直接民權」乃至「全民政治」思想的提出，預示
著孫中山民權思想的進一步深化和完善，也意味著其民權思想已經從對代議
政治所代表的「間接民權」的關注轉移到對直接民權的關注上來。

護法戰爭失敗後，中國進入軍閥混戰時期。面對軍閥割據的政治局面，
孫中山無比失望，轉而與朱執信一道在上海從事理論研究，總結革命經驗教

〔註100〕《孫中山選集》，人民出版社 1981 版，第 607 頁。
〔註101〕《孫中山全集》第 3 卷，中華書局 1984 年版，第 318 頁。
〔註102〕《孫中山全集》第 3 卷，中華書局 1984 年版，第 326～330 頁。

訓，先後撰寫發表了《建國方略》（1917 年）、《五權憲法》（1921 年）、《三民主義》（1924 年）等著作或演講，特別是在《三民主義》的「民權主義」部分，系統地闡述了他的民權觀，對西方的代議政治和自由平等思想進行了深刻的反思。他有意識地向西方的民主憲政思想中，注入一些中國傳統文化的民本思想。他從中國革命實踐出發，從救亡壓倒啓蒙這一現實主題出發，逐漸放棄了以主張個性自由、個性解放爲主要特徵的個人主義自由觀，開始高揚國家自由至上的群體主義自由觀。他不再信奉以議會政治和政黨政治爲依託的代議政治觀，主張以選舉權、創制權、復決權和罷免權爲主要內容的「直接民權」觀。但這一時期，在實踐上，孫中山仍然依靠軍閥，沒有眞正認識到民眾的力量，民權的實現也只能是一種理想。

第三階段，民權主義的新發展

1917 年俄國「十月革命」的勝利和 1919 年中國「五四運動」的爆發，給孫中山的思想帶來很大震動。政治家的敏銳和他對民權的矢志不渝使他立刻對這兩個歷史事件表示出很強的好感。他歡呼「十月革命」的勝利，並於 1918 年夏天致電列寧，希望「中俄兩黨團結共同鬥爭」。〔註103〕他稱讚「五四運動」是「以革新思想爲將來革新事業之預備」，是「思想界空前之變動」，「實爲最有價值之事」。〔註104〕「五四運動」期間，他深刻感受到「新思想鼓蕩陶熔之功」，〔註105〕認識到要想眞正改造中國，非使國民群體覺悟提高不可。但是，出於對其親手所締造的中華民國的堅守，孫中山還依然堅持把恢復舊約法作爲解決時局的主張，還把希望寄託在舊軍閥和恢復舊約法的實施上。正如有學者指出，他這時「還提不出明確的反帝反封建綱領，還沒有想到依靠工農群眾的力量，也還談不到改造國民黨，形成革命力量。他不能不把主要精力仍舊放在利用南北軍閥、滇桂軍閥和新舊軍閥矛盾的策略上」。〔註106〕在第二次護法戰爭中，他利用的仍是軍閥的武裝力量。然而，陳炯明的叛變使孫中山遭受了他人生中最大的打擊，並成爲他晚年思想轉變的一個重要契機。此後，他加速了師俄、聯俄和聯共的步伐。1923 年元旦，孫中山公佈《中國國民黨宣言》和《中國國民黨黨綱》，發出「革命事業由民眾發之，亦由民

〔註103〕《孫中山全集》第 4 卷，中華書局 1985 年版，第 500 頁。
〔註104〕《孫中山選集》，人民出版社 1981 年版，第 482 頁。
〔註105〕《孫中山全集》第 5 卷，中華書局 1985 年版，第 66 頁。
〔註106〕李時岳、趙矢元著：《孫中山與中國民主革命》，遼寧人民出版社 1981 年版，第 222 頁。

眾成之」的呼號，〔註107〕決心重建新社會的輪廓，謀直接民權的實現，完成全民政治。這表明孫中山民權主義開始發展到一個新階段，同時也標誌著孫中山「扶助農工」政策開始形成。1924 年 1 月，中國國民黨第一次全國代表大會通過了《中國國民黨第一次全國代表大會宣言》，重新解釋了三民主義，充實了反帝反封建的內容，民權主義也獲得了新發展。

　　此後，孫中山多次發表演說和文章，民權主義的內容更為充實。建立一個「為一般平民所共有，非少數人所得而私」的民主共和國，是這一時期民權主義的核心內容。這個共和國已不再是資產階級用來壓迫平民的工具，而是以人民為主體，反對民國、破壞民國者不能享受民權。「詳言之，則凡真正反對帝國主義之個人及團體，均得享有一切自由及權利；而凡賣國罔民以傚忠於帝國主義及軍閥者，無論其為團體或個人，皆不能享有此等自由及權利」。〔註108〕國民不但有選舉權，且兼有創制、復決、罷免權，即於間接民權之外，復行直接民權；實行普遍選舉，廢除以階級為標準之階級選舉。

　　孫中山已對歐美現行的資產階級代議制度的虛偽本質有了較為深刻的認識，他認為代議制已經成為民權之弩末，因此中國便不可完全仿傚歐美，不能再跟在歐美等國之後亦步亦趨，而應吸取「較代議政體改良得多」的蘇俄「人民獨裁」政體的革命方法，建成一個全民政治的國家，建立一個駕乎歐美之上、行三民主義和五權憲法的共和國。〔註109〕這個為「一般平民所共有」的共和國，自覺地把農工勞動群眾看作是革命和民主的主要力量，希望依靠他們建立真正的民主政權。孫中山認為建立共和國的目的，在於謀求農夫、工人的解放。在這一時期，他多次指出革命政府要以農民為基礎，工人「可以做全國人的指導，作國民的先鋒」。可見，這個共和國帶有較多的人民性和革命性，實際上已經「成為變資產階級民主為人民民主的先聲」。〔註110〕

　　從以上孫中山民權思想的歷史演變軌跡可以看出，孫中山的民權觀內涵大體上經歷了四個方面的轉變：一是從重間接民權到重直接民權的轉變；二是從重個人本位到重群體本位的轉變；三是從重消極性民權到重積極性民權的轉變；四是「人民」從全稱的抽象的概念到有區別的具體的概念的轉變。

〔註107〕《孫中山全集》第 7 卷，中華書局 1985 年版，第 2 頁。
〔註108〕《孫中山選集》（下），人民出版社 1956 年版，第 526 頁。
〔註109〕《孫中山全集》第 9 卷，中華書局 1986 年版，第 314 頁。
〔註110〕熊月之著：《中國近代民主思想史》，上海人民出版社 1986 年版，第 547 頁。

而且，潛移默化中，人民的地位也發生了某種位移。我們知道，1906 年，孫中山在《中國同盟會革命方略》中曾提出一個憲政三時期理論，即軍法之治、約法之治和憲法之治。而在 1914 年的《中華革命黨總章》中，憲政三時期則變爲軍政時期、訓政時期和憲政時期。「約」和「訓」，一字之差，預示著人民地位的變化。在約法之治下，軍政府「授地方自治權於人民，而自攬國事之時代」，「凡軍政府對於人民之權利義務，及人民對於軍政府之權利義務，悉規定於約法」。〔註111〕約法由軍政府與人民共同制定，軍政府與人民在地位上是平等的，尚有軍民共主之意。而在訓政時期，則由軍政府（或國民黨）以黨義訓練人民如何去使用民權，培育民主政治，實現當家作主，大有爲民作主之意。1920 年，孫中山曾在一次演講中對「訓政」進行了解釋。他說：「中國奴制已經行了數千年之久，所以民國雖然有了九年，一般人民還不曉得自己去站那主人的地位。我們現在沒有別法，只好用此強迫的手段，迫著他來做主人，教他練習練習。這就是我用『訓政』的意思。」

（二）孫中山民權思想的主要理論淵源

如果我們歷史地全面地觀察孫中山的民權思想，就會發現其民權思想所表達和強調的內容，既體現出了與西方傳統民主思想的密切聯繫，又帶有中國傳統文化的典型特徵，同時還有著自己的獨特氣質。它是孫中山根據民主革命的需要，將西方近代民主思想與中國傳統民本思想相結合的產物，「具有由它的先驅者傳給它，而它便由此出發的特定的思想資料作爲前提」。〔註112〕對於這一點，孫中山曾稱其所持主義既有對中國傳統思想的因襲，又有對歐洲學說的規撫〔註113〕。概言之，孫中山民權思想的理論淵源主要有三：

1、西方近代民主思想是孫中山民權思想的主要源頭

孫中山自少年起就接受了西方近代啓蒙思想的洗禮，並長期在海外活動，「到武昌起義以前，大概繞過了地球六七周」〔註114〕，足跡遍及英、美、法、日等主要資本主義國家，不僅考察了這些國家的政治和民主共和政體，同時大量閱讀了歐美資產階級革命時代啓蒙思想家代表如孟德斯鳩、盧梭的著作。根據上海孫中山故居的西文藏書書目，有關政治方面的西文藏書不下

〔註111〕《孫中山選集》，人民出版社 1981 年版，第 78～79 頁。
〔註112〕《馬克思恩格斯選集》第 1 卷，人民出版社 1966 版，第 270 頁。
〔註113〕《孫中山全集》第 7 卷，中華書局 1985 年版，第 60 頁。
〔註114〕《孫中山全集》第 9 卷，中華書局 1986 年版，第 106 頁。

500 種，其中與民權主義直接相關的藏書至少有 100 餘種。這些圖書多以英、美著作爲主，且新著作、各流派代表作收羅較爲齊備，如孟德斯鳩的《論法的精神》、密爾的《論自由》和《功利主義自由權與代議制政府》、梅因的《民治的政府》、古德諾的《立憲政體的原則》、托克維爾的《論美國的民主》等，幾乎所有那個時期有影響的政治學著作，在孫中山故居中都可以找到。〔註 115〕通過對西方社會的考察和有關著作的研讀，他深入研究了歐美資產階級民主理論，接受了歐美資產階級的自由、平等、博愛、民有、民治、民享、天賦人權、三權分立等一系列思想，特別是主權在民思想。

對於其思想主要來源於西方這一點，孫中山曾多次論及。他曾說：「中國的革命思潮是發源於歐美，平等自由的學說也是由歐美傳進來的」，〔註 116〕「吾……常作歐、美之遊歷，而經驗與智識日進」，「且知文明來自西方，無論立憲主義、自由主義，皆借取於英法義（意）美諸國」。他在《民權主義》中，通過對西方民權發展史的描述，指出「現在世界潮流到了民權時代」，要大家順應這世界的潮流，不可再回到過去的帝制時代。〔註 117〕

就孫中山民權觀的發展進程來看，他早年提出「人人有天賦之權」，強調全體國民「皆有自由平等之權」，明顯帶有洛克、孟德斯鳩、盧梭等人思想的烙印。而其晚年「要大家犧牲自由」，「爲國家爭自由」，則顯然是雜糅了德國的國家主義學說。

根據有關史書記載，法國革命的歷史尤其是盧梭的《民約論》，對孫中山大學時期的思想影響很大。〔註 118〕1896 年，他留歐考察期間，曾用中國留學生送給他的生活費購置了盧梭的《民約論》等書。〔註 119〕孫中山不但在他直接領導下的《民報》上發表文章介紹盧梭的《民約論》，而且在他的許多演講中，對盧梭及其《民約論》倍加讚譽，對盧梭在民權發展史上的地位給予了充分的肯定。在《民權主義》中，他雖然對盧梭的天賦人權思想和平等自由觀表示質疑，卻稱讚他「提倡民權的始意，更是政治上千古的大功勞。」〔註 120〕

〔註 115〕參見姜義華著：《大道之行——孫中山思想發微》，廣東人民出版社 1996 年版，第 108～123 頁。
〔註 116〕《孫中山全集》第 9 卷，中華書局 1986 年版，第 293 頁。
〔註 117〕《孫中山選集》，人民出版社 1981 年版，第 703～705 頁。
〔註 118〕羅香林編著：《國父與歐美之友好》，臺北商務印書館 1954 年版。
〔註 119〕尚明軒編：《孫中山傳》，北京出版社 1981 年版，第 45 頁。
〔註 120〕《孫中山選集》，人民出版社 1981 年版，第 702～705 頁。

　　盧梭對孫中山的影響是深遠的，在孫中山民權思想的許多方面都留下了深刻的印迹。盧梭堅決反對代議制，主張直接民主，認爲代議制是「那種使人類屈辱並使『人』這個名稱喪失尊嚴的、既罪惡而又荒謬的政府制度」，代議制下的議員不是也不可能是人民的代表；〔註121〕孫中山也反對代議制，主張直接民主，認爲代議制不是直接由人民行使管理國家的權力，「有權者仍爲少數人，大多數仍在被治地位」。〔註122〕盧梭主張國家主權屬於人民；孫中山指出：「今日我們主張民權，是把政權放在人民掌握之中」，「凡事都是應該由人民作主的」。〔註123〕盧梭反對分權論；孫中山主張建設一個「全能政府」，實際上也反對分權論。盧梭嚴格區分了主權和政府；孫中山則將政權與治權分開。盧梭認爲，主權是藉公意而表現出來的屬於全體人民的國家最高權力，政府只是主權者的代理人和執行人，它僅根據主權者的委託而行動，擁有主權的全體人民可以隨時按其意願對政府權力加以限制、改變或收回；孫中山則將各級政府比作人民的公僕，人民才是國家的主人，「政治主權在於人民，……予奪之自由仍在人民」〔註124〕，「如果政府是不好的，我們四萬萬人可以實行皇帝的職權，罷免他們，收回國家的大權」。〔註125〕

　　在孫中山的民權觀由個人本位轉到群體本位乃至國家至上的過程中，德國的國家主義學說產生了很大影響。對此，我們將在下一章談及。

2、中國古代民本思想是孫中山民權思想的本土淵源

　　中國傳統民本思想宣揚的是民爲邦本，民貴君輕，主張在維護封建君主專制的前提下，統治者爲政應得民心，順民意，重民愛民，從而形成民意上達、上下相通的政治風氣。這是一種非專制的、帶有樸素民主要求的民本思想，是缺乏民主傳統的中國政治文化與西方民主學說相溝通的橋梁，因而屢屢被近代中國先進的思想家所重視，作爲宣傳近代民主思想的文化助力。

　　孫中山也是如此。與當時其他久居國外的中國人相比，孫中山有著比較好的中文功底，瞭解中國歷史。據記載，孫中山在檀香山讀書時，中文基礎已經很深。他在英文課間空暇的時候，常常一個人坐在角落裏朗讀古

〔註121〕〔法〕盧梭著：《社會契約論》，何兆武譯，商務印書館1980年版，第125頁。

〔註122〕《孫中山選集》，人民出版社1981年版，第757頁。

〔註123〕《孫中山全集》第9卷，中華書局1986年版，第325頁。

〔註124〕胡漢民編：《總理全集》第1集，上海民智書局1930年版，第1026頁。

〔註125〕《孫中山選集》，人民出版社1981年版，第774頁。

文。〔註 126〕1890 年，他在《致鄭藻如書》中說他「留心經濟之學十有餘年矣，遠至歐洲時局之變遷，上至歷朝制度之沿革，大則西間之天道人事，小則泰西之格致語言，多有旁及」。〔註 127〕1894 年，他在《上李鴻章書》中說他「自成童就傅以至於今，未嘗離學，雖未能爲八股以博科名，工章句以邀時譽，然於聖賢六經之旨，國家治亂之源，生民根本之計，則無時不往復於胸中」。〔註 128〕他在《復翟理斯函》中說他「幼讀儒書，十二歲畢經業」，21 歲前又曾「停習英文，復治中國經史之學」。〔註 129〕

　　較深厚的傳統文化功底，爲孫中山從傳統文化汲取營養打下了堅實基礎。1896 年，他在《復翟理斯函》中說：「生當晚世，目不得睹堯舜之風，先王之化……擬驅除殘賊，再造中華，以復三代之規，而步泰西之法，使萬姓超甦，庶物昌運，此則應天順人之作也」，〔註 130〕把「再造中華」稱作「復三代之規」。孫中山還經常借用中國古代一些民本思想的格言如民爲邦本等來闡述他的民權思想，將民爲邦本作爲其民權思想的理論依據。他說：「余之從事革命，以中國非民主不可，其理有三：既知民爲邦本，一國之內人人平等，君主何復有存在之餘地！此爲自學理言之者也。」〔註 131〕孫中山甚至由此得出結論說，中國關於「民權的言論在幾千年以前就老早有了。不過當時是見之於言論，沒有形於事實。」〔註 132〕

3、民粹主義（Populism）對孫中山民權思想的影響

　　19 世紀，英、法、美等歐美主要資本主義國家先後走上了工業革命的道路。工業革命創造了巨大的生產力，社會關係也發生了翻天覆地的變化。社會財富在急劇增加的同時，社會矛盾也日益顯現。資產階級、城市以及發達國家越來越富有，而無產階級、農村和不發達國家等卻越來越貧困和被邊緣化，「整個社會日益分裂爲兩大敵對的陣營，分裂爲兩大相互直接對立的階級：資產階級和無產階級。」

〔註 126〕何虎生、陶軍謀編：《孫中山大傳》，中國工人出版社 2001 年版，第 57 頁。
〔註 127〕《孫中山全集》第 1 卷，中華書局 1981 年版，第 1 頁。
〔註 128〕《孫中山選集》，人民出版社 1981 年版，第 10 頁。
〔註 129〕《孫中山全集》第 1 卷，中華書局 1981 年版，第 46 頁。
〔註 130〕《孫中山全集》第 1 卷，中華書局 1981 年版，第 46 頁。
〔註 131〕《孫中山全集》第 7 卷，中華書局 1985 年版，第 60 頁。
〔註 132〕《孫中山全集》第 9 卷，中華書局 1986 年版，第 263 頁。

　　為了解決這一社會矛盾，出現了各種社會學說。民粹主義正是在這樣一種歷史背景下產生的。它大體有兩種類型：一種出現在俄羅斯，一種誕生於美國，二者均關注農民問題。俄羅斯的民粹主義（narodniki），發源於知識界，他們將農民理想化，主張「走到人民中去」，向農民宣講社會主義教義，試圖在俄國農村中殘存的集體耕作傳統基礎上建立一個新型的社會主義社會。美國的民粹主義則起源於 19 世紀 90 年代美國西部和南部各州農民迫於經濟窘迫而發起的一場群眾運動。其支持者用「平民主義」標榜自己，宣稱要「把共和國政府的權力還給普通人民」。在政治上，民粹主義普遍懷疑代議民主，主張由人民直接管理自己，實行直接民主，公民擁有表決權、創議權和罷免權。當時，在美國許多州的憲法條文中都有關於公民投票公決、創議權、鎮民大會以及罷免權的規定，這些都是民粹主義影響的結果〔註 133〕。

　　孫中山當年倫敦蒙難脫險後，就曾與一些流亡到那裡的俄國民粹主義者有過交往，同時，「在他的周圍，到處都是正在到來的騷動和階級衝突的徵兆：英國的社會主義者和費邊分子，美國的民粹派和單一稅論者，所有這些人都在抗議不公平的財富分配」。〔註 134〕這說明，孫中山在倫敦不但接觸了俄國的民粹分子，很可能還受到了美國民粹主義的影響。同盟會成立後，孫中山及其黨人與俄國民粹派有了進一步的接觸和交流，並通過《民報》刊載文章介紹俄國的民粹主義。據美國學者伯爾納的研究，自 1905 年 11 月創刊至 1908 年 10 月被查封，《民報》先後刊載介紹俄國革命和民粹主義的文章共 14 篇，包括宋教仁的長篇譯文《一千九百零五年之露國革命》、胡漢民的《俄國社會革命黨之日報》、去非的《俄國立憲後之情形》、廖仲愷的《無政府主義之二派》等。〔註 135〕因此，孫中山及其黨人的思想和主張中表現出種種民粹主義傾向也就再正常不過了。正如列寧所言，孫中山「簡直像一個俄國人那樣發表議論，同俄國民粹主義者十分相似，以至基本思想和許多說法都完全相同。」〔註 136〕

〔註 133〕 參見〔英〕戴維・米勒、〔英〕韋農・波各丹諾主編：《布萊克維爾政治學百科全書》，鄧正來等譯，中國政法大學出版社 2002 年 12 月版，第 634～637 頁。

〔註 134〕 〔美〕史扶鄰著：《孫中山與中國革命的起源》，邱權政等譯，中國社會科學出版社 1981 年版，第 119～120 頁。

〔註 135〕 關於孫中山與民粹主義者的交往，具體可參見李玉剛的《孫中山與俄國民粹派關係論述》一文，載中山大學孫中山研究所編：《孫中山研究論叢（第 14 集）——孫中山與近代中國的改革》，中山大學出版社 1999 年版。

〔註 136〕 《列寧選集》第 2 卷，人民出版社 1995 年版，第 424 頁。

民粹主義對孫中山民權思想的影響是比較明顯的。民粹主義懷疑代議制，孫中山也不贊成代議制；民粹主義主張直接民主，主張公民應當有選舉權、創議權和罷免權，孫中山也是如此。對於這一點，孫中山並不諱言。他在《民權主義》中談到四種直接民權的來源時說：

> 近來美國西北幾邦新開闢地方的人民，比較瑞士人民更多得一種民權，那種民權是罷官權。在美洲各邦之中，這種民權雖然不能普遍，但有許多邦已經實行過了。所以美國許多人民現在得到了四種民權，一種是選舉權，二種是罷官權，三種是創制權，四種是復決權。這四種權……將來或者可以推廣到全美國，或者全世界。將來世界各國要有充分的民權，一定要學美國的那四種民權〔註137〕。

總之，盧梭的《民約論》、孟德斯鳩的《法意》、亨利喬治的《進步與貧困》、林肯的《民有民治民享》、民粹主義，以及中國孔子的「大道之行，天下爲公」、孟子的「民爲貴，社稷次之，君爲輕」的民本思想，都能在孫中山的民權思想中找到各自的影子。他的民權觀既有對中國傳統文化的「因襲」，又有對西方近代資產階級民主思想的「規撫」；既是「復三代之規」，又是「步泰西之法」，是中西各種政治思想結合的產物。

四、對孫中山民權思想的分析與評價

應該說，孫中山對西方代議政治的弊端的分析是深刻而尖銳的，他對民權的追求是執著而眞誠的。他既有對自由、平等等消極性權利的關注，又有對公民參與國家管理等積極性權利的期盼。他試圖通過對公民消極性權利的強調，爲公共權力的行使劃定底線，這也是西方近代以來通行的做法；又希望通過對直接民權的張言，使公共權力的行使置於全體國民的監控之下，以發揮權利對權力的主動性制約作用。正如列寧所評價的，「孫中山的綱領的字裏行間都充滿了戰鬥的、眞誠的民主主義」，「這是帶有建立共和制度要求的完整的民主主義」。〔註138〕

那麼，如何看待孫中山關於民權前後不一致甚至是互相矛盾的論述呢？總體來看，在二次革命失敗之前，孫中山所持的基本上屬於一種個體主義與群體主義兼而有之的民權觀，既有對個人公權利的主張，也有對個人私權利

〔註137〕《孫中山選集》，人民出版社 1981 年版，第 755～756 頁。
〔註138〕《列寧全集》第 21 卷，人民出版社 1959 版，第 427 頁。

的宣揚，認爲「對於國家社會之一切權利，公權若選舉、參政等，私權若居住、言論、出版、集會、信仰之自由等，均許一體享有，毋稍歧異，以重人權，而彰公理。」〔註139〕稱「所謂國民革命者，一國之人皆有自由、平等、博愛之精神」。〔註140〕但屢屢受挫的革命鬥爭使其思想旨趣發生了明顯變化。1924 年，他在《民權主義》演說中聲稱：「我們革命黨向來主張三民主義去革命，而不主張以革命去爭自由」，「從前法國革命的口號，是用自由、平等、博愛。我們革命的口號，是用民族、民權、民生。究竟我們三民主義的口號，和自由、平等、博愛三個口號有什麼關係呢？照我講起來，我們的民族可以說和他們的自由一樣，因爲實行民族主義就是爲國家爭自由。但歐洲當時是爲個人爭自由，到了今天，自由的用法便不同。在今天，自由這個名詞究竟要怎麼應用呢？如果用到個人，就成一片散沙。萬不可再用到個人上去，要用到國家上去。個人不可太過自由，國家要得完全自由。到了國家能夠行動自由，中國便是強盛的國家。要這樣做去，便要大家犧牲自由」。〔註141〕「革命的始意，本來是爲人民在政治上爭平等、自由。殊不知所爭的是團體和外界的平等、自由，不是個人自己的平等、自由」。〔註142〕

孫中山在這裡明白無誤地告訴我們：自由發展到「今天」，已經與以往完全不同了，「今天」的自由是指國家自由，革命所爭的自由平等是國家的自由平等，決不是個人的自由平等；在個人與國家的關係上，國家是第一位的，個人是第二位的；必須放棄個人自由，去爭取國家的自由；只有爭取到國家的自由，個人的自由才能實現並得到保證；要求個人利益服從國家利益，個人自由必須服從國家自由。對於這種變化，可以從以下三點來考慮。

第一，民主與自由兩個概念的價值衝突是導致孫中山關於個人權利表述矛盾的理論原因。民主（民權）與自由（人權）雖然都是由人的權利演化而來，卻是兩個相對的概念。民主是指由人民進行統治，往往被理解爲多數人的統治，採取的是「建立在『一人一票』原則基礎上的簡單的多數決定規則」。〔註143〕它既可以是「通過常見的人民創議進行的直接統治，也可以是不常

〔註139〕《孫中山全集》第 2 卷，中華書局 1982 年版，第 244 頁。
〔註140〕《孫中山全集》第 1 卷，中華書局 1981 年版，第 297 頁。
〔註141〕《孫中山全集》第 9 卷，中華書局 1986 年版，第 277，282 頁。
〔註142〕《孫中山全集》第 11 卷，中華書局 1986 年版，第 269 頁。
〔註143〕參見〔美〕埃爾斯特等編：《憲政與民主——理性與社會變遷研究》，潘勤、謝鵬程譯，三聯書店 1997 年版，第 2 頁。

見的就一個受懷疑的（甚至是受歡迎的）獨裁者所舉行的公民投票。」〔註
144〕民主可以從三個方面來理解：在意識形態上，人民被假定為政府一切權
力的最終來源，是憲法和法律合法性的基礎。正是在這一意義上，民主構成
了憲政的基石；在制度層面上，民主是一套制度，如投票制、選舉制等；在
價值層面上，民主被表述為「對民負責」，所以民主政治又稱責任政治。可
見，民主所關注的更多是公共利益或公意，而不是個人權利與自由。而且由
於民主實行的是多數同意原則，往往會出現多數人對少數人利益的侵犯，導
致多數人專制。與民主的外向性、積極性和對公權力的關注不同，自由則是
保守的、內斂的、以個人為本位的。自由主義者認為，每個人都有著與生俱
來的完全屬於自己的權利，如生命權、享有自由和追求幸福之權等，這些「自
然權利」不可剝奪和不可轉讓，它們源於「自然」，不依賴國家而存在。相
對於國家，個人權利才是第一位的，國家不過是一種派生物，是人們為了使
自身權利得到保障而達成的共同約定。民主與自由在價值上的衝突，是導致
孫中山早年極力主張個人自由，而在晚年卻極力主張國家自由的原因之一。

　　第二，對西方「自由」的誤讀是導致孫中山對個人公權利與私權利態度
的變化以及對國家自由關注的主觀原因。孫中山曾稱：「自由的解釋，簡單言
之，在一個團體中能夠活動，來往自由，便是自由」，按照中國的「固有名詞」
來說，就是「放蕩不羈」。〔註145〕這顯然不符合自由的本義。西方啟蒙思想家
儘管對自由的解釋各有不同，但對其中心內容的界定卻並無本質區別。孟德
斯鳩說：「自由是做法律所許可的一切事情的權利」，「不強迫任何人去做法律
所不強制他做的事，也不禁止任何人去做法律所許可的事」。〔註146〕盧梭認
為：「自由不僅在於實現自己的意志，而尤其在不屈服於別人的意志。自由還
在於不使別人的意志，屈服於我們的意志」，「惟有服從人們自己為自己所規
定的法律，才是自由」。〔註147〕密爾說：「對於文明群體中的任一成員，所以
能夠施用一種權力以反其意志而不失為正當，惟一的目的只是要防止對他人

〔註144〕〔美〕路易斯‧亨金著：《憲政‧民主‧對外事務》，鄧正來譯，三聯書店1996
　　　　年版，第19頁。
〔註145〕《孫中山選集》，人民出版社1981年版，第721頁。
〔註146〕〔法〕孟德斯鳩著：《論法的精神》（上），張雁深譯，商務印書館1979年版，
　　　　第154頁。
〔註147〕〔法〕盧梭著：《社會契約論》，何兆武譯，商務印書館1980年版，第23
　　　　頁，第30頁。

的危害。……任何人的行為，只有涉及他人的那部分才須對社會負責。在僅涉及本人的那部分，他的獨立性在權利上則是絕對的。對於本人自己，對於他自己的身和心，個人乃是最高主權者」。〔註 148〕所以，孟德斯鳩說：「如果一個公民能夠做法律所禁止的事情，他就不再自由了，因為其他的人也同樣有這種權利」。〔註 149〕孫中山曾將革命失敗的原因之一歸結為自由平等思想的泛濫，黨人不服從領袖統一指揮，稱二次革命「所以失敗者，非袁氏兵力之強，實同黨人心之渙」，〔註 150〕「黨員皆獨斷獨行，各為其是，無復統一」。〔註 151〕這是將一組織內成員的是否服從組織紀律與一般民眾所享有的自由權利相混淆了。

第三，對民族危機的深度體察及其革命者的身份，是導致孫中山對個人權利前後表述矛盾的客觀原因。孫中山曾痛心疾首地大聲呼籲：「我們為什麼要國家自由呢？因為中國受到列強的壓迫，失去了國家的地位，不只是半殖民地，實在已成了次殖民地，比不上緬甸、安南、高麗」，因此，當務之急，「就要打破各人的自由，結成很堅固的團體，像把士敏土參加到散沙裏頭，結成一塊堅固石頭一樣」。〔註 152〕這說明，孫中山並沒有擺脫嚴復、梁啓超等中國近代思想者所走過的心路歷程，即在開始時都曾熱情謳歌西方的「個人主義」，最後卻倒向了社群主義的懷抱。〔註 153〕

嚴格地說，孫中山並不是一位純粹的思想家，他首先是一位政治家和革命者。〔註 154〕雖然孫中山曾經提出過「民權是政治革命的根本」，雖然他對公民的私權利有著始終一貫的關注。但是，中國當時深重的民族危機卻使他不得不停下思想的腳步，來關注現實的問題。孫中山曾經對自己的思想有過一個很準確的總結。他說：「余所治者乃革命之學問也。凡一切學術，有可以助

〔註 148〕〔英〕密爾著：《論自由》，許寶騤譯，商務印書館 1986 年版，第 9～10 頁。
〔註 149〕前引書《論法的精神》（上），第 154 頁。
〔註 150〕《孫中山全集》第 3 卷，中華書局 1984 年版，第 165 頁。
〔註 151〕《孫中山全集》第 3 卷，中華書局 1984 年版，第 82 頁。
〔註 152〕《孫中山全集》第 9 卷，中華書局 1986 年版，第 280～282 頁。
〔註 153〕參見盧毅：《從個人到社群：中國近代自由主義者的困頓》，載《人文雜誌》
2002 年第 4 期。
〔註 154〕其實，在當時中國的歷史條件，即使是真正的思想家又能如何呢？嚴復、梁啓超不是由剛開始熱情謳歌西方的「個人主義」學說，最後卻都倒向了社群主義的懷抱了嗎？由對個人自由的關注到對國家自由的轉變，其實正是那個時代大多數有識之士的共同的心路歷程。這種轉變不是完全由個人意志所能左右的，而是由當時的歷史背景所決定的。

余革命之知識及能力者，余皆用以爲研究之原料，而組成余之『革命學』也。」
〔註155〕所以，他才有了對自由的「誤讀」，才有了對國家自由的大聲疾呼，才
有了前後思想的種種矛盾。

如果我們理解了這一點，透過他各種矛盾表述的背後，再聯繫到前文對
其民權思想的介紹，就會釋然，原來他在關注國家富強獨立的同時，也同樣
關注著公民的個人權利與自由。關於這一點，他在 1923 年 1 月發表的《中國
國民黨宣言》中對「民權之眞義」的解釋足以證實。雖然他在 1924 年所作的
《民權主義》演講中稱：「民權便是人民去管理政治」，「今以人民管理政事，
便叫做民權」。〔註156〕這裡的民權似乎只包括間接民權和直接民權，並不包括
公民的結社自由、出版自由、言論自由、信仰自由等具有消極性的個人權利
與自由在內。但筆者認爲，相對於《民權主義》中的解釋，《中國國民黨宣言》
中的解釋應該是孫中山民權思想完整意思的表達。因爲《民權主義》只是一
次演講稿，而《中國國民黨宣言》則是國民黨的綱領性文件，其表述應該更
正式，意思表達應該更準確、更完整。

這說明，孫中山晚年雖極力強調直接民權，卻並沒有陷入對直接民權的
狂熱之中，而是對公民私權利始終保持著一份清醒的關注和尊重，這是他民
權思想的底線，這份對個人權利的關注和尊重使孫中山最終能夠成爲一位理
智的政治家，而不是一名狂熱的革命者和民粹分子。這也是我們今天在研讀
孫中山的民權思想時，爲什麼依然覺著不那麼沉重並且還有一絲安慰的地
方，因爲從他的思想裏，我們看到了在西方思想者那裡經常看到的東西，這
就是對人的關注，對個人權利與自由的關注。

但是，他的一些關於國家自由的表述，卻使中國後世在理解民權上產生
不少負面的影響，甚至還成爲一些人爲集權政治張目的依據和口實。例如在
30 年代喧囂一時的「中國政治出路」大討論中，就曾有人指出「現在中國需
要的是國權，而不是民權，……如果可以犧牲個人的自由平等，求得或完成
集團的自由平等，在集權政治之下努力邁進，那麼，中國將稱強於世界，而
中國人也可有雪恥屈辱的一天」。〔註157〕這應驗了托克維爾所說的一句話，

〔註155〕《孫中山全集》第 5 卷，中華書局 1985 年版，第 55 頁。
〔註156〕《孫中山全集》第 9 卷，中華書局 1986 年版，第 325 頁，第 254～255 頁。
〔註157〕張克林著：《中國生存論》，成都新新印刷社 1936 年版，第 342 頁。

「民族意志，是任何時候的陰謀家和所有時代的暴君最常盜用的口號之一。一些人在某些當權人物的賄選活動中聽到過它，另一些人在少數人出於私利和畏懼而爲他人拉選票的活動中也聽到過它。另外，有些人把人民的沉默看成是對這一口號的正式承認，認爲服從的事實默認他們的發號施令權力。」〔註158〕這也是後人爲什麼詬病孫中山的思想「爲黨內領袖獨裁、國家政權專制、壓抑人民生機提供了理論依據和打開了方便之門」〔註159〕的原因所在。其實，我們是不能把這個責任推到孫中山身上的。我們知道，孫中山主張「黨內領袖獨裁」、「以黨治國」、「訓政」等，是將這些作爲實現民權的手段和途徑的，是一時不得已的應急之策，絕不是目的本身。一個政權採取何種國策和執政理念，向來取決於當權者自身。如果一位當權者非要實行獨裁專斷，就是再完美進步的思想學說，他也可以從中找到其獨裁專斷的理論藉口，這是一再被歷史所證明了的。這或許正是作爲思想家和領袖人物的歷史悲劇之所在吧。

關於直接民權思想能否達到其預期目的的問題。其實，孫中山所說的直接民權就是直接民主。人類迄今爲止的民主實踐表明，直接民主只能在較小的範圍內實行，如古希臘的民主城邦、共和時期的古羅馬以及文藝復興時期的意大利的城市共和國等，都是範圍較小的區域。「所謂城邦，就是一個城市連同其周圍不大的一片鄉村區域……這些獨立的主權國家疆域是很小的」，即使是最大的雅典，其面積也不過相當於中國一個縱橫百里的大縣。〔註160〕主張直接民主最力的盧梭也認爲，直接民主只有在小國寡民的古希臘城邦才能實行。〔註161〕即使在今天已經有過實行直接民主實踐的美國和瑞士等國，直接民主也只是代議制民主的一種補充，至於全國，仍是間接民主。潘恩曾將直接民主稱爲「簡單的民主制」，「簡單的民主制不過是古代的公共會堂」，它有很大的局限性，「當這些民主國家的人口增長和領土擴大之後，這種簡單的民主形式就行不通了。」〔註162〕要在更大的範圍內實行民

〔註158〕〔法〕托克維爾著：《論美國的民主》（上），董國良譯，商務印書館1988年版，第61頁。
〔註159〕苑書義：《孫中山自由觀論析》，載《廣東社會科學》2005年第1期。
〔註160〕參見顧準著：《顧準文集》，貴州人民出版社1994年版，第66頁。
〔註161〕〔法〕盧梭著：《社會契約論》，何兆武譯，商務印書館1980年版，第88～89頁。
〔註162〕〔美〕潘恩著：《潘恩選集》，馬清槐等譯，商務印書館1982年版，第243

主共和，必須實行代議制。

潘恩的分析是正確的。古希臘民主制城邦曾興旺一時，卻遭到了外族的毀滅性打擊；歐洲中世紀一些地方曾出現過的城市共和國，不是被君主國吞沒，就是淪為君主國。其民主的「小」和「寡」是這些「小國寡民的共和國」接連垮臺的一個重要因素。

孫中山也十分明白這一道理，其直接民權理論是與分縣自治思想密不可分的，可以說是以縣自治為載體的。孫中山稱：實行地方自治「不宜以廣漠之省境施行之。故當以縣為單位」。〔註163〕指出「自治團體愈多而愈佳，自治區域愈小而愈妙」，「若吾國乎，莫若以城鎮鄉為下級自治團體」，「而以縣為自治單位」。〔註164〕孫中山將直接民權的實現與地方自治相結合，是很有見地的，符合歷史潮流和實現民權的發展方向，具有很強的現實可操作性，是我們今天加強民主建設不可多得的寶貴財富。

但在多大程度上實行民眾自治，卻應該慎重考慮。因為在現代社會，社會分工越來越細，政治活動越來越專業，而每個人又都有各自的工作和職業，無暇顧及而且也沒有能力參與具體的政治活動，將政治權力和對政治權力的監督交給專業的人士也是符合效益原則的。因此，在通過民主來對權力進行制約的同時，還有必要通過制度建設來加強對權力的制約。這也正是孫中山的權力分立思想所要解決的問題。

　　　頁。
〔註163〕《孫中山全集》第3卷，中華書局1984年版，第323頁。
〔註164〕《孫中山集外集》，上海人民出版社1990年版，第37頁。

第三章　權力分立——孫中山權力制約思想的制度設計

　　為保障個人自由，防止權力腐敗，現代憲政的一個重要目標就是建立有限責任政府，主張政府的權力行使必須限定在一定的範圍之內。但孫中山卻與此相反，提出了一個「萬能政府」概念，認為要更好地為人民謀幸福，「最好的是得一個萬能政府完全歸人民使用」，並將這視為「最新發明的民權學理」。〔註 1〕如此強大的政府，僅靠權利制約是遠遠不夠的，還必須通過對政府權力的合理配置，使其在為人民謀福利的同時，能夠受到牽制，以防止權力濫用。這就是孫中山的權力分立思想所要解決的問題。孫中山的權力分立思想大體包括三個方面：一是通過「權能分立」，設國民大會，以政權制約治權；二是通過「五權分立」，設政府五院，以權力制約權力；三是在中央與地方之間實行「均權制」，明確中央權力與地方權力的行使範圍。

一、孫中山權力分立思想的理論基礎

（一）國家、政府與公共權力

　　在西方的政治傳統中，「國家」、「政府」、「公共權力」等概念是人們對於公共政治生活進行抽象思維的產物。早在羅馬時期，就有了國家觀念respublica，意為「公共利益」，但此時的國家還不被認為是脫離了其最重要的組成部分（元老院和人民）的實體，也不被認為具有羅馬及其他政治社會都

〔註 1〕《孫中山全集》第 9 卷，中華書局 1986 年版，第 354 頁。

必定具有的抽象價值。只是到了基督教化的羅馬帝國晚期，人們才開始將國家認定爲一種「權力組織」。到中世紀晚期，大約 13 世紀左右，出現了代表近代國家概念的「status」一詞，意爲一種與統治者和臣民相區別的統治力量和政治共同體，這個共同體有統一的法律和習俗，以及共同的司法管轄領域。〔註2〕

　　近代以來，以個體的自然權利如生命、財產和自由爲基礎和原則的自由主義國家學說進一步論證了國家作爲公共權力的性質。這種學說認爲，社會生活分爲公共領域和私人領域，私人領域奉行自願、平等、意思自治等原則，公共權力不得干預，國家作爲公共權力僅限於公共領域，其目的在於維護公共秩序，保障個人權利，國家的基礎是生活在法律秩序下的聯合體中所有人的自由權利，「如果國家不是個體自由的條件，就失去了其存在的理由」。一般認爲，現代國家除了具有公共權力的性質外，還具有政治性。國家的公共性是對內而言的，要求國家在常態政治秩序之下要以保障一國之內的公民權利和自由爲目的；國家的政治性是對外而言的，要求國家在對外關係中和超越常態的政治秩序中保持政治獨立。

　　在早期的國家觀念中，國家與政府是不分的。至少到 17 世紀，國家與政府的區分也不是很清晰的。據說，年輕的路易十四在對巴黎議會作演講時，發表了著名的論述「朕即國家」，其意圖不是作爲個人專制主義的最高表述，而是陳述政府權力集中於國王這一流行於中世紀的觀點。〔註3〕

　　比較早地將國家與政府作出區分的是法國的政治思想家博丹（1530～1596）。博丹認爲主權和治權是分開的，主權屬於國家，治權屬於政府，政府只是在有限的時間內行使主權的職能即治權，而主權則是永恒的，只要國家存在，主權便存在，而政府形式則可以經常變動。〔註4〕

　　第一個在近代意義上闡述政府如何產生的是洛克（1632～1704）。洛克認爲，爲了避免自然狀態的不便，保護人們的生命權、自由權和財產權，經所有人的一致同意，人與人之間簽訂契約組成一個政治社會（他稱爲公民社會），人們放棄自然法的裁判權和執行權，把它交給社會；再由政治社會中

〔註2〕 〔英〕戴維・米勒、〔英〕韋農・波各丹諾主編：《布萊克維爾政治學百科全書》，鄧正來等譯，中國政法大學出版社 2002 年版，第 502 頁。

〔註3〕 參見〔愛爾蘭〕J・M・凱利著：《西方法律思想簡史》，王笑紅譯，法律出版社 2002 年版，第 244 頁。

〔註4〕 參見何勤華著：《西方法律思想史》，復旦大學出版社 2005 年版，第 59 頁。

的成員，依多數原則，成立一個服務於社會的信託機構即政府（統治者擁有最高統治權，擁有人們可以向其申訴的裁判權力），社會向政府授權來保護公民的生命、自由和財產。可見，在洛克那裡，實際上有兩次締約過程。〔註5〕洛克還明確提到要把社會的解體與政府的解體區別開來，人民廢除政府只是導致政治權威的更替，不會造成社會的解體，社會只解體於外來武力的入侵。〔註6〕

盧梭在博丹主權理論的基礎上進一步指出：「政府只不過是主權者的執行人」，政府的成員「僅僅是主權者的官吏，是以主權者的名義在行使著主權者所託付給他們的權力，而且只要主權者高興，他就可以限制、改變和收回這種權力。」〔註7〕

可以說，在西方的政治思想傳統上，始終有一個一以貫之的發展脈絡，這就是公共權力存在的目的是爲了保衛公共利益和公共安全。只不過公共權力的表現形式在早期一般是以「國王」爲代表的一整套權力機構，後來則演變爲「政府」。也正是基於這一思想傳統，在西方，政府被認爲是權力有限的，並由此發展出後來的有限責任政府觀，認爲政府的權力必須限定在一定的界限之內，不得損害個人與社會的權利和利益，反對萬能主義的政府觀。

（二）孫中山的「萬能政府」觀

「政府」是執行國家權力、進行統治並管理社會公共事務的機關，是國家權威性的體現。孫中山基本上是在這一意義上使用「政府」這一概念的。他在《臨時大總統宣言書》中道：「國民以爲於內無統一之機關，於外無對

〔註5〕洛克並沒有明確揭示是兩次締約過程，但從他的論述可以推斷出這樣的結論。如「當某些人基於每人的同意組成一個共同體時，他們就因此把這個共同體形成一個整體，具有作爲一個整體而行動的權力，而這只有經大多數人的同意和決定才能辦到的」（〔英〕洛克著：《政府論》（下），葉啓芳、瞿菊農譯，商務印書館 1964 年版，第 60 頁）。這裡明確區分了經一致同意而成立共同體和經多數同意而行動的兩個過程。以下段落更爲明顯：「只要一致同意聯合成爲一個政治社會，這一點就能辦到，而這種同意⋯⋯開始組織並實際組成任何政治社會的，不過是一些能夠服從大多數而進行結合併組成這種社會的自由人的同意。這樣，而且只有這樣，才會或才能創立世界上任何合法的政府。」（同上書第 61 頁）

〔註6〕〔英〕洛克著：《政府論》（下），葉啓芳、瞿菊農譯，商務印書館 1964 年版，第 128 頁。

〔註7〕〔法〕盧梭著：《社會契約論》，何兆武譯，商務印書館 1980 年印本，第 132 頁。

待之主體，建設之事，更刻不容緩，於是以組織臨時政府之責相屬。自推功讓能之觀念以言，文所不敢任也；自服從盡責之觀念以言，則文所不敢辭也。」〔註8〕他在批駁無政府主義時指出：「在今日世界，國家之界限既不可破，則政府為代國家執行法律，以限制惡人而保衛良善，為不可少，故無政府主義不能行於今日。」〔註9〕但是，與西方傳統意義上所主張的有限責任政府不同的是，孫中山想構建的是一個「萬能政府」。

孫中山在闡述他的「萬能政府」理論時，使用了一個很重要的概念，這就是「政治力」。〔註10〕他說：「世界中的進化力，不止一種天然力，是天然力和人為力湊合而成。人為的力量，可以巧奪天工，所謂人事勝天。這種人為的力，最大的有兩種，一種政治力，一種經濟力，這兩種力關係於民族的興亡，比較天然力還要大。」〔註11〕孫中山最早提及政治力概念是 1912 年 5 月 7 日在廣州嶺南學堂發表的演說。他在談到自己早年棄醫從政的原因時指出：「然繼思醫術救人，所濟有限，其他慈善亦然。若夫最大權力者，無如政治。政治之權力，可為大善，亦能為大惡，吾國人民之艱苦，皆不良之政治為之。若欲救國人，非鋤去此惡劣政府必不可，而革命思潮遂時時湧現於心中。」〔註12〕

那麼，什麼是「政治力」呢？孫中山在解釋「權力」和「政治」的概念時說：「權就是力量，就是威勢。那些力量大到同國家一樣，就叫做權，力量最大的那些國家，中國話說『列強』，外國話說『列權』。又機器的力量，中國話說是『馬力』，外國話說是『馬權』。所以權和力實在是相同的，淺而言之，政就是眾人的事，治就是管理，管理眾人的事便是政治，有管理眾人之事的力量。」〔註13〕按孫中山的理解，「政治力」就是政權的力量，或「管理眾人之事的力量」。

孫中山所說的「政治力」，與西方近代意義上所講的「公共權力」並非一事。西方近代意義上所講的「公共權力」是一個與個人權利相對的概念，

〔註8〕 《孫中山全集》第 2 卷，中華書局 1982 年版，第 1 頁。
〔註9〕 《孫中山全集》第 4 卷，中華書局 1985 年版，第 13 頁。
〔註10〕 頗有意味的是，孫中山在討論國家、政府和政治問題的時候，基本上沒有使用過「公共權力」的概念，而使用比較頻繁的是「政治力」，這一概念經常與「政府」、「國家的力量」等概念混用。
〔註11〕 《孫中山全集》第 9 卷，中華書局 1986 年版，第 197 頁。
〔註12〕 《孫中山全集》第 2 卷，中華書局 1982 年版，第 359 頁。
〔註13〕 《孫中山全集》第 9 卷，中華書局 1986 年版，第 254 頁。

強調的是權力的公共性。孫中山所說的「政治力」雖然與「公共事務」或「公共利益」有關，但與「私權利」或「個人權利」基本無涉，它關注的是權力的功能，即政府爲民辦事的能力。這也許與東西方兩種不同的文化傳統有關。在中國的政治話語中，家國是一體的，只要國家是人民的，國家權力必然也是人民的，因而剩下的只是如何提升權力爲民辦事的能力的問題了。1912 年，孫中山在談到報界對政府多有攻擊時說：「報紙在專制時代，則利用攻擊，以政府非人民之政府；報紙在共和時代，則不利攻擊，以政府乃人民之政府也」，要求「今日報紙，必須改易其方針，人心乃能一致」。〔註14〕而在西方特別是近代以來的西方，國家是建立在個人權利基礎上的，保障個人權利是國家存在的理由，因而如何避免國家權力侵犯個人權利是它關注的問題所在。這就決定了孫中山在關於制約權力的進路上必然是與西方不同的。西方的權力制約理論是建立在對公共權力不信任基礎上的如何防止公共權力侵犯個人權利，孫中山的權力制約理論則是建立在對政府信任基礎上的如何保證權力更好地爲人民謀福利。

孫中山之所以關注「政治力」，強調政府的辦事能力，與他心目中所追求的理想國家是分不開的。孫中山在將三民主義作爲革命綱領時指出：「我們革命的目的是爲眾生謀幸福，因不願少數滿洲人專利，故要民族革命；不願君主一人專利，故要政治革命；不願少數富人專利，故要社會革命。這三樣一樣做不到，也不是我們的本意。達了這三樣目標之後，我們中國當成爲至完美的國家。」〔註15〕1921 年 12 月在對滇贛粵軍的官兵進行軍人教育時，孫中山對「至完美的國家」作了進一步闡述，指出：「預料此次革命成功後，將我祖宗數千年遺留之寶藏，次第開發，所有人民之衣、食、住、行四大需要，國家皆有一定之經營，爲公眾謀幸福。至於此時，幼者有所教，壯者有所用，老者有所養，孔子之理想的大同世界，眞能實現，造成莊嚴華麗之新中華民國，且將駕歐美而上之」。〔註16〕

孫中山心目中的理想國家並不僅限於國富民強和一般意義上的人人平等，他的理想國家還是一個通過保民、養民、教民，使社會成爲一個各盡所能、各取所需的大同之世：

〔註14〕《孫中山全集》第 2 卷，中華書局 1982 年版，第 348～349 頁。
〔註15〕《孫中山全集》第 1 卷，中華書局 1981 年版，第 329 頁。
〔註16〕《孫中山全集》第 6 卷，中華書局 1985 年版，第 39 頁。

我們實行民生主義，國家發了大財，將來不但是要那一般平民
能夠讀書，並且要那一般平民有養活。壯年沒有工做的，國家便多
辦工廠，要人人都有事業。老年不能做工的，又沒有子女親戚養活
的，所謂鰥、寡、孤、獨四種無告的人民，國家便有養老費。國家
的大作用，就是設官分治，替人民謀幸福。……現在革命、建設民
國，是爲什麼呢？就是要除去人民的那些憂愁，替人民謀幸福。要
四萬萬人都可以享福，把中國變成一個安樂國家和一個快活世界。
在這個國家之內，我們四萬萬人不是一代可以享幸福的，是代代可
以享幸福的。這是什麼國家呢？這就是將來的中華民國。〔註17〕

要建設這樣一個理想的國家，要實現這樣一幅美麗的圖景，是離不開一
個有強大「政治力」的政府的。無論是發展經濟，干預分配，還是教民養民，
政府（國家）都扮演著積極主動的角色，「然能令人群進化最速者何力乎？則
政治的力量是也。政治是促人群進化之唯一工具……政治的力量，足以改造
人心，改造社會，爲用至弘，成效至著。」〔註18〕離開了政府，這樣一種理
想的國家是無從實現的。他指出：

統一之後，要解決民生問題，一定要發達資本，振興實業。振
興實業的方法很多：第一是交通事業，像鐵路、運河，都要興大規
模的建築；第二是礦產，中國礦產極其豐富，貨藏於地，實在可惜，
一定是要開闢的；第三是工業，中國的工業非要趕快振興不可。中
國工人雖多，但是沒有機器，不能和外國競爭。全國所有的貨物，
都是靠外國製造輸運而來，所以利權總是外溢。我們要挽回這種利
權，便要趕快用國家的力量來振興工業，用機器來生產，令全國的
工人都有工作。到全國的工人都有工做，都能夠用機器生產，那便
是一種很大的新財源。如果不用國家的力量來經營，任由中國私人
或者外國商人來經營，將來的結果也不過是私人資本的發達，也要
生出大富階級的不平均。〔註19〕

1924年4月，孫中山在廣東第一女子師範學校校慶紀念會上講到未來民
生主義的實現時也說：「我們革命之後要實行民生主義，就是用國家的大力

〔註17〕 《孫中山全集》第10卷，中華書局1986年版，第24～25頁。
〔註18〕 《孫中山全集》第5卷，中華書局1985年版，第563頁。
〔註19〕 《孫中山全集》第9卷，中華書局1986年版，第391頁。

量，買很多的機器，去開採重要礦產。」〔註20〕根據孫中山的闡述，他所要建立的已不僅僅是一個事事都能做成的「萬能政府」，而是要建立一個以公有制為基礎、消滅貧富差距的大同社會。要實現這樣一個理想國家，政府不僅需要，而且還應該是強有力量和萬能的，「無論什麼事都可以做」。孫中山指出：

> 我們造新國家，好比是造新輪船一樣，船中所裝的機器，如果所發生的馬力很小，行船的速度當然是很慢，所載的貨物當然很少，所收的利息當然是很微。反過來說，如果所發生的馬力很大，行船的速度當然是極快，所載的貨物當然是極多，所收的利息當然是極大。……創造國家也是一樣的道理。如果在國家之內，所建設的政府只要他發生很小的力量，是沒有力的政府，那麼這個政府所做的事業當然是很小，所成就的功效當然是很微。若是要他發生很大的力量，是強有力的政府，那麼這個政府所做的事業當然是很大，所成就的功效也當然是極大。假設在世界上的最大國家之內，建設一個極強有力的政府，那麼，這個國家豈不是駕乎各國之上的國家，這個政府豈不是無敵於天下的政府？〔註21〕

可以說，發展國家經濟，創建一個駕乎歐美列強之上的強大國家，是孫中山畢其一生的奮鬥目標。因此，我們就不難理解為什麼他在讓位於袁世凱之後，仍能一心一意地投身實業建設，還編製出一整套實業救國的宏大藍圖──《實業計劃》，並樂觀地認為「共和國政體已成，民族、民權之二大綱已達目的。今後吾人之所急宜進行者，即民生主義」；〔註22〕也不難理解為什麼他在交付國民黨第一次全國代表大會審議的《國民政府建國大綱》中開宗明義：「國民政府……建設之首要在民生。……其次為民權」〔註23〕。

孫中山的「萬能政府」思想無疑是受到中國儒家傳統重民思想、19世紀西方新自由主義思潮和以德國為代表的國家主義等思想影響的結果。

首先，是中國傳統民本主義重民思想的影響。中國傳統民本主義的核心命題是「民為邦本，本固邦寧」，即民是國家社稷基礎，民關係國家興亡。其

〔註20〕《孫中山全集》第10卷，中華書局1986年版，第22頁。
〔註21〕《孫中山全集》第9卷，中華書局1986年版，第346頁。
〔註22〕《孫中山全集》第2卷，中華書局1982年版，第338頁。
〔註23〕《孫中山選集》，人民出版社1981年版，第601頁。

內在含義有二：一是「立君爲民」。在古代中國，「民」向被視爲愚昧無知，只能作被統治者。甲骨文「民」字即爲「上部作有目無珠狀，即以盲之形表示愚昧無知」、「無知未化」，需要被領導方能前行，被統治乃是其命運。〔註24〕故《尚書》云：「民無君主，則恣情慾，必致禍亂。」《荀子・大略》道：「天之立君，以爲民也。」直至今日，《新華詞典》對人民的權威性釋義仍然是：以勞動群衆爲主體的社會基本成員；作爲呼應，該詞典在解釋領導一詞所舉例句爲：領導和群衆相結合。〔註25〕二是爲君之道在「養民」。要求君必須做到「重民」、「畜民」、「保民」。「君如父母，民如子弟」，君主必須像養育兒女一樣養育百姓。君主在保民、養民同時，還必須教化民衆，通過教化民衆，建立安樂祥和的社會秩序。

孫中山十分嚮往中國古代的「三代之治」，屢屢稱讚堯舜禹是眞正的「公天下」，稱在「歐美的民權思想沒有傳進中國以前，中國人最希望的就是堯舜禹湯文武，以爲有了堯舜禹湯文武那些皇帝，人民便可以得安樂，便可以享幸福，這就是中國人向來對於政府的態度」。〔註26〕他所要建設的「新世界國家」，就是如「三代」那樣能夠「保民」、「養民」、「教民」的國家，「新世界國家，與以前國家不同，通常國家僅能保民，而不能教民、養民。眞能教民、養民者，莫如三代。其時井田、學校，皆有定制，教養之責，在於國家。後世則不然，所謂國家，無論政治若何修明，如漢之文、景，唐之貞觀，能保民斯爲善矣。今日所抱改造世界之希望，則非徒保民而已，舉凡教民養民，亦當引爲國家之責任。」〔註27〕

其次，是發生於歐洲19世紀的西方新自由主義的影響。19世紀末20世紀初，西方各主要資本主義國家相繼進入帝國主義階段。與此同時，西方思想界出現一股新自由主義思潮，主張以「積極的自由」取代傳統放任式的「消極自由」，反映在國家層面就是主張國家干預理論。他們認爲古典自由主義國家觀只能導致國家在政治上的軟弱無能和民主政治的破產，克服這一狀況的最佳途徑，就是變「消極政府」爲「積極政府」，希望國家（政府）更廣泛地干預政治、經濟和教育等，爲公民提供廣泛的公共福利，包括實行廣泛的成

〔註24〕黃金貴著：《古代文化集類辨》，上海教育出版社1995年出版，第70頁。
〔註25〕《新華詞典》，商務印書館1989年版，第745頁，第564頁。
〔註26〕《孫中山選集》，人民出版社1981年版，第766頁。
〔註27〕《孫中山全集》第6卷，中華書局1985年版，第38～39頁。

人選舉權、擴大公共教育、制定全社會充分就業計劃、規定公民最低收入標準、在整個社會推行各種保險、給予弱小成員以充分的發展機會等。這一思潮興起之際，正是孫中山頻繁往來於歐美之時，特別是 1896 年在倫敦的學習經歷，使他初步瞭解了馬克思主義和其他各種社會主義流派，並在美國人亨利喬治《進步與窮困》一書的影響下，於民族、民權的基礎上，正式提出了民生主義的思想。人們在整理孫中山上海故居的藏書時發現，1914 年以後，孫中山購進了大量有關西方國家政治制度和政治思想的著作，其中有威爾遜的《新自由》、馬愷的《民主政治的危險》、霍布豪斯的《自由主義》、麥克唐納的《社會主義運動》等當時新自由主義的代表作，其中所倡導的「積極國家觀」，無疑對孫中山的「萬能政府」思想產生了很大影響。

　　第三，是以德國為代表的國家主義思想的影響。應該說，對孫中山「萬能政府」思想產生直接而深遠影響的是德國的國家主義思想。與早已建立獨立統一民族國家、走上資本主義道路的英國、法國不同，18 世紀末的德國依然處於四分五裂狀態，建立統一獨立的民族國家成為當時日爾曼世界的一致願望。適應這一歷史要求，19 世紀中期，普魯士「鐵血」首相俾斯麥通過發動戰爭，建立了統一的德意志帝國。與這一歷史進程相呼應，德國的思想界積極鼓吹強權政治和國家主義思想，代表人物有黑格爾、脫萊契凱和伯倫知理等。黑格爾堅決反對契約論，認為國家是絕對精神的體現，主張國家至上。在黑格爾之後，脫萊契凱（1834～1896）進一步提出國家本身就是權力的理論，而伯倫知理（Johann Kaspar Bluntschli, 1808～1881）則是德國國家主義的集大成者。伯倫知理提出了國家有機體論，認為「民族就是一個民族力量的具體表現和人格化，具有最大、最高的權力，這種權力，就是國家主權」，主張國家應該擁有至高無上的權力。他反對盧梭關於人民公意即主權的觀點，認為國家主權應該體現人民的公意，但決不能就此認為國家主權由人民公意直接產生，「夫有國民而後有國家，有國家而後有主權，故謂國民為主權根本之所在，可也，直以國民為主權之所由生，不可也。」〔註 28〕所以，伯倫知理要求國家對人民有承擔教育的義務，使人民對於公共道德有一個正確的認識。他把德意志帝國看作是他國家主義學說的典範，稱讚俾斯麥執政時期普魯士王國的業績和富國強兵政策。

〔註28〕轉引自夏良才：《孫中山的國家觀與歐洲「主權國家」學派》，載於《近代史研究》1992 年第 5 期。

　　對於東方被壓迫民族的愛國志士來說，伯倫知理的國家學說無疑具有巨大的吸引力。20世紀初，中國維新派辦的《新民叢報》和革命派辦的《譯書彙編》幾乎同時從日本轉譯了伯倫知理的《國家論》的部分章節。在孫中山故居的藏書中，就有伯倫知理的《國家論》英文版、俾斯麥《回憶錄》英文版（一、二卷）、戴維斯（J・W・Davis）的《馮・脫萊契凱的政治思想》、道森（W・H・Dawson）的《德意志城市生活及其政府》以及馬克（J・E・Barker）的《德國之基礎》等。第一次世界大戰爆發後，孫中山更是將德國作為關注的重點。1914年2月28日，他在日本丸善株式會社的一份購書目錄中所列書目幾乎全與德國和一次大戰有關，其中包括什維爾的《德國的入侵以及真正的德國危險》、伯恩哈奇的《德國和下一次戰爭》、奇騰德的《戰爭與和平》、奧格的《歐洲的政體》、弗勒尼斯的《海洋帝國》、佩里斯的《德國及德國皇帝》、弗雷德的《德國皇帝》等〔註29〕。這些著作可能成為孫中山瞭解伯倫知理思想、俾斯麥政治理念和當時德國政治狀況的主要參考書目。儘管孫中山沒有正式評價過伯倫知理的學說，但從史料看，他的國家觀顯然受到了其思想的影響。伯倫知理常將國家比作人體組織，孫中山也多次以人體來比喻國家，稱「蓋體內各臟腑分司全體之功用，無異於國家各職司分理全國之政事；惟人身之各機關，其組織之完備，運用之靈巧，迴非今世國家之組織所能及。」〔註30〕我們知道，二次革命失敗後，孫中山放棄了早年醉心的共和制度和盧梭的天賦人權學說，主張國家自由和團體的自由，其思想的這一重大轉變與他密切接觸伯倫知理國家學說在時間上有著驚人的一致，這絕對不是機緣巧合所能解釋的，二者之間肯定有著某種聯繫和互動。

　　最能證明伯倫知理學說對孫中山的政府觀產生影響的，是孫中山對俾斯麥的稱道，而俾斯麥正是伯倫知理國家主義思想的忠實實踐者。孫中山曾用大量篇幅介紹俾斯麥的功績。他說：「丕士麥是德國很有名望、很有本領的大政治家。在三四十年前，世界上的大事業都是由於丕士麥造成的。世界上的大政治家都不能逃出丕士麥的範圍。所以在三四十年前，德國是世界上頂強的國家。德國當時之所以強，全由丕士麥一手造成。」正是在俾斯麥的領導

〔註29〕　姜義華著：《大道之行──孫中山思想發微》，廣東人民出版社1996年版，第320頁。
〔註30〕　《孫中山全集》第6卷，中華書局1985年版，第163頁。

下，德國才由二十幾個四分五裂、各自爲政的小邦聯合「造成一個大聯邦，才有後來的大富強」。〔註31〕孫中山大加讚賞俾斯麥通過「國家社會主義」來消融社會革命隱患的做法，「當丕士麥秉政的時候，……便實行國家社會主義，把全國鐵路都收歸國有，把那些基本實業由國家經營；對於工人方面，又定了作工的時間，工人的養老費和保險金都一一規定。……更用國家經營鐵路、銀行和各種大實業，拿所得的利益去保護工人，令全國工人都心滿意足。……用這種防止的方法，就是在無形中消滅人民要爭的問題。到了人民無問題可爭，社會自然不發生革命。」〔註32〕他所力主的「萬能政府」不就是俾斯麥國家社會主義的另一種表述嗎？

孫中山認爲，俾斯麥統治下的政府就是一種萬能政府，稱「近幾十年來歐洲最有能的政府，就是德國俾士麥當權的政府」，雖然它「是不主張民權的，本是要反對民權的，但是他的政府還是成了萬能政府」。〔註33〕孫中山從俾斯麥成功的事例中悟出這樣一個道理：一個國家，一個民族，必須要依靠「人爲的力量」來改變自己的命運，「人類進化，有天然之進化，有人爲之進化。國家進化由舊而新，由天然而人爲，天命氣運皆人所贊成耳。」〔註34〕這個「人爲的力量」就是政府的力量，就是「政治力」。

正是痛心疾首於革命的失敗、民族的危亡，受到西方新自由主義特別是德國國家主義思想的啓發，並在汲取傳統思想營養的基礎上，孫中山才提出了「萬能政府」的主張，希望建立一個強大高效的「政府」，將中國建設成爲「駕乎各國之上」的強國。

（三）孫中山的「權能分立」論

孫中山一方面主張建立一個人民有權的「全民政治」國家，一方面又主張建立一個政府有能的「萬能政府」。人民有權，意味著人民是國家的主人，政府和官吏不過是人民的公僕，事事均由人民來作主，這必然會影響政府能力的發揮；政府萬能，意味著政府事事可做，人民不得對政府進行過多的干預，這便可能會影響人民主權的最終實現，二者之間顯然存在著一種矛盾和緊張關係。

〔註31〕《孫中山全集》第9卷，中華書局1986年版，第308～309頁。
〔註32〕《孫中山全集》第9卷，中華書局1986年版，第311頁。
〔註33〕《孫中山選集》，人民出版社1981年版，第765頁。
〔註34〕《孫中山全集》第4卷，中華書局1985年版，第345～346頁。

孫中山顯然也認識到了這一點。他引用一位美國學者的話說：「現在講民權的國家，最怕的是得到了一個萬能政府，人民沒有方法去節制他；最好的是得一個萬能政府，完全歸人民使用，為人民謀幸福。」那麼，「要怎麼樣才能夠把政府成為萬能呢？變成了萬能政府，要怎麼樣才聽人民的話呢？」〔註35〕

孫中山認為歐美國家並沒有解決好這個問題。在歐美「民權發達的國家，多數的政府都是弄到無能的；民權不發達的國家，政府多是有能的。像前次所講，近幾十年來歐洲最有能的政府，就是德國俾士麥當權的政府。在那個時候的德國政府，的確是萬能政府。那個政府本是不主張民權的，本是要反對民權的，但是他的政府還是成了萬能政府。其他各國主張民權的政府，沒有那一國可以叫做萬能政府。」〔註36〕在對歐美國家政治制度分析比較的基礎上，他提出要保證人民有權，又要保證政府有能，就必須實行新的辦法，「這是什麼辦法呢？就是『權』與『能』要分別的道理」，〔註37〕即「權能分立」。

孫中山是通過對「政治」的定義，提出和闡述他的「權能分立」理論的。孫中山說：「現在分開權與能，所造成的政治機器就是像物質的機器一樣。其中有機器本體的力量，有管理機器的力量。現在用新發明來造新國家，就要把這兩種力量分別清楚。要怎麼樣才可以分別清楚呢？根本上還是要再從政治的意義來研究。政是眾人之事，集合眾人之事的大力量，便叫做政權；政權就可以說是民權。治是管理眾人之事，集合管理眾人之事的大力量便叫做治權；治權就可以說是政府權。所以政治之中，包含有兩個力量：一個是政權，一個是治權。這兩個力量，一個是管理政府的力量，一個是政府自身的力量。」〔註38〕概括起來，孫中山所設想的「權能分立」理論主要包括以下四方面內容：

第一，政治中的「權」與「能」必須分開

孫中山認為，一種完美的政治體制，應該既能保證人民有權，同時又能促進國家進步；要做到這兩點，就必須將「權」與「能」分開。「權」就是人

〔註35〕 《孫中山選集》，人民出版社1981年版，第765頁。
〔註36〕 《孫中山選集》，人民出版社1981年版，第765頁。
〔註37〕 《孫中山選集》，人民出版社1981年版，第766頁。
〔註38〕 《孫中山選集》，人民出版社1981年版，第791頁。

民要擁有政治實權,「能」就是人民把國家大權完全交給一些有能力的人去管理,「權」與「能」兩者要充分協調。如果政府是好的,人民就把國家大權交給他們;如果政府是不好的,人民可以罷免他們,收回國家大權。

為什麼要將「權」與「能」分開呢?孫中山認為,人的天賦各有不同,有的聰明,有的愚劣,這是天生的差別。根據這種差別,他把人分為三種,即先知先覺、後知後覺和不知不覺。先知先覺者是絕頂聰明的人,「凡見一件事,便能夠想出許多道理」,他們是「世界上的創造者,是人類中的發明家」;後知後覺者的聰明才力要次一等,他們「自己不能夠創造發明,只能夠跟隨摹仿」,是「宣傳家」;而不知不覺者的「聰明才力是更次的,凡事雖有人指教他,他也不能知,只能去行」,因而只能作「實行家」。〔註39〕孫中山據此認為,所謂民權政治就是人民作主,他們是有權,但他們不知不覺,是無能的。所以,人民應該把國家大事託付給有本領有能力的人去做,這就叫「權能分立」。他還以中國歷史上阿斗與諸葛亮的故事來說明將「權」與「能」分開是可行的,稱「中國要分開權與能是很容易的事,因為中國有阿斗和諸葛亮的先例可援」。〔註40〕

第二,將管理國家的權力交給有本領的人,並且不能限制他們

孫中山主張「權」與「能」分開的一個很重要的目的,就是為了解決民主制度下「政府無能」的問題。孫中山指出:「民權發達的國家,多數的政府都是弄到無能的」。還說:「從前人民對於政府總是有反抗態度的緣故,是由於經過了民權革命以後,人民所爭得的自由平等過於發達,一般人把自由平等用到太沒有限制,把自由平等的事做到過於充分,政府毫不能夠做事」。〔註41〕類似的觀點,孫中山曾多次提及過,而且不厭其煩地舉了很多例子,如阿斗與諸葛亮〔註42〕、「股東」與「總辦」〔註43〕、車主與司機〔註44〕等的例子,希望人民改變對政府的態度,不要限制專門家的行動。在孫中山看來,民權時代實行以民為主,而這「民」大多是不知不覺者,既是「皇帝」,也是「阿斗」,他們都很有權,卻沒有能力去親自管理公共事務,管理國家的事務

〔註39〕《孫中山選集》,人民出版社1981年版,第767頁。
〔註40〕《孫中山選集》,人民出版社1981年版,第770~771頁,第774頁。
〔註41〕《孫中山選集》,人民出版社1981年版,第765頁。
〔註42〕《孫中山選集》,人民出版社1981年版,第773頁。
〔註43〕《孫中山選集》,人民出版社1981年版,第775頁。
〔註44〕《孫中山選集》,人民出版社1981年版,第776頁

必須交給那些有能力、有本領的「諸葛亮」、「總辦」和專門家去做。他還以自己的親身經歷，來說明不應該掣肘專門家的行動。他說自己有一次急著趕約會，按正常情況很可能不能準時赴約，結果車夫憑著經驗，抄近路得以準時赴約。他因此感慨道：「假若當時我不給車夫以全權，由他自由去走，要依我的走法一定是趕不到」。〔註45〕

由此，孫中山得出結論，在民國，「國民是主人，就是有權的人，政府是專門家，就是有能的人」，「民國的政府官吏，不管他們是大總統是內閣總理，是各部總長，我們都可以把他們當作汽車夫。只要他們是有本領，忠心爲國家做事，我們就應該把國家的大權付託於他們，不限制他們的行動，事事由他們自由去做，然後國家才可以進步，進步才是很快。如果不然，事事都是要自己去做，或者是請了專門家，一舉一動都要牽制他們，不許他們自由行動，國家還是難望進步，進步還是很慢」。〔註46〕

第三，賦予人民四種直接民權，以「節制」政府

孫中山認爲，在民主制度下，關鍵問題不是政府的權力是否過大，而是人民的權力是否完全、能否控制政府。他曾以發電機的馬達作比喻來說明這個道理。他說：「這好比是一架發電機，能夠發生大電力的部分就是磨打（指「馬達」，引者注），如果一個大磨打能發生幾萬匹馬力的電，用這樣大的電力去行船，每小時便可走幾十英里；用這樣大的電力去做工，便可運動很多機器，製造很多貨物；用這樣大的電力去發光，便可裝成無數電燈，照很大的城市。像這樣磨打，如果能夠知道他所發生電力的用處，又用之得當，便可以做種種有利益的事業；若是不知道他所發生電力的用處，或者是用之失當，便要殺人，到處都是很危險。」〔註47〕

要解決這個問題，就要在完善「民權機器」上下功夫，而不是一味地限制政府權力。在這裡，孫中山是沿著魔高一尺、道高一丈的思想進路來展開他的限權思想的。他以機器的發展史來說明這一問題，稱最初在發明機器的時候，如果一種機器發出來的力量到了幾百匹或者幾千匹馬力，人們便不敢用他，因爲這已超出人力的範圍，用人力已沒有辦法將他推出去再拉回來。後來機器的馬力大到超過十萬匹馬力，但由於有辦法將他推出去又拉回來，

〔註45〕 《孫中山選集》，人民出版社 1981 年版，第 777 頁。
〔註46〕 《孫中山選集》，人民出版社 1981 年版，第 778 頁。
〔註47〕 《孫中山全集》第 11 卷，中華書局 1986 年版，第 267 頁。

管理方法完善了，所以只用一個人便可以完全管理。〔註 48〕孫中山認爲，在民權時代，民主政府就是這樣一部政治機器，人民就是政府的控制力，隨著政府這架政治機器的力量的不斷強大，也需要控制政府的力量即民權不斷完全，這就是賦予人民以四項直接民權。

這四項直接民權，一方面是人民對政府官吏的選舉權和罷免權。「人民有了這兩個權，對於政府之中的一切官吏，一面可以放出去，又一面可以調回來，來去都可以從人民的自由」。另一方面是對法律的創制權和復決權。有了這兩個權，「如果大家看到一種法律以爲很有利於人民的」，就可以「自己決定出來，交到政府去執行」；或者「大家看到了從前的舊法律，以爲是有利於人民的」，便可以「自己去修改」；「如果立法部任立一法，人民因其不便，亦可起而廢止」。這四個民權彷彿放水制和接電紐，「我們有了放水制，便可以直接管理自來水，有了接電紐，便可以直接管理電燈，有了四個民權，便可以直接管理國家的政治。」〔註 49〕這四個民權好比控制政府這架機器的四個「節制」，「有了這四個節制，便可以管理那架機器的動靜」。〔註 50〕

第四，政府設置五權以與民權相平衡

爲了保持政府與人民之間力量的平衡，孫中山在給予人民四項直接民權的同時，又給予政府以行政權、立法權、司法權、考試權和監察權。孫中山認爲，政府有了五權，便可以發揮出無限威力，成爲萬能政府，爲人民謀幸福，稱這樣一個五權分立的政府「才是世界上最完全最良善的政府」〔註 51〕。他樂觀地指出，政府的「五權」與人民的「四權」，「彼此都保持平衡，民權問題才算是眞正解決，政治才算是有軌道」，〔註 52〕「中國能實行這種政權和治權，便可以破天荒地在地球上造成一個新世界。」〔註 53〕

「權能區分」是孫中山權力制約思想的核心，是孫中山爲同時解決人民有權而政府無能和政府有能而人民無權這兩個問題而設計出的全總方案。他說：「我們現在分開權與能，說人民是工程師，政府是機器。在一方面要政府

〔註 48〕　《孫中山選集》，人民出版社 1981 年版，第 783～784 頁。
〔註 49〕　《孫中山選集》，人民出版社 1981 年版，第 796～797 頁。
〔註 50〕　《孫中山選集》，人民出版社 1981 年版，第 801 頁。
〔註 51〕　《孫中山選集》，人民出版社 1981 年版，第 800 頁。
〔註 52〕　《孫中山全集》第 9 卷，中華書局 1986 年版，第 352 頁。
〔註 53〕　《孫中山選集》，人民出版社 1981 年版，第 799～801 頁。

的機器是萬能，無論什麼事都可以做；又在他一方面要人民的工程師也有大力量，可以管理萬能的機器」。孫中山自信地宣稱：「有了這種政府，民治才算是最發達」。〔註54〕正是「權能區分」理論的提出，才使孫中山得以放心地設計他的「萬能政府」理論，並把它置於其三民主義體系之中。孫中山認爲，「權能區分」最大意義就在於可以免去人們對全能政府的擔心，改變人們對政府的敵視態度。

　　「權能分立」作爲一種明確、完整的理論形成於孫中山的晚年，並在1924年孫中山作三民主義演講時得到比較完整的闡述。但這一思想，孫中山在1919年前已有構思。1916年，護國戰爭結束後，孫中山提出了人民與政府的責任各有所屬的主張：「政府有政府之責任，人民有人民之責任，人民所當引爲責任者，當先從辦理地方自治著手。」〔註55〕1922年他在《中華民國建設之基礎》一文中主張：「政治主權在於人民，或直接以行使之，或間接以行使之。其在間接行使之時，爲人民之代表或者受人民之委託者，只盡其能，不竊其權。予奪之自由仍在人民。」〔註56〕這種人民對政治主權的間接行使，或可視爲孫中山關於「權能分立」思想的初次表述。1924年，他在《爲說明建國政府之任務昭告國人文》中提出：「政治良否視人與法。人治之繫於長吏賞罰，與民監督固也；法治之精神則首在權能分職」。〔註57〕這是孫中山首次將「權」與「能」並列使用，但用的是「權能分職」一詞。待到1924年作《民權主義》演說時，終於有了對「權能分立」學說的系統闡述。

二、孫中山權力分立思想的制度設計

　　根據「權能分立」理論，孫中山提出了他的政制設計。他的政制設計大體可分爲三個層面：一是設國民大會，作爲國家權力機關，居於國家權力的最上層，代表全體國民行使政權即選舉權、罷免權、創制權和復決權，由它選舉產生中央政府各機構，對中央政府各機構及其人員實施監督。同時，接受全體國民監督，對全體國民負責。二是設中央政府，由立法、行政、司法、考試和監察五院組成，行使國家治權即立法、行政、司法、考試、監察五權，

〔註54〕《孫中山選集》，人民出版社1981年版，第798頁。
〔註55〕《孫中山全集》第3卷，中華書局1984年版，第345頁。
〔註56〕胡漢民編：《總理全集》第1集，上海民智書局1930年版，第1026頁。
〔註57〕相關內容參閱《國父全集》第二冊，臺北：近代中國，1989年，第179～181頁。

五權彼此分立。三是在中央與地方的權力分配上實行均權制。

（一）國民大會

　　在孫中山的政制設計中，國民大會是國家的最高權力機關，由全國各縣選舉的代表組成，代表全體國民掌管國家政權即行使創制權、復決權、選舉權和罷免權，對中央政府的施政活動進行監督。

　　在孫中山的早期思想中，並沒有國民大會這一制度架構，而是設想建立一個類似於西方的三權分立制度，在制約權力的路徑上遵循的是以權力制衡權力的模式。1900 年，他在《致港督卜力書》中談及將來的政府建設時說：「於都內立一中央政府，以總其成；……所謂中央政府者，舉民望所歸之人為之首，統轄水陸各軍，宰理交涉事務。惟其主權仍在憲法權限之內，設立議會，由各省貢士若干名以充議員」。〔註 58〕這裡雖然沒有提到司法權，但已明顯帶有三權分立的色彩。1905 年，孫中山曾受託為舊金山致公堂修訂章程。重新修訂後的章程規定：「本堂事權分為三等，一曰議事權，一曰行事權，一曰判事權」。三權彼此獨立，互相節制，並規定判事員「不受總理節制」，「為長久之任，若非失職及自行告退，不能易人」。〔註 59〕很顯然，這是一個典型的三權分立的制度架構，各權力之間是一種分權制衡關係。雖然這只是一個堂會的章程，卻彰顯了孫中山當時的思想旨趣。

　　這一思想在 1906 年的《中國同盟會革命方略》和 1912 年的《中華民國臨時約法》中均有所體現，特別是《臨時約法》，基本上是參照當時的美國聯邦憲法編撰的。這與這一時期孫中山的思想是一致的。1911 年底在回國就任臨時大總統的途中，孫中山多次言明，美國的共和政體最適合於中國。甚至到民國初年，為配合宋教仁改組國民黨的一系列活動，孫中山還就議會政黨思想進行了系統闡述和宣揚。可見，至少在二次革命失敗以前，孫中山所心儀的權力制約模式依然是以三權分立為主要內容的分權制衡模式。雖然此時，他已經明確提出了五權憲法思想。其實，這時候的五權憲法思想在權力制約方面實行的也是分權制衡原理。1910 年 2、3 月間，孫中山曾就一些在日本、歐美留學的留學生對五權憲法提出的質疑批駁道：「三權憲法，人皆知為孟德斯鳩所倡，三權以後不得增為五權。不知孟德斯鳩以前一權皆無，又不

〔註 58〕《孫中山全集》第 1 卷，中華書局 1981 年版，第 193 頁。
〔註 59〕《孫中山全集》第 1 卷，中華書局 1981 年版，262～263 頁。

知何以得成立三權也」。〔註60〕很顯然，孫中山在這裡認爲，他的五權憲法是對孟德斯鳩三權憲法的發展。這說明，至少在早期，孫中山對三權分立理論的分權制衡原理是心嚮往之並力行實踐的。

民主共和制度在民國初年的屢屢受挫，使孫中山逐步認識到：「共和國之堅固與否，全視乎吾民，而不在乎政府官吏。……吾民能人人始終負責，則共和目的，無不可達。若吾民不知負責，無論政府官吏如何善良，眞正之共和必不能實現也。」〔註61〕因此，1916 年以後，孫中山開始致力於民治主義的研究和宣傳。隨著「直接民權」思想的提出和完善，預示著孫中山的權力制約思想開始發生根本轉向，即由先前注重平行權力之間的「權力制衡」模式，開始變爲後來傾向的自上而下的「權力監督」模式，即由「官治」轉變爲「民治」，其標誌就是「國民大會」這一制度架構的提出。

孫中山最早提及國民大會是 1916 年 7 月 17 日在上海所作的關於《地方自治爲建國之礎》的演講中。他說：「今此三千縣者各舉一代表，此代表完全爲國民代表，即用以開國民大會，得選舉大總統，其對於中央之立法，亦得行使修改之權，即爲全國之直接民權」。〔註62〕由於是第一次提出，因而他關於國民大會的表述還比較籠統，只是簡單地提及國民大會有選舉總統之權、有修改中央立法之權，並將此視爲全國人民在中央行使直接民權的體現。

1919 年，孫中山在《心理建設》中，對國民大會的召開條件、國民大會的組成及其職能作了進一步闡述：「俟全國平定之後六年，各縣之已達完全自治者，皆得選舉代表一人，組織國民大會，以制定五權憲法。……五院皆對於國民大會負責。各院人員失職，由監察院向國民大會彈劾之；而監察院人員失職，則國民大會自行彈劾而罷黜之。國民大會職權，專司憲法之修改，及制裁公僕之失職。……（人民）對於一國政治除選舉權之外，其餘之同等權則託付於國民大會之代表以行之」。〔註63〕國民大會的召開條件是全國平定後六年，由那些已經完成完全自治的縣派代表組織召開，這是爲了保證國民大會能夠眞正代表人民的意見和利益。關於國民大會的職能，孫中山在此提到了制定憲法、修改憲法、罷免官員，即四項直接民權中的所謂創制權、複

〔註60〕《孫中山全集》第 1 卷，中華書局 1981 年版，第 444 頁。
〔註61〕《孫中山全集》第 3 卷，中華書局 1984 年版，第 349～350 頁。
〔註62〕《孫中山全集》第 3 卷，中華書局 1984 年版，第 329～330 頁。
〔註63〕《孫中山選集》，人民出版社 1981 年版，第 166 頁。

決權、罷免權，並特別指出，選舉權由全國人民直接行使，其他三項直接民權則由國民大會代爲行使。此外，孫中山在此還提及了五院對國民大會的負責問題，明確了國民大會對五院的監督地位。

在 1922 年所作的《中華民國建設之基礎》中，孫中山對國民大會的職責行使性質作了進一步闡釋。他說：「政治主權，在於人民，或直接以行使之，或間接以行使之」。接著，他將民治的實現方略分爲四種：分縣自治、全民政治、五權分立和國民大會，稱國民大會與五權分立屬於間接民權，「由代表而行於中央政府」。但國民大會作爲一種民權的間接實現形式，與西方的代議制、「官治」又有所不同：一是國民大會有分縣自治和全民政治兩種直接民權的實現形式作補充，二是作爲國民大會的代表，「只盡其能，不竊其權，予奪之自由，仍在於人民，是以人民爲主體，人民爲自動者」，「非若今日人民，惟持選舉權，以與據國家機關者抗。彼據國家機關者，其始藉人民之選舉，以獲此資格；其繼則悍然違反人民之意思以行事，而人民亦莫如之何。」〔註64〕也就是說，國民大會的代表在行使權力時，只能盡其所「能」，而不能「竊取」人民管理國家的權力，選舉和罷免代表和官員的權力依然時時掌握在人民手裏，不像代議制，議員一旦被選舉後，在任期屆滿之前不再受選民的制約。

撇開孫中山對西方代議制的評價是否正確不談，其實孫中山在此談到的是代表制與代議制〔註65〕的區別問題。代議制一般被認爲是議會出現以後的事情，即得有一個叫做議會的組織。而代表制的含義要比代議制廣，不僅包括實行代議的議會，還包括政府，而且其思想也比代議制出現的要早。在今天，從某種非字面的意義上講，一般認爲，代議制是議會制度的代名詞，議員有一定的任期性，也就是說議員由選民選舉產生後，便具有一定的獨立性，不再或很少受到選民的節制。代表則被認爲是可以隨時被選民罷免的，因而具有一定的不穩定性，而且他被要求要充分代表選民的利益和意志，因而相對議員來說，其獨立性要差一些，權力也相對有限。因此，代表制被認爲更具有民主性。可以說，孫中山正是在這個意義上說，由可以被隨時更替的代表組成的國民大會制度比由有一定任期的議員組成的代議制度所體現的民權要更充分些，更有利於實現主權在民。但這裡存在一個問題，這就是英國學

〔註64〕《孫中山集外集》，上海人民出版社 1990 年版，第 35 頁。
〔註65〕又稱代表制的委託論和獨立論。見下文。

者伯克所提出的，一個代表或議員是要完全代表選民的意志，還是允許有一定的獨立性，是代表選民的地方利益還是整個社會的共同利益。據此，他將議員區分爲作爲代表的議員和作爲選民利益的擁護者且具有獨立地位的議員。前者依照選民的指示而行動，並可能附和選民的觀點；後者爲選民利益行事，但不是一定要在如何增進選民利益的問題上遵循他們的觀點，他們有進行獨立思考、判斷和決策的自由。

概括起來，孫中山關於國民大會的論述有這樣幾層意思：第一，國民大會由各縣的民選代表組成，代表對選民負責，受選民監督；第二，國民大會是國家的權力機關，代表全體國民行使國家政權；第三，政府五院及大總統由國民大會選舉產生，對國民大會負責，受國民大會監督；第四，國民大會對中央政府官員包括大總統有選舉權和罷免權，對中央法律有創制權和復決權，具體包括：選舉中央政府官員、審理監察院提起的對中央政府官員的彈劾案並對失職官員予以彈劾或罷免、罷黜監察院官員、制定和修改憲法、制定法律、復決立法院制定的法律等。就國家政權組織結構來說，這是一種典型的金字塔型結構，國民大會作爲國家最高權力機關，居金字塔的最上端，政府五院作爲國民大會的派生機構，居於次一層。

需要注意的是，關於國民大會的選舉權，孫中山前後表述略有不同。在1916年「地方自治爲建國之礎」的演講和1924年的《國民政府建國大綱》中，他主張對於中央政府官員的選舉權，由國民大會行使，而在1919年的《心理建設》中，則主張由全體國民直接行使。此後，在1924年的《國民政府建國大綱》第24條又規定：「憲法頒佈之後，中央統治權則歸於國民大會行使之，即國民大會對於中央政府官員有選舉權、有罷免權，對於中央法律有創制權、復決權」。〔註66〕對於這樣一項沒有前例可循的重要制度設計，這種前後不一致是可以理解的。這從另一角度也說明，孫中山非常重視國民大會的制度設計問題，且應是其晚年苦苦思考的核心問題之一，否則便不會如此反覆和糾結了。從歷史事實來看，召開國民大會始終是孫中山晚年孜孜以求的政治夙願。1924年10月，馮玉祥發動「北京政變」，電請孫中山北上共商國是。孫中山不顧各方反對和重病在身，毅然決定動身北上，並提出「召開國民會議和廢除不平等條約」兩大口號。到達北京後，雖知召開國民

〔註66〕《孫中山全集》第9卷，中華書局1986年版，第129頁。

大會一時無望，卻依然爲之呼號。不久，病逝於北京，留下「革命尚未成功，同志仍須努力」的遺言。其對國民大會的傾心和癡心，讓人不勝敬仰！

（二）五權分立

五權分立就是將中央政府權力劃分爲立法權、行政權、司法權、考試權和監察權，分別交由立法院、行政院、司法院、考試院和監察院行使。五權屬於治權，與國民大會行使的政權相對。

孫中山提出五權分立的時間要早於國民大會，大約是在 1901 年至 1902 年左右。1901 年，八國聯軍攻陷北京後，東京忽有清政府割廣東於法國之說。王寵惠等留日粵籍學生發起創辦《國民報》。此間王寵惠經常與孫中山討論民報報務，二人可能在這時議過五權憲法理論。但當時王寵惠認爲世界上只有三權憲法，五權憲法未聽說過，恐怕不行。〔註 67〕另據宋教仁回憶，1902 年，孫中山在日本曾對革命志士彭家樫談起過五權分立的設想。〔註 68〕但從現有資料來看，孫中山最早比較系統地闡釋五權分立思想並道於外界，是在 1906 年。1906 年 11 月，孫中山在與俄國社會革命黨首領該魯學尼等人交談時，稱未來中國共和國的政體，「除立法、司法、行政三權外還有考選權和糾察權」，並結合中國歷史和中外對比，對新「兩權」的意義和必要性作了詳盡說明。〔註 69〕此後，新「兩權」的名稱雖有所變動（後來分別改稱爲考試權和監察權），但其基本含義始終未變。同年 12 月 2 日，在東京《民報》週年紀念會上，孫中山又對五權分立思想作了進一步闡明，稱「將來中華民國的憲法，要創立一種新主義，叫做『五權分立』」。〔註 70〕此後，經孫中山多次闡釋，五權分立理論逐蔚爲大觀，並與「國民大會」理論相結合，成爲一種獨具特色的憲法理論。

孫中山的「五權分立」思想是在參照歐美「三權分立」思想的基礎上，借鑒中國古代的考試制度和監察制度發展起來的。他稱考試制度和監察制度「本是我中國固有的兩大優良制度」。〔註 71〕孫中山認爲，歐美的三權分立雖

〔註 67〕　參見闞英：《簡述孫中山的五權憲法思想》，載《政法論叢》2003 年第 4 期，第 86 頁。這段歷史可與孫中山的有關回憶相對照（見《孫中山選集》，人民出版社 1981 年版，第 488 頁）。

〔註 68〕　宋教仁：《彭家樫革命大事略》，載《國史館館刊》第一卷，第三期，第 70 頁。

〔註 69〕　《孫中山全集》第 1 卷，中華書局 1981 年版，第 320 頁。

〔註 70〕　《孫中山全集》第 1 卷，中華書局 1981 年版，第 330 頁。

〔註 71〕　《孫中山全集》第 1 卷，中華書局 1981 年版，第 320 頁。

然「有了一百多年」的歷史，但「還是不大完全」，「我們現在要集合中外的精華，防止一切的流弊，便要採用外國的行政權、立法權、司法權，加入中國的考試權和監察權，連成一個很好的完璧，造成一個五權分立的政府。像這樣的政府，才是世界上最完全、最良善的政府。國家有了這樣的純良政府，才可以做到民有、民治、民享的國家。」〔註72〕

孫中山之所以在三權之外，要另設考試權和監察權，其原因就在於他認為西方的三權分立制度主要存在以下兩大問題：

第一，考試制度不發達，不利於人才選拔。孫中山指出，歐美國家選拔官吏的方法主要是選舉和委任兩種，但無論是選舉，還是委任，皆有很大的流弊。如美國以前沒有考試制度，所以「就選舉上說，那些略有口才的人，便去巴結國民，運動選舉；那些學問思想高尚的人，反都因訥於口才，沒有人去物色他」，以致於使議會中「往往有愚蠢無知的人夾雜在內」，而許多優秀人才卻被閒置不用；「就委任上說，凡是委任官都是隨著大統領而進退」，每遇到總統更迭，「由內閣至郵政局長不下六七萬人，同時俱換。所以美國的政治非常腐敗散漫」。只是在實行考試制度以後，「美國政治方有起色」，但美國的考試制度只用於對下級官吏的選拔，並且考試之權屬於行政部，仍然有不完善之處。

第二，議會兼有糾察權，易導致議會專權。孫中山認為，為了保證糾察權能夠真正起到監督作用，糾察權必須獨立，而在歐美的三權分立政治中，雖然也有糾察權，但糾察權大多歸議會掌握，這就使議會常常「擅用此權，挾制行政機關」，致使「議會專制」。〔註73〕他還引用一位美國學者的觀點來佐證，稱「美國哥倫比亞大學有一位教授喜斯羅，他著了一本書名叫《自由》，他說三權是不夠的，他主張四權。……就是將國會底彈劾權取出來作個獨立底權。他底用意，以為國會有了彈劾權，那些狡猾底議員往往行使彈劾權來壓制政府，弄到政府動輒得咎。」〔註74〕而且，孫中山還認為，將糾察權歸於議會之下，也不利於提高監督效率，「譬如美國彈劾權，付之立法上議院議決，上議院三分之二裁可，此等案件開國以來不過數起，他則付諸司法巡迴裁判官之處理貪官污吏而已。」〔註75〕孫中山還從理論上論證了監察權不獨

〔註72〕 《孫中山選集》，人民出版社1981年版，第800頁。
〔註73〕 《孫中山全集》第1卷，中華書局1981年版，第330～331頁。
〔註74〕 《孫中山選集》，人民出版社1981年版，第486～487頁。
〔註75〕 《孫中山全集》第1卷，中華書局1981年版，第445頁。

立的不合理性，「照常理上說，裁判人民的機關已經獨立，裁判官吏的機關卻仍在別的機關之下，這也是理論上說不過去的」〔註76〕。

孫中山認爲，中國歷史上的考試制度和監察制度正好可以彌補三權分立的這兩個弊端。他說選舉應當是推選有德、有才、有能之人，但「我們又是怎樣可以去斷定他們是合格呢？我們中國有個古法，那個古法就是考試」，考試可以讓我們知道哪些人是合格的，哪些人是不合格的。他非常讚賞中國古代的考試制度，認爲「尙公去私，厥維考試」。〔註77〕但在專制時代，由於「君主以用人爲專責」，「能夠搜羅天下的人材」，所以考試制度「用的時候尙少」，而「到了今日的時代，人民沒有工夫去辦這件事，所以……共和時代，考試是萬不可少的」，〔註78〕認爲考試制度「不但合乎平民政治，且符合現代民主政治」，「雖所試科目不合時用，制度則昭若日月。朝爲平民，一試得第，暮登臺省；世家貴族所不能得，平民一舉而得之。謂非民主國之人民極端平等政治，不可得也！」〔註79〕

爲了保證考試制度切實發揮作用，他主張考試權必須獨立，「將來中華民國憲法，必要設獨立機關，專掌考選權。大小官吏必須考試，定了他的資格，無論那官吏是由選舉的抑或由委任的，必須合格之人，方得有效。這法可以除卻盲從濫舉及任用私人的流弊。……考試權如果屬於行政部，那權限未免太廣，流弊反多，所以必須成了獨立機關才得妥當。」〔註80〕只有這樣，「爲人民之代表，與受人民之委任者，不但須經選舉，尤須經考試，（才能）一掃近日金錢選舉、勢力選舉之惡習，可期爲國家得適當之人才，此又庶政清明之本也。」〔註81〕

孫中山對中國古代的御史制度也十分讚賞，對中國歷史上剛正不阿的御史風範稱讚有加，「說到彈劾，有專管彈劾底官，如臺諫、御史之類，雖君主有過，亦可冒死直諫，風骨凜然」，〔註82〕「官品雖小而權重內外，上自君相，下及微職，儆惕惶恐，不敢犯法。……受廷杖、受譴責在所不計，何等風節，

〔註76〕《孫中山全集》第 1 卷，中華書局 1981 年版，第 331 頁。
〔註77〕《孫中山集外集》，上海人民出版社 1990 年版，第 35 頁。
〔註78〕《孫中山選集》（下），人民出版社 1956 年版，第 574～575 頁。
〔註79〕《孫中山全集》第 1 卷，中華書局 1981 年版，第 330 頁。
〔註80〕《孫中山選集》，人民出版社 1981 年版，第 179 頁。
〔註81〕《孫中山集外集》，上海人民出版社 1990 年版，第 35 頁。
〔註82〕《孫中山選集》，人民出版社 1981 年版，第 492 頁。

何等氣慨！」認爲這種制度完全可以「代表人民國家之正氣」。〔註83〕並借用美國一學者的觀點對其主張予以佐證，說「美國有個學者巴直氏是很有名的，他著了一本書叫《自由與政府》，謂中國底彈劾權是自由與政府間底一種最良善之調和法。」〔註84〕孫中山指出即使經過嚴格的考試，仍然避免不了不稱職的人員充任政府官員，所以他主張監察權必須獨立，這樣既可以保證對政府官員的有效監督，又可以避免西方的「議會專制」現象。在監督內容上，孫中山要求監察機關「除了要監督議會外，還要專門監督國家政治，以糾正其所犯錯誤，並解決今天共和政治的不足處。」〔註85〕

很顯然，孫中山最初提出五權分立的本意，主要還是爲了解決在即將建立的資產階級共和國中對執政者尤其是官吏的選拔和監督問題，以此來加強對國家權力的監督，以「濟代議政治之窮，亦以矯選舉制度之弊」，〔註86〕將五權分立理論視爲對三權分立理論的新發展，而非否定代議民主制本身，這與他早期主張權力制衡的思想是相吻合的。而且，從其反對議會專權、主張監察權和考試權獨立設置來看，孫中山是主張權力有限論的，反對任何一個部門掌握絕對或過大的權力。

（三）以地方權力牽制中央權力

1、均權制——中央與地方權力的分配原則

中央與地方的權力制約問題其實就是中央與地方的關係問題，它涉及到國家的結構形式。關於中央與地方的權力如何劃分？是分權抑或集權？這既是中國歷史上的難解之結和近代中國政治體制改革的重要課題，也是孫中山革命一生的奮鬥目標之一。分權容易被地方勢力利用，形成地方割據而不利於國家統一；集權又容易使個別野心家操縱政府，出現個人獨裁。經過長期的革命實踐與理論探索，在中央與地方關係問題上，孫中山形成了一套集聯邦制與集權制兩者之長的均權構想，希望中央與地方關係以此達到分權而不分裂、集權而不專制的最佳境界。孫中山這一均權構想，其內容就是中國政治制度現代化進程中的一筆寶貴財富。

關於中央與地方之間的權力劃分原則，孫中山前後是有不同認識的。在

〔註83〕《孫中山全集》第1卷，中華書局1981年版，第445頁。
〔註84〕《孫中山選集》，人民出版社1981年版，第493頁。
〔註85〕《孫中山全集》第1卷，中華書局1981年版，第320頁。
〔註86〕《孫中山選集》，人民出版社1981年版，第592頁。

南京臨時政府成立之前，他基本上主張聯邦分權。興中會綱領中提出的「創立合眾政府」，可以認爲是孫中山聯邦分權思想的肇始，是將美國聯邦政體作爲未來中國的理想政體。1900 年他在《致港督卜力書》中則比較具體地提出了中央與地方關係的原則：「所謂自治政府者，由中央政府選派駐省總督一人，以爲一省之首。設立省議會，由各縣貢士若干名以爲議員。所有該省之一切政治、徵收、正供，皆有全權自理，不受中央政府遙制。……省內之民兵及警察部，俱歸自治政府節制。以本省人爲本省官，然必由省議會內公舉。」〔註87〕

此後，孫中山多次在演說中明確提出，在推翻清朝之後要建立聯邦共和政體。1901 年，孫中山在接待美國《展望》雜誌記者林奇時聲稱，革命成功後將以聯邦或共和制取代帝制。〔註88〕1902 年，他希望法國印支總督支持他至少在長江以南建立一個南方聯邦共和國。〔註89〕1903 年，他在檀香山演講時稱推翻滿清王朝後，「將建立共和政體，因爲中國各大行省有如美利堅合眾國諸州。」〔註90〕直到武昌起義爆發回國就任臨時大總統前，孫中山都認爲：中國省份眾多，面積廣大，人民習性多有差異，政治上萬不宜於中央集權，倘用北美聯邦制度實最相宜。〔註91〕甚至在就任臨時大總統所發表的《臨時大總統宣言書》中，他還稱，「武昌首義，十數行省先後獨立。所謂獨立，對於清廷爲分離，對於各省爲聯合」，〔註92〕把聯邦政體作爲新成立的中華民國的國家結構形式。

辛亥革命之前，孫中山主張採用中央與地方分權的聯邦政體來作爲處理未來中央與地方關係的主要原則，主要基於四點考慮：

第一，有利於尋求列強的支持。孫中山在海外宣傳革命時，爲消除列強對中國革命的畏懼，支持中國革命，經常強調在推翻清朝專制政府取得革命成功後，將效法西方國家建立聯邦共和的民主政府，以此來求取西方列強對中國的支持。1911 年 11 月，他在離美前夕發表「對外宣言」，其中第六條云：

〔註87〕《孫中山全集》第 1 卷，中華書局 1981 年版，第 193 頁。
〔註88〕陳錫祺編：《孫中山年譜長編》，中華書局 1991 年版，第 267 頁。
〔註89〕《1900～1908 年法國與孫中山》，《辛亥革命史叢刊》第 4 輯，中華書局 1982 年版，第 230 頁。
〔註90〕《孫中山全集》第 1 卷，中華書局 1981 年版，第 227 頁。
〔註91〕《孫中山全集》第 1 卷，中華書局 1981 年版，第 561～562 頁。
〔註92〕《孫中山全集》第 2 卷，中華書局 1982 年版，第 2 頁。

「待聯邦政體建立，中央政府將同各國建立友好邦交」。〔註93〕在當時的情況下，能夠取得列強的支持是加速革命成功的重要因素之一。

第二，有利於鼓勵「地方豪傑」參與革命且可避免地方割據互爭雄長的局面。他說：「觀支那古來之歷史，凡國經一次之擾亂，地方豪傑互爭雄長，互數十年不能統一，無辜之民爲之受禍者不知幾許，其所以然者，皆由於舉事者無共和之思想，而爲之盟主者亦絕無共和憲法之發佈也。……今欲求避禍之道，惟有行此迅雷不及掩耳之革命一法；而與革命同行者，又必在使英雄各充其野心。充其野心之方法，唯作聯邦共和之名之下，其夙著聲望者使爲一部之長，以盡其材，然後建中央政府以駕馭之，而作聯盟之樞紐。……此所謂共和政治有革命之便利者也。」〔註94〕

第三，有利於中國走上富強之路。孫中山親眼目睹了美國實行聯邦制後成爲世界強國的成功經驗，而「中國各大行省有如美利堅合眾國諸州」，〔註95〕故希望中國在革命成功後也能通過實行聯邦制實現國富民強。

第四，爲了適應當時的中國國情。太平天國後，中央權威式微，地方主義擡頭。武昌起義後，各省紛紛獨立，幾乎都傾向於成立一個實行地方分權的聯邦國家。面對諸雄紛起而革命力量又十分弱小的局面，孫中山儘管有「今日中國似有分割與多數共和國之象」〔註96〕的擔憂，卻不得不對聯邦制表示認同，稱「武昌首義，十數行省先後獨立。所謂獨立，對於清廷爲分離，對於各省爲聯合」。〔註97〕

南京臨時政府具有較強的聯邦分權色彩，但是南京臨時政府成立後，其權力卻被各省都督架空，中央政府發佈的政令足不出戶，舉步維艱，中央無威無權，「無一兵一卒以供指揮，徒擁一虛名，於事無濟」。〔註98〕嚴酷的現實使孫中山迅速轉變了對聯邦制的認識，轉而主張中央集權制。1912 年 1 月上旬，他就任臨時大總統尚不足一月，便表示「聯邦制度於中國將來爲不可行」。〔註99〕同年 8 月 13 日，他在《國民黨宣言》中第一次公開主張「建單

〔註93〕《國外中國近代史研究》第 4 輯，中國社會科學出版社 1983 年版，第 17 頁。
〔註94〕《孫中山全集》第 1 卷，中華書局 1981 年版，第 173 頁。
〔註95〕《孫中山全集》第 1 卷，中華書局 1981 年版，第 227 頁。
〔註96〕《孫中山全集》第 1 卷，中華書局 1981 年版，第 559 頁。
〔註97〕《孫中山全集》第 2 卷，中華書局 1982 年版，第 2 頁。
〔註98〕胡漢民：《朱執信別紀》，載《建國月刊》第一卷，第 6 期。
〔註99〕《孫中山集外集》，上海人民出版社 1990 年版，第 340 頁。

一之國，行集權之制」〔註100〕。但隨著袁世凱繼任臨時大總統，他的態度又有所變化，主張實行聯邦制，以節制袁世凱。

　　二次革命後，孫中山在處理中央與地方的關係上實際上處於一種非常尷尬矛盾的境地，一方面他希望通過武力推翻北洋軍閥，統一中國；一方面他所借助的南方實力派大都主張「聯省自治」。因此，為了借助其力量實現統一國家的目標，他雖內心不贊同「聯省自治」，但也不便表示反對，甚至還公開表示贊成。陳炯明叛變後，孫中山對依靠軍閥取得革命成功已不再抱有任何幻想，隨即對「聯省自治」的危害進行了深刻的批判。他在 1922 年 8 月發表的《對外宣言》中指出，「我既反對那些熱衷於把省作為地方自治基本單位的人，也反對那些提倡將聯邦制的原則應用於各省的政府的人。我極力主張地方自治，但也極力認為，在當時條件下的中國，聯邦制將起離心力的作用，它最終只能導致我國分裂成為許多小的國家，讓無原則的猜忌和敵視來決定他們之間的相互關係。中國是一個統一的國家，這一點已牢牢地印在我國的歷史意識之中，正是這種意識才使我們能作為一個國家而被保存下來，……而聯邦制則必將削弱這種意識。」〔註101〕在這裡，孫中山對聯邦制的態度已非常明確，且與其所主張的地方自治一併闡述。這說明，他對中央與地方關係的處理原則已不再是一種為應合現實政治的權宜之計，而是立足於中國國情並著眼於長遠制度建設的深層思考，其思想正開始走向成熟，這種成熟的標誌就是均權構想的提出。

　　其實，早在中華民國成立前夕，孫中山就對中央與地方實行均權的構想有所思考。1911 年 12 月，他在接受上海法文報紙《中法新彙報》採訪時指出：「我個人贊同汲取美利堅合眾國和法蘭西共和國的各自長處，選擇一種間於二者的共和體制」。〔註102〕美國是典型的聯邦分權制國家，法國則是典型的中央集權制國家，孫中山希望即將建立的中華民國能夠汲取二者之長，這可以說是他關於均權構想的最初表露。1912 年 9 月，他在回答記者關於集權與分權得失時說：「實無所謂分集，例如中央有中央當然之權，軍權、外交、交通、幣制、關稅是也。地方有地方當然之權，自治範圍內是也。屬之中央之權，地方固不得取之；屬之地方之權，中央亦不得代之也。故有國家政治、

〔註100〕《孫中山全集》第 2 卷，中華書局 1982 年版，第 399 頁。
〔註101〕《孫中山全集》第 6 卷，中華書局 1985 年版，第 528～529 頁。
〔註102〕《孫中山集外集》，上海人民出版社 1990 年版，第 155 頁。

地方政治，實無所謂分權集權也。」〔註 103〕孫中山在這裡已經初步道出了均權制的基本內涵。

此後，他對均權制多有論述，輪廓逐步清晰，內容不斷完善。1922 年底，他在《中華民國建設之基礎》一文中，對中央與地方權力分配的原則進行了頗具學理上的闡述，指出：「夫所謂中央集權，或地方分權，甚或聯省自治，不過內重外輕，內輕外重之常談而已。權之分配，不當以中央或地方為對象，而當以權之性質為對象。權之宜屬於中央者，屬之中央可也；而當宜屬於地方者，屬之地方可也。例如軍事、外交，宜統一不宜紛歧，此權之宜屬於中央者也。教育、衛生，隨地方情況而異，此權之宜屬於地方者也。」即使「同一事實，猶當於某程度以上屬之中央，某程度以下屬之地方」。總之，「研究權力之分配，不當挾一中央或地方之成見，而惟以其本身性質為依歸。事之非舉國一致不可者，以其權屬於中央，事之應因地制宜者，以其權屬於地方，易地域的分類，而為科學的分類，斯為得之。」〔註 104〕

1924 年 1 月，他在《中國國民黨第一次全國代表大會宣言》中第一次明確提出了「均權」的概念，指出：「關於中央及地方之權限，採均權主義。凡事務有全國一致之性質者，劃歸中央；有因地制宜之性質者，劃歸地方。不偏於中央集權制或地方分權制。」〔註 105〕至此，孫中山關於中央與地方在權力分配上實行均權主義的思想基本形成。

「均權主義」是孫中山針對中央與地方關係、集權與分權關係所提出的，它以權力的縱向配置為關注的焦點。「均權主義」的核心是以事務的性質作為劃分中央與地方管理權限的基本標準和基本原則。它不是權力關係上的平均主義，不是把權力在中央與地方之間進行「平均」分配，而是依據事務的性質，對中央和地方各自的管轄權進行科學、合理的劃分。「均權主義」思想的提出，為中央與地方的權力劃分確定了基本原則，使地方不再單純為擁有更多權力而向中央政府漫天要價，更為避免中央政府侵蝕地方權力設定了應遵循的原則，有利於消弭彼此間的壁壘，使各自有其應有的權力，各自盡其應盡的職責，既不偏上，也不偏下，這就為跳出「專制—— 割據—— 專制」的怪圈奠定了基礎。

〔註 103〕《孫中山全集》第 2 卷，中華書局 1982 年版，第 482 頁。

〔註 104〕《孫中山集外集》，上海人民出版社 1990 年版，第 32～33 頁。

〔註 105〕《孫中山選集》（下），人民出版社 1956 年版，第 529～530 頁。

2、地方自治——為中央權力設立邊界

實行「地方自治」是中國近代憲政思潮的一個普遍認識。戊戌變法失敗後，維新派將「國政」與「自治」聯繫在一起，提出「國者何？積民而成也。國政者何？民自治其事也」。〔註106〕康梁等人指出，中國之大病在於「官代民治」，認爲「救治之道，聽地方自治而已」。〔註107〕「凡善良之政體，未有不從自治來也」，「以地方自治爲立國之本，可謂深通政術之大原，最切中國當今之急務」。〔註108〕可見，從地方自治在中華大地上出現的那一天起，它便帶有很強的反對中央集權和官治的色彩。

孫中山早年便對地方自治思想心嚮往之。1897 年 8 月，他在與宮崎寅藏和平周山的談話中說：「余以人民自治爲政治之極則」。〔註109〕但他開始比較系統地闡述地方自治思想還是在袁世凱復辟帝制特別是護國運動之後。1916年，孫中山在滬、杭、甬等地的一系列演說中，集中闡述了他的地方自治思想，指出：民國共和制度之所以被「傾覆掃蕩，而專制帝國幾乎復活，此非徒袁氏之罪也，多數人不知自愛其寶，故強有力者，得逞於一時」；〔註110〕要鞏固民國，「必築地盤於人民之身上」，「自人民造起」，「以地方自治爲建國基礎」，「以縣爲單位」，則「國本立，國防固，而民權制度亦大定矣」，將地方自治比作「國之礎石」。〔註111〕

將地方自治與直接民權相結合，用以縣爲單位的地方自治來確保人民權利不被中央權力侵害，是孫中山地方自治思想的一大特色。孫中山的地方自治思想主要分爲兩部分：縣治和省治。

縣是地方自治的基本單位，「以縣爲單位實行自治」既是孫中山實現「直接民權」的主要形式，也是孫中山藉以限制中央權力、防止中央權力濫用的主要途徑之一。孫中山認爲，以縣爲單位實行地方自治有如下好處：一是縣的區域較小，人口適宜，交通便利，人民對於縣內事務比較熟悉，比較容易行使直接民權，不必假手於他人。二是有實行的現實基礎。我國過去就有保

〔註106〕袁時客：《愛國論三：論民權》，載《清議報》第 22 冊，1899 年 7 月 28 日。
〔註107〕康有爲：《公民自治篇》，載《新民叢報》第 6 號第 20 頁。
〔註108〕梁啓超：《新民說九》，載《新民叢報》第 9 號第 6 頁；《公民自治篇》按語，載《新民叢報》第 5 號第 37 頁。
〔註109〕《孫中山集外集補編》，上海人民出版社 1994 年版，第 5 頁。
〔註110〕《孫中山全集》第 3 卷，中華書局 1984 年版，第 318 頁。
〔註111〕《孫中山全集》第 3 卷，中華書局 1984 年版，第 326～330 頁。

甲、公所等自治機關，完全可以因勢利導，藉以利用。而且，「縣爲吾國行政機關之最初級，」通過「勵行縣自治，以養成人民參政之習慣，然後頒佈憲法，懸之國門，庶共和無躓等之譏，民治有發揚之望。」〔註112〕

　　孫中山認爲，以縣爲單位實行自治，人民的民主意識才能夠得到很好的培養，民權主義的實現才能成爲可能，民主的根基才能更牢固，人民的權力才不能被一班官僚和軍閥所竊取，「以是之故，吾夙定革命方略，以爲建設之事，當始於一縣，縣與縣連，以成一國，如此，則建設之基礎，在於人民，非官僚所得而竊，非軍閥所得而奪。」〔註113〕而從中央與地方關係的角度，由於劃定了縣的自治權限和自治區域，也可以有效防止和制約中央權力的擴張和濫用，「凡關乎地方之事，賦與全權」，〔註114〕中央政府不得侵越，「自治之縣，其人民有直接選舉及罷免官吏之權，有直接創制及復決之權。土地之稅收，地價之增益，公地之生產，山林川澤之息，礦產水力之利，皆爲地方政府之所有，用以經營地方人民之事業，及應育幼、養老、濟貧、救災、衛生等各種公共之需要。各縣之天然富源及大規模之工商事業，本縣資力不能發展興辦者，國家當加以協助。其所獲純利，國家與地方均之。各縣對於國家之負擔，當以縣歲入百分之幾爲國家之收入，其限度不得少於百分之十，不得超過於百分之五十。」〔註115〕

　　可以說，分縣自治既是孫中山建立民主共和國家、實現憲政理想的載體，〔註116〕同時也是孫中山劃分中央與地方政府權力、實現人民自我治理

〔註112〕 《孫中山集外集》，上海人民出版社 1990 年版，第 38 頁。
〔註113〕 《孫中山集外集》，上海人民出版社 1990 年版，第 36 頁。
〔註114〕 《孫中山集外集》，上海人民出版社 1990 年版，第 37 頁。
〔註115〕 《孫中山全集》第 9 卷，中華書局 1986 年版，第 123～124 頁。
〔註116〕 在《中國同盟會革命方略》中所確定的「約法之治」時期，「軍政府以地方自治權，歸之於人民，地方議會議員及地方行政官皆由人民選舉。凡軍政府對於人民之權利義務，及人民對於軍政府之權利義務，悉規定於約法，軍政府與地方議會及人民各循守之，有違法者，負其責任。以天下平定後六年爲限，始解約法，布憲法」。在孫中山提出「訓政」思想後，縣自治又成爲「訓政」時期的重要內容，「以一縣爲自治單位，縣之下再分爲鄉村區域，而統於縣。每縣於敵兵驅除、戰事停止之日，立頒佈約法，以之規定人民之權利義務與革命政府之統治權。以三年爲限，三年期滿，則由人民選舉其縣官。或於三年之內，該縣自治局已能將其縣之積弊掃除如上所述者，及能得過半數人民能曉解三民主義而歸順民國者，能將人口清查、戶籍釐定、警察、衛生、教育、道路各事照約法所定之低限度而充分辦就者，亦可以立行自選其縣官，而成完全之自治團體。……俟全國平定之後六年，各縣之已達完全自治者，

的重要依託。爲了實行以縣爲單位的地方自治，孫中山還於 1920 年 3 月，制定了《地方自治實行法》。該法律規定：以縣爲單位，人民可以行使選舉權直接選舉立法機關和行政機關。在行政機關下根據具體情況設立專門的局，處理本縣內清戶口、核地價、修道路、墾荒地、設學校、辦合作社等具體事務，「凡成年之男女，悉有選舉權、創制權、復決權、罷官權」。〔註 117〕

關於省自治，孫中山闡述得不多，多散見於其關於聯邦制、聯省自治的一些論述之中，如各省可自立憲法、自選省長、自設議會等。雖然他後來拋棄了聯邦制和聯省自治的思想，但其中的一些觀點還是被他保留並在關於省自治的思想中予以繼承和發揚。1924 年 1 月發表的《中國國民黨第一次全國代表大會宣言》中規定：「各省人民得自定憲法，自舉省長；但省憲不得與國憲相牴觸。省長一方面爲本省自治之監督，一方面受中央指揮，以處理國家行政事務。」〔註 118〕關於省作爲一級政權在整個國家政制中的地位，孫中山只作了原則性的規劃。他說：「省之一級，上承中央之指揮，下爲各縣之監督，誠不可少，然必釐訂權限，若者爲地方賦予之權，若者爲中央賦予之權，然後上下無隔閡之嫌，行政免紊亂之弊也。」〔註 119〕

由此可以認爲，位於中央與縣之間的省治在孫中山的憲政設計中具有承上啓下的雙重地位：對於中央來說，省是地方，自然適用於地方自治的原則，可自定省憲，自選省長，自行處理本省自治之事務等；對於縣來說，省又是代表中央保證政令統一暢通的行政機構。這種既有自治權又受中央節制的雙重身份，與中央集權制下作爲中央政府的下屬機構以及與「聯省自治」或「聯邦制」下作爲有很大自治權的成員單位，在性質上顯然是不同的。正如孫中山所指出的：「此吾之主張，所以與中央集權者不同，亦有異於今之言聯省自治者也。」〔註 120〕

綜上，孫中山關於以權力制約權力的制度架構大體上是這樣的：中央政府實行五權分立，政府五權之上另設立一專門的權力機構——國民大會，統

皆得選舉代表一人，組織國民大會，以制定五權憲法」，從而進入「憲政」階段。

〔註 117〕《孫中山全集》第 5 卷，中華書局 1985 年版，第 221 頁。
〔註 118〕《孫中山選集》，人民出版社 1981 年版，第 596 頁。
〔註 119〕《孫中山集外集》，上海人民出版社 1990 年版，第 37〜38 頁。
〔註 120〕《孫中山集外集》，上海人民出版社 1990 年版，第 36 頁。

一司掌國家政權。五權由國民大會產生，對國民大會負責，受國民大會監督。在權力的制約上，一方面是政府五權基於職權分工而產生的相互節制，一方面是國民大會基於對國家政權的掌握而對五權實行的自上而下的監督。同時，在中央與地方之間則實行均權制，劃定省治和縣治的範圍，以防止中央權力對地方權力的侵犯。可以說，孫中山為了防止中央政府權力的濫用，確實是費了不少苦心，而且他的很多設想還有很強的借鑒意義，比如他提出的國民大會代表應該是專門家、不僅需經選舉而且還要經過考試的思想，顯然比當下僅重視代表的代表性、忽視其議事能力甚至將代表作為一種榮譽的做法，更能代表民意，更有利於權力機關履行其監督制約的職能；比如雖然他沒有明確提出過、但是卻在南京臨時政府和廣東革命政權時期實踐過的，就是政府官員與國民大會代表不能交叉任職的做法，顯然更有利於保證國民大會履行其職能特別是可以有效避免國民大會被政府官員架空的危險。

三、對孫中山權力分立思想的評析

（一）關於政權與治權的分立問題

孫中山的政權與治權分開理論即「權能分開」理論，一方面是為了解決西方代議政治下直接民主不足的問題，目的是為了保證人民有權；一方面是為了解決如何保證人民有權、政府有能的問題，目的是為了保證政府有能的情況下加強民權對政府權力的監督制約。他說：「現在講民權的國家，最怕的是得到了一個萬能政府，人民沒有方法去節制他；最好的是得一個萬能政府，完全歸人民使用，為人民謀幸福。」那麼，「要怎麼樣才能夠把政府成為萬能呢？變成了萬能政府，要怎麼樣才聽人民的話呢？」〔註121〕於是，孫中山想出了權能分開的辦法，即人民要擁有政權，包括選舉權、罷免權、創制權和復決權四權，政府享有治權，包括立法權、行政權、監察權、考試權和司法權五權。人民把國家大權完全交給一些有能力的人去管理，如果政府是好的，人民就把國家大權交給他們；如果政府是不好的，人民可以罷免他們，收回國家大權。

關於政權與治權的區分問題，張君勱當年在評價《五五憲草》時曾對此作過評價。他說：「所謂政權與治權是否劃分得開，乃是政治哲學上一大問

〔註121〕《孫中山選集》，人民出版社1981年版，第765頁。

題。譬如國大有創制權，即公民若干萬人的聯署，得要求立法院提出某項法案，是爲創制權；或公民若干萬人的聯署，要求政府將某項法案交人民公決，是爲復決權。此兩項權力，從立法權的性質言之，實在與代議政治上的立法權，雖有直接間接的不同，但其爲對於法案的贊否權則一。現在一定要名甲爲政權，名乙爲治權，或者在哲學上可以成爲問題，在實際政治上不應以此種微妙的區別，便認爲可實行而不生流弊的一種標準學說。我們大家知道，各國憲法中僅有國家主權屬於國民全體一語。此項主權或表現於代議政治的立法，或表現於選舉，或表現於創制復決，要不外乎同爲公民對於政府所行使的監督權而已。」由此，張君勱得出結論，關於「政權治權之分，可以作爲中山先生政治哲學的見解，萬不可與制憲問題混爲一談。」〔註 122〕張君勱在此認爲，政權與治權在學理上作一區分是可以的，但落實到制度層面還是不要區分的好，因爲不好區分。我認爲，將政權與治權作一區分還是非常有意義的，而且也可以且有必要通過一定的制度來體現。

　　其實，孫中山這裡所說的政權就是國家主權或人民主權的代名詞，它證明的是國家權力的合法性來源問題。體現在制度設計上（主要是憲法），在自治區域，人民可以直接選舉和罷免地方官員、創制和復決地方法律；在中央，人民可以通過國民大會，間接選舉和罷免國家領導人、創制和復決國家法律，也就是孫中山所說的選舉權、罷免權、創制權和復決權等。張君勱稱國民大會創制的法律和立法院所立法律在性質是一樣的，這是不對的。國民大會所定法律是代表人民創制的，它在位階和效力上顯然要高於立法院所立法律。在今天的中國大陸，一些重要的基礎性法律如憲法（包括修正案）、組織法、刑法、刑事訴訟法等，必須要由全國人民代表大會表決通過，全國人民代表大會常務委員會只能通過一般性的法律，因爲前者體現的是人民主權，後者體現的是專家治國。

　　將政權與治權區分開，並通過一定的制度設計予以體現，可以使官員時刻警醒權力來自人民的道理，防止他們爲所欲爲。這在專家治國、精英治國比較普遍的今天，對制約和限制公共權力來說尤爲重要。〔註 123〕我們知道，人是自私的，再道德高尚的當權者也有私心。執政者一旦轉入長期執政，必然會通過把控資源、姻親等途徑固化爲固定的利益集團。而精英和專家更是會通過制

〔註 122〕張君勱著：《憲政之道》，清華大學出版社 2006 年 8 月版，第 175 頁。
〔註 123〕孫中山所想往的萬能政府其實也是專家治國。

度精巧設計、提高進入門檻等方式，將對知識的壟斷轉化爲對權力的壟斷。此時，如果人民或人民代表通過定期集會的形式，對地方官員和中央官員以及他們所制定的法律進行審查，裁定其去留存廢，有利於保證政權的人民屬性，防止官員隊伍淪爲集體腐敗，也就是孫中山所說的「官治」弊端。

　　但孫中山在闡述其權能分開思想時的一個說法卻是值得商榷的。孫中山認爲，人的天賦各有不同，有的聰明，有的愚劣。據此他把人分爲三種，即先知先覺、後知後覺和不知不覺。他認爲，廣大普羅大眾擁有國家政權，但他們是不知不覺、無能的人，應該把國家大事託付給有本領有能力的人去做，這就叫「權能分立」。他還以中國歷史上阿斗與諸葛亮的故事來說明將「權」與「能」分開是可行的，稱「中國要分開權與能是很容易的事，因爲中國有阿斗和諸葛亮的先例可援」。〔註124〕在孫中山看來，民權時代實行民權當以民爲主，而「民」卻大多是不知不覺者，既是「皇帝」，也是「阿斗」，他們都很有權，卻沒有能力去親自管理公共事務，管理國家的事務必須交給那些有能力、有本領的「諸葛亮」、「總辦」和專門家去做。且不說其將民眾比喻成阿斗、將官員比喻成諸葛亮的說法是否有歧視貶低普通百姓的傾向，但就他以此來論證權能分開的必要性卻是有些不很嚴肅了，傻乎乎的「阿斗」們如何能夠控制的了那些既是專門家又掌握國家機器的「諸葛亮」呢？難道要始終依靠「諸葛亮」們的忠心嗎？這應該不是孫中山的本意。其實，孫中山將人民與官員的關係比喻爲股東和總辦的關係，還是比較貼切的，即人民群眾是國家的主人，各級政府官員是受人民群眾所雇從事公務的人，是人民的公僕。

（二）關於國民大會的設置問題

　　我們知道，三權分立反對一權獨大和絕對權威，主張各權力之間互相牽制。與三權分立的「權力制衡」原理不同，孫中山的國民大會制度奉行的是「以權制能」原理，即以「政權」制約「治權」。

　　國民大會的對政府五院的制約，即「政權」對「治權」的制約是通過對人的控制和對事的控制兩種途徑來實現的。對人的控制就是人事上的選舉權和罷免權。誰能代表人民的意志，誰能爲人民創造幸福，就選舉誰爲人民的公僕，而當政府官員不能兌現競選時的承諾或不能正確行使權力而失去作爲

〔註124〕《孫中山選集》，人民出版社 1981 年版，第 770～771 頁，第 774 頁。

人民公僕的資格時，國民大會有權依法罷免之，並選舉新的人員代替之。對事的控制就是法律上的創制權和復決權，「人民要做一種事業，要有公意可以創訂一種法律，或者是立法院立了一種法律，人民覺得不方便，也要有公意可以廢除」，這就是行使對法律的創制權。同樣「立法院若是立了好法律，在立法院中的大多數議員通不過，人民可以用公意贊成來通過，」〔註125〕或者「若是大家看到了從前的舊法律，以爲是不利於人民的，便要有一個權，自己去修改，」〔註126〕這是對法律的復決權。通過行使對法律的創制權和復決權，國民大會便可以對政府權力的不作爲或亂作爲進行及時的矯治。

　　「國民大會」的提出，徹底改變了孫中山五權分立的權力制約模式。在「國民大會」提出之前，五權均是相關領域的國家最高權力，五者之間相互節制，是一種分權制衡的關係。「國民大會」提出後，「國民大會」作爲國家的最高機關，居於國家權力的最高層，五權淪爲其派生性權力，雖然五權之間依然存在某種制約關係，但就總體而言，由於「國民大會」這一最高權力機構的存在，這裡只有國民大會對政府權力的監督與制約，而不存在政府權力對國民大會的反制約。也就是說，這種權力制約模式是單向的自上而下的。正是基於這一點，筆者認爲，孫中山的權力制約思想體現的是一種權力監督原理，在權力制約的分類上應劃歸分工監督模式。

　　但從另一個角度來說，在中央政制中設立一個專門的機構國民大會，由它司掌國家政權，對政府權力的行爲進行監控，同時又不允許政府機構對國民大會的反制約，確實有利於保證政府權力被置於人民的監督之下，在實現人民對於國家權力的有效控制和人民當家作主方面，確實要比西方的三權分立制度略勝一疇。但由於「權能區分」理論和國民大會制度提出後孫中山就不幸辭世，再加之長年的革命鬥爭，也未得到實踐的檢驗，難免會有這樣或那樣的不足。概言之，孫中山的國民大會和「權能區分」制度主要有以下幾點需要進一步完善和解決之。

　　第一，國民大會的絕對地位與孫中山所主張的萬能政府的衝突問題。根據孫中山的構想，政府五院由國民大會選舉產生，對國民大會負責，受國民大會監督，國民大會與政府五院之間是一種產生與被產生、決定與被決定的關係，只存在國民大會監督制約政府，不存在政府監督制約國民大會，國民

〔註125〕《孫中山選集》（下），人民出版社1956年版，第587頁。
〔註126〕《孫中山選集》（下），人民出版社1956年版，第759頁。

大會處於一種超然的絕對地位。如果國民大會頻繁地提出議案或彈劾案，必然會使政府疲於應付，有損政府的權威和正常的工作開展，從而影響萬能政府的建立，甚至還不如代議制下的政府更有能力。因為代議制下的政府還有對國會決定的否決權，從而使國會在牽制政府時有所顧忌，而國民大會由於所處的絕對地位，在制約政府權力時可以無所顧忌地進行。而如果要國民大會對司法院的審判權進行干預的話，則不僅是影響政府的權威和能力的問題，而是關係到法治社會根本的大問題了。反之，如果要建立一個萬能的政府，又勢必要求國民大會不要對政府進行過多的牽制，從而影響國民大會對政府的監督制約效力。孫中山經常強調，要人民相信政府和專門家，只要他們忠於職守，就不要干涉他們的工作。可是，如果將一個機構對另一個機構的制約依託於該機構的主觀判斷，這本身就是不嚴肅的事情，是人治而不是法治。正如張君勱在談及國民大會與立法院的關係時說，「今天國大要求立法院將某項法案交復決，明天又提出立法原則，要求立法院制定法案，此種作風，徒然引起人民心中立法能力不足的感覺」，並稱這種在立法院之上再加一個國民大會，是「疊床架屋」，是建了一個「太上國會」。〔註127〕這也正是筆者在緒論中所指出的分工監督模式下「誰來監督監督者」的問題。

隨之而來的，就是如何避免因國民大會的絕對權力而導致的權力腐敗問題。國民大會是作為一個國家機構存在的。既然是一個國家機構，它必然會有自己的部門利益和意志，因而就擺脫不了權力的自利性問題。讓一個國家機構擁有一種不受制約的絕對權力，這本身就會導致權力的腐敗和濫用。而且，權力最終是由人來執行的，讓國民大會擁有不受制約的絕對權力，實際上是讓一部分人擁有了不受制約的絕對權力。也許正是出於這一考慮，孫中山並沒有將國民大會作為一種常設機構來表述，但是這依然沒有從根本上解決因權力的絕對性而使國民大會出現權力濫用和權力腐敗的可能。當然，從孫中山的論述特別是後來國民大會制度的發展命運來看，這種顧慮彷彿是多餘的，讓人擔心的倒是國民大會的監督效力問題了。

第二，如何保證國民大會的權力行使問題。孫中山設置國民大會的初衷就是為了保證人民掌握國家政權，保證國家權力在人民的監督控制之下。但是，從孫中山的表述來看，國民大會何時召開、由誰召集、會期多長，特別是由於國民大會人數眾多，召集不易，不可能常年召開，在國民大會閉會期

〔註127〕張君勱著：《憲政之道》，清華大學出版社 2006 年版，第 177 頁。

間，其職能如何履行、是否設常設機構等問題，孫中山在生前都未予以明確回答。據史料記載，孫中山生前曾授權葉夏聲，依照其五權憲法思想起草一份草案，這就是現存於世的《五權憲法草案》。〔註128〕據起草者葉夏聲自序，該《草案》還曾得到過孫中山的「慰勉」。在這個《草案》中，國民大會就未設常設機構。該《草案》第七條規定，「國民大會於國民代表選出後，自行集會、開會」。第八條規定，「國民大會以考試、立法、行政、司法、監察各院成立之日散會。前項各院官員任期屆滿時，由各縣及其同等區域選出國民代表，復行集會選舉或爲連任之議決，但有第四條第二項及七十二條之事項時，得召集臨時國民大會」。第四條第二項的內容是「國土之設置或變更，須經國民大會之議決」，第七十二條的內容是「本法如有應行修改時，由國民代表十分三以上之人數連署提議於國民大會修正之」。也就是說，國民大會在選舉產生政府機構之後與下一次選舉產生新的政府機構之前這一段時間內，除了國土變更和憲法修改，基本處於散會的狀態，並無一事可爲。在此後南京國民政府組織起草的《中華民國憲法草案》（又稱《五五憲草》），也是遵循這一制憲思路的，即國民大會不置常設機構。可見，在孫中山那裡，國民大會是作爲一種集會的形式存在的，既沒有常設機構，也缺少保證其權力行使的其他制度性依託，因而其對平日政治的制約作用必然是有限的。正如張君勱所言，「國民大會主要職權，原限於選舉」，「可說與各國的議會，絕不相同，對於平日政治，決難發生任何影響」。〔註129〕

　　孫中山雖然賦予國民大會以中央政府官員人事選舉、罷免以及中央法律的創制和復決之權，但這些權力大多屬於虛置，有的甚至不合理。創制權不過是對政府立法權的補漏拾遺，絕不是對國家立法權的排他性絕對掌控；復決權只是國民大會在認爲政府所立法律不適宜時的一種托底性審議，具有把關的作用，並非經常使用，與議會政治中議會所具有的法律通過權不可同日而語。既無對立法權的絕對掌控，又無對政府所議法律和所定決議的通過權，而且五院還不向其彙報工作，如何保證國民大會對政府五院監督？又如何保證五院對國民大會負責？關於由國民大會行使選舉總統的權力，張君勱當年

〔註128〕葉夏聲起草的《五權憲法草案》原始文本收錄於沈雲龍主編的《中國近代史料叢刊續編》第八十一輯803號《中華民國憲法史料》（臺北文海出版社，1981年4月版）。本文此處所參考的是收錄於王培英編的《中國憲法文獻通編》中的版本（中國民主法制出版社，2007年5月版）。

〔註129〕張君勱著：《憲政之道》，清華大學出版社2006年版，第176頁。

就指出，這「不足以保持總統的尊嚴」，而且因爲人數太少，還容易導致賄選或受到強權的威脅，反而不利於對總統權力進行制約。〔註 130〕總之，孫中山關於國民大會的權力設計，大多是虛置的，其對政府五院的監督更主要的還是體現在它對政府權力的一種威懾作用，即讓政府官員隨時有所警覺：對於其作爲與不作爲，始終有人駕於其上對其監督。

第三，關於國民大會的職權範圍問題。一是選舉權問題。孫中山曾在 1916 年 7 月提及國民大會負責選舉大總統，但 1919 年在《心理建設》中又稱大總統和立法院的代議士由全國普選產生，其餘三院院長由總統經立法院同意後任命，稱「（人民）對於一國政治除選舉權之外，其餘之同等權則託付於國民大會之代表以行之」。之後又在 1924 年的《國民政府建國大綱》中說國民大會對中央政府官員有選舉權。到底總統由誰選舉產生，以及哪些中央政府官員由國民大會選舉產生，孫中山對此的說法前後矛盾，且籠統不清楚。二是立法權問題。根據孫中山的設想，國民大會擁有中央法律的創制權和復決權，而在中央政制中，立法院也擁有中央法律的創制權。可以肯定的是，制定和修改憲法由國民大會負責，但其他中央法律，哪些由國民大會負責制定，哪些又由立法院負責制定，這個孫中山沒有交待清楚。

第四，國民大會代表有無獨立決斷權問題。在孫中山那裡，國民大會的代表與政府官員一樣，是被作爲專門家來看待的。他說：「且爲人民之代表，與受人民之委託者，不但須經選舉，尤須經考試，一掃近日金錢選舉、勢力選舉之惡習，可期爲國家得適當之人才。」〔註 131〕根據孫中山關於「萬能政府」的論述，這些作爲專門家的人民代表應該有獨立決斷的自由。但孫中山又說，國民大會代表「只盡其能，不竊其權，予奪之自由，仍在於人民」，而且還批評代議制下議員一經人民選舉便不受人民節制的弊端，這分明又說代表的權力是有限的，沒有獨立決斷的自由。這樣就存在著一個悖論：要提高國民大會監督政府的能力，代表們就必須形成統一意志而放棄或部分放棄其所代表的個別意志和地方利益；而如果放棄或部分放棄，又意味著對選民的背叛和被罷免。這其實就是一直困擾著代表制理論的委託論與獨立論之爭問題，即一個代表或議員是要做他的選民要他做的事情呢，還是允許他有一定的獨立性，做他自己認爲最好的事情？是從選民的地方利益出發呢，還是從

〔註 130〕 張君勱著：《憲政之道》，清華大學出版社 2006 年版，第 176 頁。
〔註 131〕 《孫中山集外集》，上海人民出版社 1990 年版，第 35 頁。

整個社會的共同利益出發？西方的代議制顯然沿著獨立論的進路設計的，規定議員有一定的任期，以保證其議事的獨立性，避免受到選民的過多干涉。英國的伯克還對這種制度進行了有力的辯護，稱議會不是「一個來自不同地方的利益集團的使節的聚會……而是……一個國家的審議會，它只有一個利益，那就是整體利益」。〔註132〕孫中山的國民大會制度顯然更傾向於委託論，以保證國家權力始終掌握在人民的手裏。

此外，還有國民大會的法律地位及權力效力問題。國民大會由各縣人民選舉的代表組成，總統和立法院也是由全國人民投票選舉產生，二者都是由人民選舉產生，在法理上它們的法律地位是相同的。而根據孫中山的設想，國民大會的法律地位是高於總統和立法院的，總統和立法院要對國民大會負責，接受國民大會的監督，這勢必造成憲政理論以及實際操作的衝突和尷尬。正是基於此，張君勱指出，「國大代表（國民大會也是如此）的性質，應側重直接民權」，待「將來人民程度提高之日，總統選舉或四權行使，由四萬萬人直接辦理亦無不可。換詞言之，合四萬萬而成爲國民大會，此爲我人對於直接民權的理想。」〔註133〕

（三）關於五權分立的問題

關於五權之間的關係，根據孫中山晚年的表述，它應該是一種政府機構內部的職權分工關係，而不是三權分立下的權力制衡關係。眾所周知，三權分立的核心是「以權力約束權力」，防止個人或機構集權。爲了防止越權行爲，各權力機關均擁有「自衛權」，表現在權力範圍上，就是各權力在一定程度上是混合或聯合的，即各部門是「部分參與或支配彼此的行動的」。而孫中山所設計的五權之間雖然也存在一定的制約因素，但顯然沒有三權分立中的那種「部分參與或支配彼此的行動」的關係，沒有實行分權制衡的原則。具體表現在：第一，立法機關行使立法權，對其他機關的權力運行不予干涉，其他機關也無需對立法機關負責。既然監督權從立法機關分離出去，立法機關對其他機關的官員也無權監督；第二，行政機關只行使行政權，不具有立法否決權，意味著行政機關不能制約立法機關的權力運行；第三，司法機關獨立行使審判權，不受其他機關干涉，但只負責審判事務，不擁有司

〔註132〕〔英〕戴維·米勒、〔英〕韋農·波各丹諾主編：《布萊克維爾政治學百科全書》，鄧正來等譯，中國政法大學出版社2002年版，第697頁。
〔註133〕張君勱著：《憲政之道》，清華大學出版社2006年版，第177頁，第180頁。

法審查權，意味著司法機關對其他機關沒有制約權；第四，考試機關行使考試權，只確定官員資格，對其他機關的權力運行不予干涉；最後，監察機關雖然行使對其他機關的監督權，但對被監督者沒有裁判權，只能「向國民大會彈劾之」。因此嚴格地說，監察機關只是一個檢舉機關，並不能矯正其他機關的權力運行，因而其對其他機關的監督制約作用必然是有限的。對五權的真正監督制約已經被孫中山統一設計給國民大會了。

孫中山是主張政府萬能的，因此他反對政府權力的相互牽制。他經常將政府比作機器，稱五權就是機器做工的五個「門徑」，他說「政府替人民做事，要有五個權，就要有五種工作，要分成五個門徑去做工。……政府有了這樣的能力，有了這些做工的門徑，才可以發出無限的威力，才是萬能政府」，主張五權「各有各的統屬，各有各的作用，要分別清楚，不可紊亂」，〔註 134〕「好像一個蜂窩一樣，全窩內的覓食、採花、看門等任務，都要所有的蜜蜂，分別擔任，各司其事」。〔註 135〕總之，各司其職，各負其責，是這種權力關係的典型特徵。

當然，五權之間還是存在相互間的制約因素的。比如，立法院只能制法，無法行法，而包括行政院在內的其他機關只能行法，無權制法。再如，其他各院所任命的人員必須通過考試院組織的考試並被確認為合格。又如，司法機關可以通過行政訴訟對其他權力進行制約，而監察院對其他各院失職人員的彈劾本身就是一種制約。但是這種權力間的制約主要還是基於職責分工而導致的一種必然結果，各權力在其職責範圍之內是完整的，既不受其他權力的牽制，也不需要其他權力的支持就可實現。不像權力制衡模式下，各權力是不完整的，相互滲透的，一項權力欲完整行使必須賴於其他權力的支持。所以說，分權意味著對權力的制約，卻並不必然意味著各權力間的相互制衡，制約是分權的必然結果，但制衡卻是故意設計的產物。

但孫中山關於五權之間關係的表述，顯然還存在著一些矛盾之處。他在1916 年初次提出「國民大會」的設置時，提出五院均由國民大會選舉產生，對國民大會負責，受國民大會監督。這種表述大體屬於國民大會監督下的五權分工負責體制。但在 1917～1919 年間撰寫的《心理建設》中卻說：「由各縣人民投票選舉總統以組織行政院，選舉代議士以組織立法院，其餘三院之

〔註 134〕《孫中山全集》第 9 卷，中華書局 1986 年版，第 354 頁。
〔註 135〕《孫中山選集》（下），人民出版社 1956 年版，第 498 頁。

院長由總統得立法院之同意而委任之，但不對總統、立法院負責，而五院皆對國民大會負責。」〔註136〕在這裡，孫中山雖依然強調五院對國民大會負責，但行政院和立法院卻改由全體國民選舉產生，這無形中提升了二者的地位而相對削減了國民大會的權威，特別是其他三院院長均由總統得立法院同意後委任的設計，說明立法院對代表行政院的總統的決定具有否決權，這是一種典型的分權制衡機制。顯然，孫中山對權力制衡機制依然割捨不下。1922年，他在《中華民國建設之基礎》中稱：「五權分立、三權分立，為立憲政體之精義。蓋機關分立，相待而行，不致流於專制，一也；分立之中，仍相聯屬，不致孤立，無飭於統一，二也。凡立憲政體，莫不由之。吾於立法、司法、行政三權之外，更令監察、考試二權，亦得獨立。」〔註137〕在這裡，「相待而行」，便有權力牽制之意。或許是因為看到上述矛盾，所以在1924年頒佈的《國民政府建國大綱》中，孫中山又回到了起點上，主張五權均由國民大會選舉產生。但孫中山關於五權關係的這兩種彼此矛盾的表述卻在後來演化成兩種不同的制憲思路。孫中山於1906年和1924年的有關表述全部或部分地被葉氏版本的《五權憲法草案》和南京國民政府於1936年宣佈的《中華民國憲法草案》（五五憲草）所吸收，而他在《心理建設》中的有關表述則部分地被南京國民政府於1947年公佈的《中華民國憲法》所採納。〔註138〕

那麼，孫中山所提出的五權分立理論，能否起到對權力的制約作用呢？我們知道，政府中最主要的權力就是行政權，而且行政權也是最具有擴張性

〔註136〕《孫中山選集》（上），人民出版社1956年版，第151頁。

〔註137〕《孫中山集外集》，上海人民出版社1990年版，第35頁。

〔註138〕《五權憲法草案》第五條規定：「中華民國由國民大會組織之考試院、立法院、行政院、司法院、監察院，行使其統治權」，第一四條、第二五條、第三二條、第四三條、第五一條規定，五院由國民大會選出的人員組織之。《五五憲草》第三十二條規定，國民大會有權選舉和罷免總統、副總統，立法院院長、副院長，監察院院長、副院長，立法委員，監察委員，所不同的只是行政院院長、副院長由總統任免（第五十六條）。1947年的《中華民國憲法》規定，國民大會有權選舉和罷免總統和副總統（第二七條），行政院長由總統提名，經立法院同意任命之（第五五條），立法院委員由全體國民選出，立法院院長、副院長由立法委員互選之（第六四條、六六條），司法院院長、副院長由總統提名經監察院同意任命之（第七九條），考試院院長、副院長及考試委員由總統提名經監察院同意任命之（第八四條），監察院委員由全體國民選出，監察院院長、副院長由各監察委員互選之（第九二條、九三條）。

和侵犯性的權力，因而歷來被視爲監督制約的重點和難點。在孫中山的五權政制中，考試權職能比較單一，力量也比較弱小；司法權天然具有一種被動性，因而最容易受到傷害；由於彈劾權被剝離，立法院已不再是一個權力機構，而變成一個單純專司立法的技術部門，已不能與行政權相抗衡；五權中唯一能與行政權有些許抗衡的只有監察院，而監察院所具有的只是一種彈劾程序的起動權。所以，眞正能對行政權具有制約作用的就是國民大會了，這又有賴於國民大會職能的完善。所以，在孫中山的五權分立理論中，對政府權力的制約特別是對行政權的制約，依然是一個有待解決的理論難題，稍有不愼，便很容易導致行政權一權獨大。這一擔心已被後來國民黨政權的實踐所證實。

關於分權制衡與分工監督哪種權力制約方式更好的問題，這個問題確實很難作出回答。應該說，這兩種方式各有優缺點：分權制衡方式因爲實行權力間的相互牽制，由於這種牽制是即時的且是非常專業的，確實有利於防止權力的腐敗和濫用問題，但這種爲了制約而制約的制度設計，卻不利於提高權力的行使效率，運用不好會陷於無謂的內耗。而且這種制度用孫中山的話說，其體現的主要是一種「官治」，即主要依靠國家機關之間的制約，容易使國家權力脫離人民的控制而成爲一些利益集團彼此博弈的工具，也就是盧梭和馬克思所說的權力的異化問題。而分工監督模式則有利於提高權力的行使效率，並且由於設立了一個專門掌握國家政權的最高權力機構，有利於保證國家權力掌握在人民的手裏。孫中山的努力顯然是想兼採二者之長，一方面爲了避免分權制衡下的種種弊端，一方面又吸收分工監督下所具有的有利於實現人民當家作主的因素。筆者認爲，這一思想進路是可取的，但正如上文所言，如何提高最高權力機關的監督效力以及如何防止最高權力機關的權力濫用，則是需要認眞面對的問題。

第四章 以法制權——孫中山權力制約思想的法治路徑

　　孫中山非常重視權力的規範行使以及法律對權力的規制作用，聲言「民黨之所求者，國中無論何人及何種勢力，均應納服於法律之下，不應在法律之外稍有活動。」〔註1〕其實，前文在闡述孫中山的權力分立等思想時，對其法治思想或多或少已有所涉及，如五權憲法就是孫中山法治思想的集大成者；再如孫中山所主張的四項直接民權，其中的創制權和復決權的主要職能就創制和修改法律；而人民有權、權能分立、國民大會、五權分立和地方自治等理論最終都要固化爲法律規定才能發揮作用。但孫中山在這裡對法律的強調，已不僅僅止於此，而是道出了法治的精髓。何爲法治？法治就是守法的統治，即統治的實施鬚根據普遍的法規而不是根據專斷的命令，〔註2〕它「意味著正常的法律保障有絕對的至高無上或壓倒一切的地位」。〔註3〕可見，所謂法治主要是對當權者和公共權力而言的。如果說孫中山的權力分立等思想，主要是從國家制度的宏觀層面，通過對國家權力進行配置並確立各權力主體之間的關係以實現對權力規制的話，那麼其法治思想則是從權力運行規範的視角，通過對規則的強調實現對權力的限制。所以，有必要立專章對孫中山的法治思想即以法制權思想進行專門的探討。

〔註1〕　《孫中山集外集》，上海人民出版社 1990 年版，第 235 頁。
〔註2〕　參見〔美〕喬治·霍蘭·薩拜因著：《政治學說史》，托馬斯·蘭敦·索爾森修訂，盛葵陽、崔妙因譯，商務印書館 1986 年版，第 127 頁。
〔註3〕　轉引自〔英〕戴維·米勒、〔英〕韋農·波各丹諾主編：《布萊克維爾政治學百科全書》，鄧正來等譯，中國政法大學出版社 2002 年 12 月版，第 726 頁。

一、孫中山法治思想的形成和發展

孫中山法治思想的發展過程，貫穿了他革命的一生。1921 年，孫中山在廣東省第五次教育大會上發表演講闡述其五權憲法思想時說，他「做學生的時代，早已覺中國政府腐敗，想出一種治國方法，思有以替代之，其法維何？即五權憲法是也。」〔註4〕從現有資料來看，此說雖無從證實，但孫中山對法治政府的追求，正是從學生時代開始的。

（一）產生醞釀階段

1878 年，12 歲的孫中山隨母親前往檀香山投奔其兄孫眉，檀香山當地良好的社會秩序和法治環境給他留下了深刻的印象。他認爲檀香山能取得如此成就，「實由政府有法律，民眾得保障所致」。〔註5〕他「相信中國所急需的，就是美國式的法律」。〔註6〕這可以說是孫中山法治思想的最早表露。

1894 年，孫中山起草的《檀香山興中會章程》，是他法治實踐的初次嘗試。《章程》簡略規定了興中會的入會形式、人員組成、會議召集、財務管理、議事原則等內容。其中規定：興中會議事「當照捨少從多」原則，所訂各條，「須要恪守。倘有善法，亦可隨時當眾議訂加增，以臻完善。」〔註7〕《章程》的篇幅不長，卻充滿了強烈的民主色彩和法治思維，使興中會明顯與中國傳統社會的民間堂會組織區分開來。

1895 年，廣東舉事失敗後，孫中山流亡海外，開始研究世界各國的憲法。特別是 1896 年 10 月他在倫敦的蒙難和被營救經歷，使孫中山親身感受到了法治下的政府和人民的良善，從此「對立憲政府和文明國民意義的認識和感受愈加堅定」。〔註8〕在留歐期間，他詳細考察了西方國家的社會風俗和政治制度，集中精力研究了世界各派政治、經濟等學說，尤其「很注意研究各國的憲法」。〔註9〕正如他日後回憶所言，「自廣東舉事失敗後，兄弟出亡海外，

〔註 4〕 《孫中山全集》第 5 卷，中華書局 1985 年版，第 559 頁。
〔註 5〕 胡去非編：《總理事略》，中山文化教育館 1937 版。轉引自《中國百科全書》（法學卷），中國大百科全書出版社 1984 年版，第 570 頁。
〔註 6〕 〔美〕林百克著：《孫逸仙傳記》，徐植仁譯，上海三民公司 1926 年版，第 95～105 頁。
〔註 7〕 《孫中山全集》第 1 卷，中華書局 1981 年版，第 19～20 頁。
〔註 8〕 《孫中山全集》第 1 卷，中華書局 1981 年版，第 36 頁。
〔註 9〕 何虎生、陶軍謀著：《孫中山大傳》，中國工人出版社 2001 年版，第 144～145 頁。可與孫中山的回憶相對照，參見《孫中山選集》下卷，人民出版社 1956 年版，第 573 頁。

但革命雖遭一次失敗未成，而革命的事情仍是要向前做去。奔走暇餘，兄弟從事研究各國政治得失源流，爲日後革命成功建設張本。故兄弟亡命各國的時候，尤注重各國的憲法，研究所得，創立這個『五權憲法』」。〔註 10〕據他所言，其五權憲法思想正是由此發端。其實，準確而言，應該是其憲法思想由此發端。因爲此時，在孫中山那裡尚未有五權的想法，產生五權的想法應該是在十年以後的事情。但無論如何，這一時期是他法治思想醞釀發展的一個重要歷史階段卻是確定無疑的，這爲他日後法治思想尤其是五權憲法思想的發展奠定了堅實的思想基礎。

而且，這次經歷也使他革命的目標更加清晰和堅定。通過觀察和中西對比，孫中山認爲，在中國，官場「貪污行賄」盛行，司法制度「普遍腐敗」，不經審判就將人處決，「官僚階層視老百姓爲草芥」，政府可以「不由法律而可以割奪吾人之權利」，根本沒有「正義的法律」可言，因此必須對清朝的司法制度作「徹底改革」不可。〔註 11〕1916 年 7 月，孫中山在滬尚賢堂茶話會上的演說中回憶道：「二十年前，僕以此種意思（指剷除惡政治，引者注）稍稍陳諸知己，亦有慨然贊同者，但改革是一事，改革後政體是一事。當時同志，但知政治之當改革，尚未盡知政體改革之根本大計，則所謂改革者，仍屬異代之常軌。僕乃走海外，雖厄於語文隔閡，而熟察其事事物物，運以自動之靈悟，輒覺心運神悟。繼續其歷史掌故，與學者研究所得之著作，乃知平生主張，頗有合於西洋治國安民之大經。歸乃以獻諸同志，而改革之方針乃大定。」〔註 12〕這個「改革之方針」就是建立西方的立憲政體。推算起來，這裡所說的「二十年前」正是他倫敦被難期間。

至此，孫中山的民主法律觀大體形成，且進行了初步的實踐。從這一點可以說，孫中山的民主法律觀的形成時間要略早於其三民主義的形成時間。〔註 13〕這期間，雖然孫中山還未正式提及五權憲法，但無疑是他學習瞭解西

〔註 10〕《孫中山全集》第 1 卷，中華書局 1981 年版，第 494 頁。

〔註 11〕參見孫中山寫的《中國現在與未來》、《在舊金山的演說》、《支那問題眞解》（《孫中山全集》第 1 卷，中華書局 1981 年版）和《中國之司法改革》（《孫中山集外集》，上海人民出版社 1990 年版）。

〔註 12〕《孫中山全集》第 3 卷，中華書局 1982 年版，第 321 頁。

〔註 13〕一般認爲，孫中山三民主義的形成標誌是 1905 年同盟會的成立及其「驅除韃虜，恢復中華，創立民國，平均地權」十六字綱領的提出。雖然孫中山曾回憶說，「三民主義之主張所由完成」是他 1897 年倫敦蒙難獲救後在歐洲期間所見所聞思考的結果（《孫中山選集》，人民出版社 1981 年版，第 196 頁）。

方的憲法思想和憲法制度、從西方汲取精神營養的關鍵時期，也是他五權憲法思想產生醞釀的重要時期。

（二）提出充實階段

1905 年，經過長期的思索和革命鬥爭的磨練，孫中山進一步認識到法律在治理國家中的重要性，明確指出，要「使最宜之法治，適應於吾群，吾群之進步，適應於世界」。〔註14〕這一時期，其法治思想的最大充實和發展就是明確提出了「五權憲法」思想。

1906 年 11 月和 12 月，孫中山通過與俄國社會革命黨首領該魯學尼的晤談和《民報》創刊週年慶祝大會的演說，正式將其獨創的五權憲法理論公之於世，在西方三權分立的基礎上，又新增加「兩權」，將政府權力分成立法權、行政權、司法權、考試權和監察權，「我期望在我們的共和政治中復活這些優良制度，分立五權，創立至今所未有的政治學說，創建破天荒的政體，以使各機關能充分發揮它們的效能」，〔註15〕稱「將來中華民國的憲法是要創一種新主義，叫做『五權分立』。」〔註16〕這可能是有資料可證明的孫中山首次將五權憲法思想自道於外人。

1906 年之後，孫中山經過深入思考，愈加堅定了他對五權憲法的信念，並且不遺餘力地向外界進行宣傳。但宣傳工作顯然並不是很順利，應該是受到了不少人的質疑。1910 年 2、3 月間，他在與劉成禺的談話中，批駁了一些在日本、歐美留學的留學生對五權憲法思想的質疑，指出：「三權憲法，人皆知爲孟德斯鳩所倡，三權以後不得增爲五權。不知孟德斯鳩以前一權皆無，又不知何以得成立三權也。憲法者，爲中國民族歷史風俗習慣所必需之法。三權爲歐美所需要，故三權風行歐美；五權爲中國所需要，故獨有於中國。諸君先當知爲中國人，猶歐美人不能爲中國人，憲法亦猶是也。適於民情國

但是，並沒有文字記載可以印證。著名中國近代史專家林增平，悉心考證後認爲，孫中山的這段記述，有可信者，有不可信者（林增平：《資產階級與辛亥革命》，湖南出版社 1991 年版，第 306～307 頁）。美國史學家史扶鄰也對孫中山的上述說法提出異議，他說：「我懷疑，三民主義在這時並不像二十多年後他所回憶的那樣已明確地形成。」（史扶鄰著：《孫中山與中國革命的起源》，中國社會科學出版社 1981 年版，第 120～121 頁）

〔註14〕 《孫中山選集》（上），人民出版社 1956 年版，第 72 頁。
〔註15〕 《孫中山全集》第 1 卷，中華書局 1981 年版，第 320 頁。
〔註16〕 《孫中山全集》第 1 卷，中華書局 1981 年版，第 330 頁。

史，適於數千年之國與民，即一國千古不變之憲法。吾不過增益中國數千年來所能、歐美所不能者，爲吾國獨有之憲法，如諸君言歐美所無，中國即不能損益，中國立憲何不將歐美任一國之憲法抄來一通，曰孟德斯鳩所定，不能增損者也！……吾讀《通鑑》各史類，中國數千年來自然產生獨立之權，歐美所不知，即知而不能者，此中國民族進化歷史之特權也。祖宗養成之特權，子孫不能用，反醉心於歐美，吾甚恥之！」〔註17〕孫中山在此明確指出，一國之憲法必須要與一國之國情與歷史相適應，並一再申明了他求法乎西方的一貫原則，這就是「集合中外的精華，防止一切的流弊」，〔註18〕決不能照抄照搬，無視國情與歷史。他嚴厲批評了那種因循守舊、不思進取、「不研究中國歷史風俗民情，奉歐美爲至上」的錯誤傾向，並預言「他日引歐美以亂中國，其此輩賤中國書之人也」。他這種在向西方學習的過程中所堅持的原則立場，即使在今天也非常具有借鑒意義。

當然，孫中山這一時期的五權憲法思想還只是一種理念，既缺乏理論上的系統闡明，也缺乏制度架構上的具體設計和實踐上的可操作性。特別是從1907 年以後，孫中山因忙於頻繁的武裝起義，無暇來爲未來的共和國藍圖作詳盡的規劃設計，因而直到民國肇建前夕，五權憲法還只停留在孫中山等極少數人的理念層面。

（三）實踐發展階段

1912 年 1 月，南京臨時政府成立後，在臨時參議院制定《中華民國臨時約法》時，孫中山曾委託宋教仁按照五權分立原則起草了一部《中華民國臨時政府組織法草案》，其中第 28 條曾言及設立「典試院」、「察吏院」、「審計院」、「評政院」等。這是五權憲法思想第一次見諸法案，只可惜這一草案未被接受，《約法》仍按三權分立原則制定。

雖然制定五權憲法的理想沒有實現，但孫中山卻在臨時政府成立後的短短三個月的時間裏，利用臨時大總統身份，簽署頒佈了大量法律或法律性文件。他在就任臨時大總統時曾立下誓言：「傾覆滿洲專制政府，鞏固中華民國，圖謀民生幸福」，「盡掃專制之流毒，確定共和，以達革命之宗旨，完國民之志願」，〔註19〕表達了他所領導的南京臨時政府法制建設的方向和抱負。

〔註17〕《孫中山全集》第 1 卷，中華書局 1981 年版，第 444 頁。
〔註18〕《孫中山全集》第 9 卷，中華書局 1986 年版，第 353 頁。
〔註19〕《孫中山全集》第 2 卷，中華書局 1982 年版，第 1～2 頁。

　　遵照孫中山的指示，南京臨時政府主要進行了兩方面的立法活動：一是從政府組織架構上確立資產階級共和制度，主要的立法有《修正中華民國臨時政府組織大綱》、《中華民國臨時政府中央行政各部及權限》和《中華民國臨時約法》。二是以取消專制統治、保障人民權利爲宗旨，制定了一系列反映革命民主精神的單行法律或條例。他曾說：「吾人當更張法律，改訂民刑商法」。〔註20〕他在短短三個月的時間裏，領導南京臨時政府制定頒佈了大量具有近代民主色彩的保護人權法案和民事、刑事和商事法案，如《保護人民財產令》、《大總統令內務部禁止買賣人口文》、《大總統令外交部妥籌禁絕販賣豬仔及保護華僑辦法文》、《大總統令內務部飭各省勸禁纏足令》、《大總統令司法部通飭所屬禁止體罰文》、《大總統令內務司法兩部通飭所屬禁止刑訊文》、《開放疍戶惰民等許其一體享有公權私權文》等。

　　孫中山領導的南京臨時政府開展的法治建設是我國法治近代化過程中的第二次高潮。相對於開啓中國法治近代化進程的清朝末年修律的不徹底性，南京臨時政府的法治建設則完全按照西方近代以來所倡行的民主憲政精神和原則來進行的，是一場比較徹底的資產階級法律革命。但它同時又很好地繼承了清朝末年修律的許多優秀成果，在革新中有繼承。其法治建設的內容既有對國家體制層面的構建，也有對公民個人權利的細微關照。由於南京臨時政府存在時間較短，這些閃耀著近代文明和人性光輝的法律文件大部分未來得及獲得通過或生效，但孫中山領導的南京臨時政府在中國法治近代化過程中所佔據的重要歷史地位卻是永遠不能被抹殺的。

　　1914 年 7 月，爲反對袁世凱的獨裁統治，孫中山在日本成立了中華革命黨。《中華革命黨黨章》規定：在執行黨務的本部（革命成功後改爲行政院）之外，另設立協贊會，分爲立法、司法、監督、考試四院；該四院與本部，並立爲五。孫中山以「五權並立」作爲該黨的組織，就是要「使人人得以資其經驗，備爲五權憲法之張本」；「若成立政府時……成爲五權並立，是之爲五權憲法也」。〔註21〕這應該是孫中山的五權憲法思想第一次付諸實踐。

　　總之，這一時期主要是孫中山法治思想的廣泛實踐時期，也是其法治思想進一步豐富和完備的時期。

〔註20〕《孫中山全集》第 2 卷，中華書局 1982 年版，第 10 頁。
〔註21〕《孫中山全集》第 3 卷，中華書局 1984 年版，第 100 頁。

（四）完善宣揚階段

民主共和制度在民國初年屢屢受挫，使孫中山逐步認識到：「共和國之堅固與否，全視乎吾民，而不在乎政府官吏。……吾民能人人始終負責，則共和目的，無不可達。若吾民不知負責，無論政府官吏如何善良，眞正之共和必不能實現也。」〔註22〕1916年以後，孫中山開始致力於民治主義的研究和宣傳，其憲法思想的關注點也隨之發生轉移。1916年7、8月間，孫中山先後在滬、杭、甬等地作了一系列演講，詳細闡述了其直接民權和地方自治的思想。他將直接民權與縣自治聯繫起來，從而使五權憲法體系除了屬於政府機關的五權外，又加入了依託縣自治的人民直接行使的四項直接民權。在上海的兩次演講中，孫中山第一次提出了其憲法思想中的一個重要機構——國民大會，並闡述了其意義。通過這一系列演講，他逐漸形成了以「地方自治」為基礎、以「權能區分」為核心的「全民政治」思想，而作為「全民政治」論和「權能區分」論的制度載體，孫中山在中央政制中設置了一個新的權力機構，即國民大會。地方自治特別是國民大會機構的提出，使以往孫中山憲法思想中的三權分立模式發生重大調整，標誌著孫中山五權憲法原理的變化，也標誌著其具有獨創性的五權憲法思想在制度架構方面已漸顯輪廓。

1917年至1919年間，孫中山在《心理建設》中，較為完整地闡述了五權憲法架構的基本設計：「俟全國平定之後六年，各縣之已達完全自治者，皆得選舉代表一人，組織國民大會，以制定五權憲法。以五院制為中央政府：一曰行政院，二曰立法院，三曰司法院，四曰考試院，五曰監察院。憲行制定之後，由各縣人民投票選舉總統以組織行政院，選舉代議士以組織立法院，其餘三院之院長由總統得立法院之同意而委任之，但不對總統、立法院負責，而五院皆對國民大會負責。各院人員失職，由監察院向國民大會彈劾之；而監察院人員失職，則國民大會自行彈劾而罷黜之。國民大會職權，專司憲法之修改，及制裁公僕之失職。國民大會及五院職員，與夫全國大小官吏，其資格皆由考試院定之。此五權憲法也。」待到憲政時期，「人民對於本縣之政治，當有普通選舉之權、創制之權、復決之權、罷官之權，而對於一國政治除選舉權之外，其餘之同等權則付託於國民大會之代表以行之。」〔註23〕1920年11月9日，修正、公佈的《中國國民黨總章》第二條規定：「本黨以創立五

〔註22〕《孫中山全集》第3卷，中華書局1984年版，第349頁。
〔註23〕《孫中山選集》，人民出版社1981年版，第166～167頁。

權憲法爲目的」。〔註 24〕從此,「創立五權憲法」被確定爲中國國民黨的歷史使命。

1921 年元旦,孫中山在紀念南京臨時政府成立 9 週年時提出:「從今日起,不可不拿定方針,開一新紀元,……方針維何?即建設新政府是也。」〔註 25〕這「新政府」就是實行「五權憲法」的新政府。從此,孫中山開始大力宣揚「五權憲法」。同年 3 月 18 日,在廣東省議會上,他「將五權憲法大旨講過,甚望省議會諸君議決通過,要求在廣州的國會制定五權憲法,作個治國的根本法。」〔註 26〕同年 3 月 20 日,他在廣東教育會作《五權憲法》演說,大力宣傳五權憲法。同年 7 月,他又在廣州中國國民黨辦事處作了「五權憲法」的長篇演說。與此同時,孫中山開始著手寫作《建國方略》之《國家建設》,其中的《五權憲法》等各冊,「於思想之線索、研究之門徑亦大略規劃就緒,俟有餘暇,便可執筆直書,無待思索」。〔註 27〕可見,在 1922 年 6 月陳炯明叛變前,孫中山已經擬就了《五權憲法》的寫作大綱,一切準備均已「規劃就緒,俟有餘暇,便可執筆直書」。只可惜,天不假年,使這部關於孫中山五權憲法思想的宏篇大作無緣與世人相見。

1922 年,孫中山發表了《中華民國建設之基礎》一文,第一次表述了「權能區分」學說的基本原則:「政治主權在於人民,或直接以行使之,或間接以行使之,其在間接行使之時,爲人民之代表者或受人民之委託者,只盡其能,不竊其權。予奪之自由仍在人民。」〔註 28〕1924 年 1～8 月間,孫中山在三民主義的系列演說中,對於「權能區分」理論作了系統的闡述。

經過 1919 年寫成《心理建設》,至 1921 年作《五權憲法》演講、1922 年撰寫《中華民國建國之基礎》、1924 年發表《國民政府建國大綱》和《民權主義》演講,特別是「權能分立」理論的提出,將政府組織與人民權利這兩項憲政理論上的重大課題,統攝於五權憲法之下,使五權憲法成爲一部既有國體規定,又有政體規定的根本大法。孫中山稱「五權憲法是根據三民主義的

〔註 24〕 《孫中山全集》第 5 卷,中華書局 1985 年版,第 401 頁。

〔註 25〕 《孫中山全集》第 5 卷,中華書局 1985 年版,第 450 頁。

〔註 26〕 《孫中山全集》第 5 卷,中華書局 1985 年版,第 497 頁。

〔註 27〕 《孫中山選集》,人民出版社 1981 年版,第 789～790 頁。另:孫中山於 1922 年 7 月 8 日致函廖仲愷,告其寫作《國防計劃》一書的設想中,也有所披露(參見《國父全集》第三冊,臺北 1981 年 8 月再版本)。

〔註 28〕 胡漢民編:《總理全集》第 1 集,上海民智書局 1936 年版,第 1026 頁。

思想，用來組織國家的……總而言之，三民主義和五權憲法都是建國的方略」，聲稱要把五權憲法「做一個治國的根本大法」。〔註 29〕「權能區分」理論的提出使孫中山的五權憲法中各個權力結構之間的關係在理論上得到明確闡述。至此，孫中山的五權憲法思想始告完備。臺灣的許福明先生認為：《五權憲法》、《中華民國之基礎》、《建國大綱》、《民權主義》第五、六講，乃是孫中山先生思想和言論中，最為成熟的四個代表作。五權憲法的四項主要理論「權能區分」、「五權分立」、「均權制度」和「地方自治」至此方形成一套完整的思想體系。〔註 30〕

　　孫中山在進一步完善和宣揚其五權憲法思想的同時，還在其他法律方面進行了諸多的探索和實踐。1923 年 2 月至 1924 年 11 月，他在廣東建立革命政權期間，頒佈了許多體現法治精神和保護公民財產權的法令，如 1923 年 7 月頒行的《律師暫行章程》、1923 年 11 月 26 日頒行的《國有荒地承墾條例》、1923 年 12 月頒行的保護公民私權的《廣州市民產保證條例》、1924 年 10 月頒行的保護公民結社權利的《工會條例》，等等。他還在廣州軍政府大本營下專門設立一個法制委員會，以加強法律編纂工作。這些法律條令的頒佈和推行，標誌著孫中山以五權憲法為主體的依法治國思想基本形成。

二、孫中山法治思想的基本內容

　　除五權憲法外，孫中山關於法律和法治方面的論述比較分散，很多都是即興之言，不像五權憲法等思想論述那樣洋洋灑灑，且成系統。但這並不表示孫中山對此不重視，相反，孫中山非常重視其他方面的法律建設，重視法律對權力的制約作用，多次提出法治是文明國家的標誌，是國家治理的根本。而且，得益於在西方的多年薰染，他關於法治的論述頗合法治之精髓，且不乏精彩之處。

　　孫中山的法治思想內容相當廣泛，既有憲法層面的，也有刑法、民法、行政法等一般法律層面的，既有通過對國家政體和政權予以界定進行限權的，也有通過劃定權力的界限，即通過規定人民基本權利並保障其行使來制約權力的。

〔註 29〕　《孫中山選集》（下），人民出版社 1956 年版，第 498 頁，第 587 頁。
〔註 30〕　許福明：《國父五權憲法思想的演變與特質》，載《中山學術論叢》第 5 期。

（一）強調治國不可無法，視法律為治國之基礎

孫中山指出，法是一國之根本，治國不可無法，將法治視為一個國家政治文明的標誌。他說：「共和國之根本在法律」，「國之大事，一依法律解決」，〔註 31〕「共和政治，以法律為綱」，「民國若不行法治之實，則政治終無根本解決之望」。〔註 32〕進而指出，「立國於大地，不可無法也，立國於二十世紀文明競進之秋，尤不可以無法，所以障人權，亦所以遏邪辟。」〔註 33〕他認為，法律對於維持正常的社會秩序，保護社會安定十分重要，「蓋國家之治安惟繫於法律」。〔註 34〕所以，他主張實行「法治」，反對「人治」，認為只有實行法治，人治才不能死灰復燃，「共和國家，……國法不容妄干，而人治斷無由再復也。」他利用各種場合，痛斥滿清政府專制擅斷的人治統治，聲言要把「結束數千年專制人治之陳迹，而開億萬年民主法治之宏基」，〔註 35〕作為他終身奮鬥的目標。

在法與權力的關係上，孫中山認為，權力是法律賦予的，權由法出。他在談到為什麼要反對由北洋軍閥所控制的北京政府時說：「曾不思今日北京政府權力初非法律所賦予，人民所承認，乃由大軍閥攘奪而得之。」〔註 36〕既然北京政府權力並非由法律所賦予，沒有經過人民承認，而是由軍閥靠武力掠奪而來，那它就不是合法政府，就不能得到人民承認，必須堅決反對和推翻之。而且，當一個政府違反憲法和法律時，它同時也就不再具有合法性，既然政府已經違法，說明政府已經背叛了人民，人民只能以武力推翻之。所以，當宋教仁被袁世凱殺害，有人主張以法律方式解決時，孫中山斷然指出：「事已至此，只有起兵，因為袁世凱是總統，總統指使暗殺，則斷非法律所能解決，所能解決者，只有武力」。〔註 37〕他由此進一步指出：「非法武人不加誅鋤，真正法制民國無由實現」，〔註 38〕「憲法之成立，唯在列強及軍閥之勢力顛覆之後耳。」〔註 39〕孫中山在這裡告誡一切政府，必須守法，依法

〔註 31〕《孫中山全集》第 4 卷，中華書局 1985 年版，第 448 頁。
〔註 32〕《孫中山全集》第 4 卷，中華書局 1985 年版，第 520 頁。
〔註 33〕《孫中山全集》第 8 卷，中華書局 1986 年版，第 355 頁。
〔註 34〕《孫中山集外集》，上海人民出版社 1990 年版，第 234 頁。
〔註 35〕《孫中山集外集》，上海人民出版社 1990 年版，第 221 頁。
〔註 36〕《孫中山全集》第 9 卷，中華書局 1986 年版，第 116 頁。
〔註 37〕《孫中山選集》（下），人民出版社 1956 年版，第 477 頁。
〔註 38〕《孫中山全集》第 5 卷，中華書局 1985 年版，第 323 頁。
〔註 39〕《孫中山選集》，人民出版社 1981 年版，第 588 頁。

治國，一旦違反了法律，人民就有權推翻它們。當然，孫中山此處所言，針對的只是政府主動破壞法律，法律已形同虛設，社會已無規則可言的極端情況，在法治不被破壞的情況下，還是應該通過法律的途徑解決問題。正是從這個意義上，我們說，法律是和平時期的戰爭，戰爭是法律之外的較量。

由於認識到法律在即將成立的中華民國中所擔負的重要作用，所以，孫中山非常重視法律的制定。他強調指出：「中華民國建設伊始，宜首重法律」，〔註40〕「今日最重要之事，以改良法律爲第一也」，〔註41〕「所有一切法律命令，在在須行編訂」。〔註42〕他在執掌南京臨時政府臨時大總統之位短短三個月的時間裏，先後主持制定和簽署頒行了大量的法規政令，充分說明了他對法律制定工作的重視和緊迫感。

爲了切實保證法律在國家治理中的基礎地位和作用，他特別注意維護法律的權威性，要求法律必須由國家最高立法機關制定方能有效，「民國一切法律，皆當由參議院議決宣佈，乃爲有效」。〔註43〕由其簽署的《臨時約法》第十九條規定，「議決一切法律案」乃參議院之職權。在其創立的五權憲法中，法律的創制權、復決權則被賦予了代表全體國民意志的國家最高權力機關——國民大會來行使，以體現其權威性。法治之法必須由選舉產生的代議機構來制定，合乎普遍的社會正義，正是西方法治國家普遍遵循的一條基本法治原則。

孫中山對《民國暫行報律》事件的處理，集中反映了他關於法律必須由國家立法機關制定的思想。1912 年 3 月 2 日，南京臨時政府內務部爲加強報業管理，曾出臺一部《民國暫行報律》，因該報律係一政府部門簽發屬越權行爲，再加之罪與非罪界限模糊，遭致報界普遍反對。孫中山得悉後，立即下令撤銷了《民國暫行報律》，並在撤銷令中明確指出：「民國一切法律，皆當由參議院議決宣佈，乃爲有效。該部所布暫行報律，既未經參議院議決，自無法律之效力……民國此後應否設計報律，及如何訂立之處，當俟國會會議決議，勿遽矻矻可也。」〔註 44〕意即法律不是任何機關可以隨意制定的，只有經由法定的國家最高立法機關制定的法律，才是有效的，除此之外，其他

〔註40〕《孫中山全集》第 2 卷，中華書局 1982 年版，第 14 頁。
〔註41〕《孫中山集外集》，上海人民出版社 1990 年版，第 48 頁。
〔註42〕《孫中山全集》第 2 卷，中華書局 1982 年版，第 17 頁。
〔註43〕《孫中山全集》第 2 卷，中華書局 1982 年版，第 199 頁。
〔註44〕《孫中山全集》第 2 卷，中華書局 1982 年版，第 199 頁。

任何機關制定的文件，都不具有法律的效力。

除了在立法方面強調維護法律的權威性外，孫中山還強調要確保法律執行的嚴肅性。孫中山認爲「徒法不足自行」，有法不依，等於無法。因此，在執行法律時，必須保證法律的嚴肅性和莊重性，「不可有所出入」，任意妄加解釋和刪改，指出「法律二字與他種事物迥乎不同；法律之性質如幾何學，如物理學，當然是板定的，絕無通融挪移之餘地。國人對於法律往往混道德、人情爲一例，此根本之錯誤。」〔註45〕中山先生不愧在歐美等國浸淫多年，對嚴格執法的認識一語中的，一針見血，強調法律一經生效，就是「板定的」，必須予以嚴格執行，「絕無通融挪移之餘地」；法律與道德、人情有著根本的區別，決不能將法律與道德、人情混爲一團。進而強調指出，要「奉大法以治國」，「國之大事，一依法律解決」〔註46〕，重申必須要依法治國。

孫中山曾遍訪歐美各國，對歐美各國良好的法治秩序倍加讚賞，稱「法治國之善者，可以絕寇賊，息訟爭，西洋史載，斑斑可考」。在分析其中原因時說：「無他，人民知法之尊嚴莊重，而能終身以之耳。」〔註47〕意思是說，一個良善法治國的建設，其中一個很重要因素就是人民要尊重法律，信仰法律。在這裡，孫中山提出了在守法方面的一個非常重要的理念，就是要把法律當作信仰來遵守。古希臘著名政治學家亞里士多德早就指出：「即使最完善的法制，而且爲全體公民所贊同，要是公民們的情操尚未經習俗的教化和陶冶而符合政體的基本精神（宗旨）──這終究是不行的」。〔註48〕法治不僅是一種制度安排，更是一種新型的文化──法律文化，法治的落實也不僅僅在於用法律來代替人治，更是要把對法律的尊重和信仰融進人們的血液中，變成人們的生活方式，成爲人們的信仰。孫中山顯然也認識到了這一點，因此，他極力強調法律一經頒佈，無論政府官員還是庶民，當「人人共守」〔註49〕。他說：民國「既爲人人共有之國家，則國家之權利，人人當共享，而國家之義務，人人亦當共擔。界無分乎軍、學、農、工、商，族無分乎漢、滿、蒙、

〔註45〕 《孫中山集外集》，上海人民出版社1990年版，第234頁。
〔註46〕 《孫中山全集》第4卷，中華書局1985年版，第448頁。
〔註47〕 《孫中山全集》第8卷，中華書局1986年版，第355頁。
〔註48〕 〔古希臘〕亞里士多德著：《政治學》，吳壽彭譯，商務印書館1965年版，第275頁。
〔註49〕 《孫中山全集》第1卷，中華書局1981年版，第297頁。

回、藏，皆得享共和之權利，亦當盡共和之義務」，〔註50〕「共和國家，首當守法」，此乃全體國民對共和國家應盡之義務。〔註51〕

　　他特別強調政黨和國家官員必須服從和遵守法律。他說：「民黨之所求者，國中無論何人及何種勢力，均應納服於法律之下，不應在法律之外稍有活動」。〔註52〕即使總統也應該在法律範圍內活動，「總統不過國民公僕，當守憲法，從輿論」。〔註53〕至於「國會議員，不過國民之公僕，並非有何神聖，苟其瀆職，即須受法律之制裁」。〔註54〕他還主張實行官吏宣誓就職新例：「凡百官吏於就職，必發誓奉公守法，不取賄賂；以後有違誓者，必盡法懲治之」。〔註55〕總之，上至總統百官，下至平民百姓，無論何人，都得依法行事，不得有超越憲法和法律的特權。不管任何人，包括官員在內，一旦違法，當追究其法律責任，「無所容其遷避」。〔註56〕為了保證法律的正確執行，孫中山還非常重視對執法行為的監督。他認為，要保證執法機關和執法人員秉公執法，必須要有完善的監督制度，加強對執法機關和執法人員的監督。因此，他除了讓國民大會代表國民行使監督政府的職權外，特專門設立了監察機關，專司對官吏的失職違法行為進行彈劾。

　　對於中國這樣一個缺少法治傳統的國家，作為革命家的孫中山深深認識到培育國人規則意識的重要。他說：「中國人受集會之厲禁，數百年於茲，合群之天性殆失，是以集會之原則、集會之條理、集會之習慣、集會之經驗，皆闕然無有。以一盤散沙之民眾，忽而登彼於民國主人之位，宜乎其手足無措，不知所從。所謂集會則烏合而已」，〔註57〕稱國人開會「不過聚眾於一堂，每乏組織，職責缺如，遇事隨便發言，彼此交談接語，全無秩序」。〔註58〕為此，他按照兵家操典的方法專門編譯了一本小冊子──《民權初步》，又稱《會議通則》。全書共五卷20章158節，書中詳細介紹了開會、集會的程序和規則，從「臨時集會之組織法」、「永久社會之成立法」、「議事之秩序並數額」，

〔註50〕《孫中山全集》第2卷，中華書局1982年版，第451頁。
〔註51〕《孫中山全集》第4卷，中華書局1985年版，第285頁。
〔註52〕《孫中山集外集》，上海人民出版社1990年版，第235頁。
〔註53〕《孫中山全集》第2卷，中華書局1982年版，第110頁。
〔註54〕《孫中山集外集》，上海人民出版社1990年版，第645頁。
〔註55〕《孫中山全集》第5卷，中華書局1985年版，第429頁。
〔註56〕《孫中山全集》第2卷，中華書局1982年版，第74頁。
〔註57〕《孫中山選集》，人民出版社1981年版，第384頁。
〔註58〕《孫中山選集》，人民出版社1981年版，第386頁。

到「動議」的提出、討論、表決、擱置、延期、付委的方法和原則乃至「修正」議案的方法等規則，最後還煞費苦心地附了一個「章程規則」的樣本，以供參考，希望以此向國民傳授「集會之原則、集會之條理、集會之習慣、集會之經驗」，養成參政議政、自我管理的參政能力，相互尊重、團結協作的群體意識，尊重規則、理性自律的良好習慣，和追求真理、獨立思考的自主精神。

孫中山對此書非常看重。他在該書成書之時，就將之作為其重要理論著作《建國方略》一書的三大組成部分之一，作為社會建設的主要內容與《孫文學說》、《實業計劃》並列。指出：「凡欲固結吾國之人心，糾合吾國之民力者，不可不熟習此書，而遍傳之於國人，使成為一普通之常識。家族也、社會也、學校也、農團也、工黨也、商會也、公司也、國會也、省會也、縣會也、國務會議也、軍事會議也，皆當以此為法則」，並將此書比作「兵家之操典、化學之公式」，稱此書「為教吾國人行民權第一步之方法也」。〔註 59〕這一點也在章炳麟為該書所寫的序言中得到進一步證明。章序曰：「民國既立，初建國會，龐奇無統，至於攘臂，以為吏民鄙笑。橫恣者欲解散國會，返於獨裁。故大總統孫公有憂之，以為今之紛呶，非言之罪，未習於言之罪也。今中國議會初萌，發言盈庭，未有矩則，其紛擾固宜。於是採摭成說，斷以新意，為《會議通則》，以訓國人。」〔註 60〕所以，當鄧家彥在上海謁見孫中山時，孫中山便向鄧家彥出示此書說道：「集會自由者，民主至尊貴者也。雖然，吾民圖識會議之道，茲書蓋其模範耳。」〔註 61〕將該書視為國人集會發言、實現民權的「矩則」，作為《建國方略》之社會建設的基本措施。

（二）立憲法為國家根本大法，為權力運行確立最高原則

在制約權力方面，憲法無疑發揮著舉足輕重的作用。憲法是現代社會政治生活的聖經，它規定著國家中帶有根本性的社會關係以及政權組織的基本架構，明確界定了政治社會中的個人與個人、公民與政府的關係，劃分了私人領域與公共領域的界限，是現代社會限制公共權力（主要是國家權力）、保護公民權利與自由的最集中的體現。潘恩曾說：「一國的憲法不是其政府的決議，而是建立其政府的人民的決議。這是法規的主要部分，可以參照或逐條

〔註 59〕《孫中山選集》，人民出版社 1981 年版，第 385 頁。
〔註 60〕吳相湘著：《孫逸仙先生傳》（下），遠東圖書公司 1982 年發行，第 1336 頁。
〔註 61〕吳相湘著：《孫逸仙先生傳》（下），遠東圖書公司 1982 年發行，第 1336 頁。

引用；它包括政府據以建立的原則、政府組織的方式、政府具有的權力、選舉的方式、議會 —— 或隨便叫別的什麼名稱的這類團體 —— 的任期、政府行政部門所具有的權力，總之，凡與文官政府全部組織有關的一切以及它據以行使職權和所約束的種種原則都包括在內」。〔註62〕因此，所謂以法制權從根本上講就是以憲制權，立憲政治即爲依法限權政治。孫中山顯然也認識到了這一點。

孫中山明確提出了憲法的概念，指出憲法是國家的根本大法，是「實行民治的根本辦法」，〔註63〕「一國之政事，依於憲法以行之」。〔註64〕1918年，他在《宴請國會及省議會議員時的演說》中指出，憲法是「立國的基礎」，「國家憲法良，則國強；憲法不良，則國弱」。〔註65〕同年3月，他在上海宴請美國領事時指出，「憲法爲國家根本大法，與國之存亡相始終。蓋憲法成立，國之根本，庶難動搖。」〔註66〕他在1924年4月公佈的《建國大綱》中開宗明義，「國民政府本革命之三民主義、五權憲法，以建設中華民國」，〔註67〕將五權憲法與三民主義共同作爲中華民國的治國方略，並指出，「實行了五權憲法以後，國家用人行政都要照憲法去做，……不能隨便亂用。」〔註68〕

孫中山認爲，憲法是國家的根本大法主要體現在以下幾個方面：

第一，憲法解決的是國體的大問題，它是人民權利的保障書，是人民主權實現的根本保證。「憲法者，國家之構成法，亦即人民權利之保障書也」。〔註69〕由其主持制定的《臨時約法》明確宣佈：「中華民國由中華人民組織之」，「中華民國之主權，屬於國民全體」。他在其創立的五權憲法中，更是強調要賦予人民以選舉權、罷免權、創制權、復決權四大直接民權，以實現人民對政府的管理，成爲國家的眞正主人。

第二，憲法解決的是國家的政體即國家政權機構的組成問題。「所謂憲法者，就是將政權分作幾部分，各司其事而獨立」。〔註70〕

〔註62〕〔美〕潘恩著：《潘恩選集》，馬清槐等譯，商務印書館1981年版，第146頁。
〔註63〕《孫中山選集》（下），人民出版社1956年版，第579頁。
〔註64〕《孫中山全集》第2卷，中華書局1982年版，第298頁。
〔註65〕《孫中山全集》第4卷，中華書局1985年版，第331頁。
〔註66〕《孫中山全集》第4卷，中華書局1985年版，第400頁。
〔註67〕《孫中山選集》（下），人民出版社1956年版，第569頁。
〔註68〕《孫中山選集》（下），人民出版社1956年版，第583頁。
〔註69〕《孫中山全集》第5卷，中華書局1985年版，第319頁。
〔註70〕《孫中山選集》，人民出版社1981年版，第485頁。

　　第三，憲法解決的是公民與國家之間的關係問題，是法律的法律。「憲法就是一部大機器，就是調和自由與統治的機器。」〔註71〕

　　第四，憲法是其他法律的立法依據。其他法律的制定必須要以憲法為依據，「當與根本大法性質不相牴觸」。〔註72〕

　　第五，憲法的修訂程序是特殊程序，與其他法律不同。由孫中山主持制定的《中華民國臨時約法》明確規定：「本約法由參議院議員三分之二以上或臨時大總統之提議，經參議員五分四以上之出席，出席員四分之三可決，得增修之」。

　　在孫中山的一生中，有兩部憲法與他有密切關係，一部是《五權憲法》，一部是《中華民國臨時約法》。《五權憲法》是孫中山一手創制的一部憲法，集中了他所有思想的精華，因而也是他最得意的一部憲法，但由於各種原因，這部憲法在孫中山生前始終沒有付諸法案。五權憲法的主要精神在前文已有闡述，在此不再贅述。《臨時約法》是孫中山在中華民國成立後領導制定的一部憲法，雖然孫中山曾表示對這部憲法有些不中意，但這部憲法還是基本反映了孫中山的思想主旨，特別是其早期的政治理想。因此，有必要在此對《臨時約法》的內容作一簡要闡述。

　　首先，《臨時約法》在中國歷史上首次以憲法的形式，明確規定國家權力屬於人民。《臨時約法》明確規定：「中華民國由中華人民組織之」，「中華民國之主權屬於國民全體」。這就在國體上明確了中華民國的國家性質是人民主權的國家，正告那些權力行使者，你們手中的權力是人民賦予的，人民才是國家的真正主人。這是中國歷史上第一次以國家根本大法的形式將「主權在民」的原則確定下來，也是孫中山對這部憲法最予以肯定的地方。根據「主權在民」的原則，《臨時約法》不僅明確規定了人民以主人翁的身份參與政治，享有管理國家事務的一切權利，如「人民有請願於議會之權」、「人民有陳述於行政官署之權」、「人民有訴訟於法院，受其審判之權」、「人民對於官吏違法損害權利之行為，有陳訴於平政院之權」、「人民有應任官考試之權」、「人民有選舉及被選舉之權」等，而且還規定了人民的財產、營業、言論、出版、著作、集會、結社、居住、遷徙、信教等基本自由和權利，並且規定：「人民之身體，非依法律，不得逮捕、拘禁、審問、處罰」；「人民之

〔註71〕《孫中山選集》，人民出版社1981年版，第493頁。
〔註72〕《孫中山全集》第4卷，中華書局1985年版，第443頁。

家宅，非依法律，不得侵入或搜索」，爲公共權力的行使確定了不可逾越的底線。特別需要指出的是，在此後起草或頒佈的諸多憲法，不管是北洋政府時期的《天壇憲草》、《中華民國約法》、《中華民國憲法》，還是南京國民政府時期的《中華民國訓政時期約法》、《五五憲草》，都在人民基本權利的規定上加上了「依法律」或「於法律範圍內」的限制性定語，將人民的天賦權利變成了政府對人民的恩賜，從而爲公共權力侵奪人民的權利提供了藉口。兩相對比，更突顯了《臨時約法》所規定的公民權利的徹底性和不可動搖性，彰顯了孫中山在捍衛人民主權和公民權利、防止權力濫用上的堅定立場。

　　其次，《臨時約法》以憲法的形式，確立了國家權力要分立的原則。《臨時約法》是一部典型的實行資本主義三權分立模式的憲法，國家權力被分爲立法權、行政權和司法權，分別由參議院、大總統和法院行使，各權力之間實行權力制衡原則。如《臨時約法》規定：參議院認爲大總統有謀叛行爲時或認爲國務員有失職或違法時，有彈劾之權；大總統任命國務員和外交大使，須經參議院同意；參議院所議法律須經大總統公佈；大總統受參議院彈劾後由最高法院審判之，等等。分權原則也是孫中山設想的《五權憲法》的一個重要指導思想：一是將國家總的權力分成政權與治權，實行以權制能原則。二是將政府權力即治權分爲立法權、行政權、司法權、考試權和監察權，分別由立法院、行政院、司法院、考試院和監察院行使，實行五權分立原則。三是在中央與地方之間的權力劃分上實行均權原則和地方自治。可見，不管是在具有三權分立色彩的《臨時約法》裏，還是在倡行五權分立精神的《五權憲法》構想中，孫中山均力倡分權原則，強調對權力進行限制。

（三）釐定官制官規，將政府行爲納入法治軌道

　　釐定官制官規可以說是體現了孫中山對建設「法治政府」的設想。「法治政府」應當是廣義上的，包括立法機關、行政機關、司法機關等一切國家機關都必須在憲法和法律的範圍內活動，依法立法、依法行政、依法司法，約束一切公共權力。然而，在國家權力中，立法權除以立法侵權外，不會主動侵害公民的權利自由，司法權因其始終具有的被動特性以及遵循不告不理的程序原則，也不會主動侵害公民的權利自由。惟有行政權，不僅具有主動性，而且在時空範圍內始終與人的權利活動打交道，行政權在國家權力系統中體系最爲龐大，涉及國家社會的幾乎所有經濟活動以及城鄉建設、衛生、醫療、教育、文化、體育、新聞、出版、工商、稅務、民政、治安、刑罰執行等各

個領域，可以說從人出生到進入墳墓，處處皆與行政權有聯繫。所以，在社會生活中，行政權最容易、也最直接侵害到公民的權利自由。因而，依法制約行政權也是所有思想家最關注、思考最多的問題。當然，孫中山也概莫能外。

建設法治國家，實現以法制權，必須建設依法行政意義上的法治政府，將行政權納入法治的軌道，置於法律監督之下，防止行政權的濫用，尤其是行政權對公民權利的剝奪或限制必須嚴格控制在法律的範圍之內。法治的一個重要原則是，對行使行政權的國家機關或工作人員而言，凡是法律上沒有明確授權的，皆是禁止的，即「法無授權即禁止」；對公民而言，則是法律上未禁止的，皆是合法的，即「法不禁止即自由」。之所以作如此界定，就是因為行政權的行使一旦違反這一原則，就會造成如下惡果：會使公民乃至整個社會無所適從，無法預測自身行為的法律後果，因為行政權可能會隨時超越法律規定，不受限制地剝奪公民權利，出現權力濫用情況。所以，上述原則也是孫中山思考的重要問題。

首先，孫中山通過加強官制官規建設，為政府和官員立規矩。南京臨時政府成立之後，為了把民國政府各機關的組織與活動納入法治軌道，他責成有關部門編制了大量官制官規，整飭吏治，要求「所有各部官制通則及各部院局官制，亟應編定以利推行」，〔註73〕主張依法對政府及其組成人員的活動進行管理。這是孫中山以法制權思想的重要體現。在任職臨時大總統的短短三個月內，他先後組織制定、修訂並頒佈了《修正中華民國臨時政府組織大綱》、《中華民國臨時政府中央行政各部及其權限》、《參議院法》、《各部官制通則》、《各部局的官制》、《南京府官制》等重要法律文件。其中，《政府組織大綱》是臨時政府的建國大綱，也是後來《臨時約法》的雛形，而《南京府官制》則對南京府的轄區範圍、南京府行政長官「知事」的設置、產生方式、權限，以及南京府的職員編制等內容作了明確規定。〔註74〕此外，孫中山對於司法機關的官制建設也非常重視，修訂了《法院官制》十二條，還曾令司法部將擬定的《臨時中央裁判所官制令草案》交由法制局審定。孫中山在廣東第二次建立政權期間，曾頒佈、推行了一系列改革吏治的法令和措施。他制訂了文武官吏任職宣誓條例，要求官員正直供職，不得受賄，以形成廉儉

〔註73〕《孫中山全集》第2卷，中華書局1982年版，第65頁。
〔註74〕《孫中山全集》第2卷，中華書局1982年版，第201～204頁。

風尚。他在廣東第三次建立革命政權期間（1923 年 2 月至 1924 年 11 月），曾在軍政機關大本營下設立一個法制委員會，明確規定「組織法制委員會的目的，是要上緊做三件事」：「第一，要把現在廣東各機關的組織條例，全部拿來審查。整理行政的系統，改善行政的組織」；「第二，要把一切現行的法律，全部拿來審訂」；「第三，要審定法院編制和司法行政的組織。」〔註 75〕三件事其中有兩件是專門針對國家機關組織的法制建設問題，充分說明了孫中山對依法規制國家機關活動及其官員行為的重視。

　　稅收是政府財政的主要來源，也是政府權力侵犯社會權益最容易衝動的地方，因而歷來是市民階層與統治階層力量角鬥的焦點所在。西方早期議會的一項主要職能，就是審議國王的稅收動議，要求政府依法征稅已成為當今衡量一個社會是否屬於法治社會的重要尺度。孫中山歷來主張政府要依法征稅。1904 年，他曾在《中國問題的真解決》一文中痛斥清政府隨意征稅，且不經人民同意。〔註 76〕1923 年，他在廣東革命政權期間頒佈的《廣東都市土地稅條例》中，明確規定了徵收城市土地稅的種類與徵收辦法等問題。他在 1924 年 1 月發表的《中國國民黨第一次全國代表大會宣言》之「對內政策」中聲明：政府要「嚴定田賦地稅之法定額，禁止一切額外徵收，如釐金等類，當一切廢絕之」。〔註 77〕

　　其次，明確規定公民基本權利，為公權力行使劃定禁區。孫中山認為：「天下既為人人所共有，則天下之利權，自當為天下人民所共享。」〔註 78〕因此，孫中山除通過憲法對人民應享有的基本權利予以明確規定外，還通過頒佈大量的法律、法規或政令，對憲法所確定的人民應享有的基本權利予以進一步明確，在使人民明晰其享有的權利的同時，更使公共權力的行使者清楚其權力的行使邊界。在孫中山領導南京臨時政府所制定和頒佈的一系列法律法令中，有相當一部分是關於公民的基本權利的。除《中華民國臨時約法》外，還頒佈了諸如《保護人民財產令》、《大總統令內務部禁止買賣人口文》、《大總統令外交部妥籌禁絕販賣豬仔及保護華僑辦法文》、《大總統令內務部飭各省勸禁纏足令》、《大總統令司法部通飭所屬禁止體罰文》、《大總統令內

〔註 75〕《孫中山全集》第 10 卷，中華書局 1986 年版，第 85～86 頁。
〔註 76〕《孫中山全集》第 1 卷，中華書局 1981 年版，第 246 頁。
〔註 77〕《孫中山選集》（下），人民出版社 1956 年版，第 530～531 頁。
〔註 78〕《孫中山全集》第 5 卷，中華書局 1985 年版，第 629 頁。

務司法兩部通飭所屬禁止刑訊文》、《開放疍戶惰民等許其一體享有公權私權文》等，均是對於公民基本權利的進一步細化和明確。

孫中山在法律上主要從以下幾個方面對公民權利進行了關注：

第一，私有財產權。孫中山非常重視對公民私有財產的依法保護。南京臨時政府甫一成立，即宣佈「以保護人民財產為急務」。〔註 79〕他命令內務部頒發大量保護人民財產的法令，轉飭各省都督遵照執行，「以盡保護之責」。〔註 80〕遵照孫中山的命令，南京臨時政府內務部頒佈了保護人民財產的五條法令，其中規定：凡在民國勢力範圍內的人民，所有一切私產，均歸個人享有；已在民國管轄下的原清朝官吏，只要本人確未反對民國，其財產亦歸其私人享有；現任清朝官吏，其財產在民國勢力範圍內，只要本人確無反對民國之證據，其財產也歸民國政府保護，俟本人投歸民國時，歸還本人；但是沒收已入民國範圍的清政府官產，並查抄仍為清朝官吏而又反對民國政府、虐殺革命人民者的財產，歸民國政府所有。〔註 81〕這五條法令，對民國成立後臨時政府處理各種性質的財產提供了法律依據。此外，還宣佈，「凡人民財產房屋，除經正式裁判宣告充公者外，勿得擅行查封」，為防止公共權力侵犯公民個人合法財產提供了法律和司法上的雙層保護。

孫中山晚年在廣東建立革命政權期間，頒發的許多法令均與保護財產權有關。如其於 1923 年 11 月 26 日頒發的《國有荒地承墾條例》中規定，凡國有荒地，即江海、山林新漲及舊廢無主未經開發者，除政府認為有特別使用之目的外，均准人民按照本《條例》承墾。〔註 82〕再如其在 1923 年 12 月頒行的《廣州市民產保證條例》第一條規定：「本條例係為保障人民私權、杜絕蒙混妄報而設。」〔註 83〕又如其於 1924 年頒佈的《工會條例》的第十八條規定：「工會及工會所管理之下列各項財產不得沒收：一、會所、學校、圖書館、俱樂部、醫院、診治所以及關於生產、消費、住宅、購買等之各項合作事業之動產及不動產；二、關於擁護會員利益之基金、勞動保險金、會員儲蓄金

〔註 79〕　《孫中山全集》第 2 卷，中華書局 1982 年版，第 59 頁。
〔註 80〕　《孫中山全集》第 2 卷，中華書局 1982 年版，第 263 頁。
〔註 81〕　張晉藩等著：《中國近代法律思想史略》，中國社會科學出版社 1984 年版，第 229～230 頁。
〔註 82〕　《孫中山全集》第 8 卷，中華書局 1986 年版，第 447 頁。
〔註 83〕　《孫中山全集》第 8 卷，中華書局 1986 年版，第 513 頁。

等。」〔註84〕也就是說國家對工會的各項財產均不得行使沒收權，孫中山這種對依法保護工會財產權的思想，其實也是從法律上保護了公民的結社權利。

第二，公民人身權。孫中山依法保護公民人身權的思想，除憲法外，主要體現在他的刑法思想中。刑罰是國家實現統治的重要手段，同時也是國家權力最容易侵害公民人身權利之所在。因此，孫中山格外關注刑罰的行使。他指出，「刑罰之目的，在維持國權，保護公安。人民之觸犯法紀，由個人之利益與社會之利益，不得其平，互相牴觸而起。國家之所以懲創罪人者，非快私人報復之私，亦非以示懲創，使後來相戒。蓋非此不足以保持國家之生存，而成人道之均平也。故其罰之程度，以足調劑個人之利益與社會之利益之平爲準，苛暴殘酷，義無取焉。」〔註85〕指出刑罰的目的只在於維護國家權益和公共秩序，不是私人復仇，在適用刑罰時應堅持人道，實現個人利益與社會利益的平衡。因此，他反對苛刑酷罰和刑訊逼供，對清政府時期濫施刑訊、逼取口供等侵犯公民人身權的現象深惡痛絕，要求革命黨人在推翻清政府的過程中，務將「殘刑峻法一切掃除。諸囚中有無辜被拘者，皆復其自由，……俾人民永不受苛法之苦。」〔註86〕臨時政府成立後，他在《令內務司法兩部通飭所屬禁止刑訊》的法令中明確規定，「不論行政司法官署，及何種案件，一概不准刑訊。」並規定，從前一切「不法刑具，悉令焚毀」；官吏如違令刑訊，「除褫奪官職外，付所司治以應得之罪。」〔註87〕

第三，公民結社權。單個公民是無力與政府對抗的，只有結成組織，方有能力對抗政府、防止政府侵害的發生。因此，歷來主張民主憲政的思想家都堅持公民要有結社權。孫中山也深識此中重要性。他領導起草的南京臨時政府《臨時約法》，就對公民結社權作了專門規定。1924 年 10 月，孫中山以廣州軍政府名義頒行的《工會條例》，對公民結社的權利也作了非常具體的規定。《條例》明確規定：凡年齡在 16 歲以上，不論男女，同一職業（產業）的腦力、體力的勞動者，家庭與公共機關的雇傭勞動者，學校教師職員，政府機關事務員，集合同一業務的 50 人以上者，均可適用該法組織工會；承認工會「爲法人工會」，明確其法律地位；全面具體地規定工會所享有的各種具體權利，如工會有言論、出版及辦理教育事業的自由權，有組織罷工的權利，

〔註84〕 《孫中山全集》第 11 卷，中華書局 1986 年版，第 128 頁。
〔註85〕 《孫中山全集》第 2 卷，中華書局 1982 年版，第 157 頁。
〔註86〕 胡漢民編：《總理全集》第 1 集，上海民智書局 1930 年版，第 301 頁。
〔註87〕 《孫中山全集》第 2 卷，中華書局 1982 年版，第 157 頁。

工會和工會所管理的有關會員切身利益的一切動產不動產不得沒收等，特別是《條例》還規定了兩個「不適用」，即行政官廳對於非公用事業（指水、電、通訊、交通等公用事業之外的行業）的雇主與工會間的衝突只任調查及仲裁，不適用「強制執行」；刑律及違警律中有關禁止聚眾集會等條文，不得適用於工會。這些規定多數是對公權力的限制，爲防止工會權益受到公權力的不法干預和侵害提供了法律上的保障。

（四）加強司法制度建設，保障人民各項權利的實現

司法被稱爲是正義的化身、法治的守護神和社會公正的最後防線，是制約權力濫用、防止權力腐敗的有力保障。司法機關是否獨立、司法制度是否健全，是衡量一個國家法治是否健全、人民權利是否得到有效保護、其政府是否屬於法治政府的重要標準。因此，當今各國都非常重視司法制度建設，孫中山也不例外。孫中山對司法制度建設的重視，一方面來自他對清政府司法制度腐敗的揭露和批判，一方面來自他對司法重要性的認識。

孫中山一生多次被清政府追捕、通緝，並一度被監押而失去人身自由。因此，他對清政府專制統治下的司法腐敗有著切膚之痛的體會。他在《中國之司法改革》一文中，痛斥清政府「對任何社會階層都無司法可言」，認爲清政府的刑事訴訟制度「不過是受刑的代名詞」。其腐敗表現有四：其一，不問證據，刑訊逼供；其二，有錢有勢的眞正罪犯逍遙法外，而無錢無勢的無辜者卻在劫難逃；其三，「一人犯罪，殃及全家；一人謀反，滿門抄斬（誅九族）」；其四，不經審判就處決犯人。他稱清政府的「民事訴訟是公開的受賄競賽。」因此，他主張必須對清政府的司法制度作「徹底改革」，只有這樣，「官僚生活制度才能改善」，「爲生命財產安全提供某些公開保障的司法制度改革才能成爲可能，才能取得社會、商務、政治、內政及其他任何方面的進步。」〔註88〕可以說，批判和革除清政府腐敗的司法制度，既是促使孫中山走上革命道路的一個重要因素，也是其革命的一個重要目標。

爲了建立資產階級民主司法制度，孫中山作出了很大努力：

首先，倡行司法獨立。爲了糾正封建時代行政干預司法、司法機關淪爲行政附庸的弊端，孫中山主張，司法機關必須獨立，指出：「司法爲獨立機關」。〔註89〕早在1904年，他在爲美國舊金山致公堂重修的《章程》中，就

〔註88〕《孫中山集外集》，上海人民出版社1990年版，第3～16頁。
〔註89〕《孫中山全集》第2卷，中華書局1982年版，第281頁。

依照西方三權分立原則，設有判事機構。「本堂設立公正判事員三名，公正陪員廿名，皆由總理委任，但不受總理節制」，「判事員爲長久之任，若非失職及自行告退，不能易人」，「判事員爲獨立之權，總理及議員皆不能干涉之」，〔註90〕體現了司法獨立的精神。他在主持制定的《中華民國臨時約法》中更是明確規定：「法官獨立審判，不受上級官廳之干涉」（第 51 條），「法官在任中不得減俸或轉職，非依法律受刑罰宣告，或應免職之懲戒處分，不得解職」（第 52 條）。他還以身作則，身體力行，從不利用自己的職權和影響干涉司法部門內部事務，對於民眾有關司法方面的請求，總是批覆當事人去有關司法機關辦理，自覺踐行有關規定，用自己的模範行動支持司法機關依法獨立行使職權，維護法治的原則。

其次，仿照發達國家建立現代司法機構。爲了保護人民，孫中山認爲司法機關必須要完善設置，否則「不足以實踐其保護之責，而貫徹法之精神」。他主張司法機關實行四級三審制，「司法機關有三審四級之別，其最高終審機關設於中央」。建議採用美國之「成例」，建立具有終審職能的大理院，以使「人民無不伸之公理，國家具法治之規模。」他在闡述爲什麼要設立終審法院時說，欲使革命政權「克盡保護人民之責任，爲人民謀享受法律保護之幸福，捨從速設立最高終審機關之大理院，其道無由。」〔註91〕在孫中山的推動下，廣東政權時期的南方護法省區，均設立了大理院，作爲護法省區內的司法終審機關，並兼管司法行政事務〔註92〕。終審法院的設立和四級三審制的提出，標誌著孫中山所領導的革命政權在司法體制建設上已經初具「法治之規模」。

第三，設律師制度和陪審制度。陪審制度和律師制度是近代國家通行的文明司法制度，與司法獨立相輔爲用，是實現訟務「平允」、維護司法公正的重要制度保證。早在 1900 年，孫中山就提出仿行歐美各國的審判制度，在中國設立律師制度和陪審制度，「大小訟務，仿歐美之法，立陪審人員，許律師代理，務爲平允」。〔註93〕1904 年，他爲美國舊金山致公堂重修的《章程》中規定，「凡判斷事件，有陪員一半在場，始能判決」。〔註94〕1912 年 3 月，孫

〔註90〕《孫中山全集》第 1 卷，中華書局 1981 年版，第 262～264 頁。
〔註91〕《孫中山全集》第 4 卷，中華書局 1985 年版，第 341～342 頁。
〔註92〕《孫中山全集》第 10 卷，中華書局 1986 年版，第 46 頁。
〔註93〕《孫中山全集》第 1 卷，中華書局 1981 年版，第 194 頁。
〔註94〕《孫中山全集》第 1 卷，中華書局 1981 年版，第 264 頁。

中山在將南京臨時政府內務部警務局呈送的《律師法草案》轉令法制局審定的批文中指出：「查律師制度與司法獨立相輔為用，夙為文明各國所通行。現各處既紛紛設立律師公會，尤應亟定法律，俾資依據。」〔註95〕在這裡，孫中山已經充分認識到律師對維護司法公正、保證訴訟當事人合法權利的重要作用，將其作用與司法獨立相比肩。雖然隨著孫中山的退位，該草案未正式頒佈實施，但其思想的光輝卻是不容埋沒的。出於對律師制度的重視和對人民訴訟權利的關注，1923 年 7 月，孫中山領導的廣東革命政權，正式頒行了《律師暫行章程》。該章程對於律師的職責、資格、權利與義務、律師證書的申領、律師名簿（登記冊）和律師公會制度，以及律師違反該章程與律師公會會則行為的懲戒等，均作了較為詳盡的規定，其內容和精神已與現代律師制度基本一致。

第四，確立司法審判和法律適用原則。為了保證刑事審判公正進行，防止刑事訴訟淪為民眾「受刑的代名詞」，孫中山就刑事訴訟提出了如下原則：第一，嚴禁刑訊逼供。「不論行政司法官署，及何種案件，一概不准刑訊」，官吏如違令刑訊，「除褫奪官職外，付所司治以應得之罪。」同時，要求有關機關將從前一切「不法刑具，悉令焚毀」。〔註96〕第二，刑當其罪。提出刑事審判應當「庶刑當其罪，法允於平。」〔註97〕主張在量刑上堅持罪刑相適應原則。第三，只有法院才有權定罪和查封。為防止「以嫌疑二字」濫行拘捕的現象發生，孫中山在南京臨時政府時期，向各省都督及軍政分府下令，對嫌疑告密之事，「應先令查根憑實，再交審判廳確實查核。」〔註98〕為防止政府機關隨意查封民眾財產，他提出，「凡人民財產房屋，除經正式裁判宣告充公者外，勿得擅行查封。」〔註99〕第四，審判應重證據不重口供。孫中山認為：「法律者天下之平，全國人民賴以保障，不能對於任何方面，有所袒庇或蹂躪者。至云捨證據而任情感，尤非法庭所宜出。」〔註100〕明確指出：刑事審判「不以殘刑致死，不以拷打取供」，〔註101〕「鞫獄當視證據之充實與否，

〔註95〕《孫中山全集》第 2 卷，中華書局 1982 年版，第 274 頁。
〔註96〕《孫中山全集》第 2 卷，中華書局 1982 年版，第 157 頁。
〔註97〕《孫中山集外集》，上海人民出版社 1990 年版，第 435 頁。
〔註98〕《孫中山集外集》，上海人民出版社 1990 年版，第 435 頁。
〔註99〕《孫中山全集》第 2 卷，中華書局 1982 年版，第 59 頁。
〔註100〕《孫中山全集》第 6 卷，中華書局 1985 年版，第 651 頁。
〔註101〕《孫中山全集》第 1 卷，中華書局 1981 年版，第 157 頁。

不當偏重口供。」〔註102〕

　　孫中山還論及現代司法審判中兩個重要的法律適用原則：思想不歸罪和依法律要件適用法律的原則。思想不歸罪原則是指只能根據一個人的行爲而不能只依據其思想來治罪，它是保護公民思想自由的重要保證；而依法律要件適用法律原則是指適用法律必須嚴格按照法律所規定的形式要件，缺少任何一個都不能將人治罪，它是準確適用法律的同義語。孫中山在任南京政府臨時大總統期間，當時的司法次長呂志伊在給副總統黎元洪的私函中，曾有涉及參議員劉成禹的內容。臨時參議院爲此咨告孫中山，以呂志伊對參議員劉成禹「欲施行」不法干涉爲由，擬對其提出彈劾。孫中山遂於1912年3月3日發出「咨覆參議院彈劾呂志伊違法文」，對參議院的彈劾動議予以反駁：第一，「法律最重方式，苟方式一有不備，即不能發生效力。」呂志伊所發之函並非「正式公文」，「係私人書信，在法律上無施行之效力」。意思是說法律關注的是形式，只有形式要件具備，方能進行干預，缺少任何一個，也不能以法干預，即依法律要件適用法律原則；第二，「該私函所述，僅係發表個人之意思，並無行爲。在法律上亦無徒據個人之意思，不問其有無行爲」而遽行認定其違法之理。因爲法律不能只「重視意思而忽視行爲。」意思是說呂僅有意思表示，並無違法行爲，不能僅僅依據個人意思表示而追究其法律上之責任，即思想不歸罪原則。總之，孫中山所言及的這些司法原則，即使今天在保護公民權利、防止公權力濫用方面依然有非常強的借鑒意義。

　　此外，孫中山的以法制權思想還體現在他對法制機構建設的重視上。南京臨時政府成立不久，孫中山就向參議院遞交了《咨參議院請核議法制局職制草案》一文，指出「竊維臨時政府成立，所有一切法律法令，在在須行編訂，法制局之設，刻不容緩。應將法制局職制提出貴議院議決，以便施行。」〔註103〕即使在革命鬥爭緊張的歲月裏，孫中山依然不忘法制機構的建設。他第三次在廣東建立革命政權期間，便於軍政執行機關大本營之下，設立一個法制委員會。1924年1月，國民黨改組後，他還在國民黨中央執行委員會下，專門設立一個法律委員會，專司法律的制定工作。孫中山對法制機構建設的重視，還表現在他任命伍廷芳作臨時政府司法部長一事上。民國初肇，外交部長一職甚爲重要，以伍廷芳呼聲最高。但孫中山卻提名王寵惠擔任，招致

〔註102〕《孫中山全集》第2卷，中華書局1982年版，第157頁。
〔註103〕《孫中山全集》第2卷，中華書局1982年版，第17頁。

多方質疑，甚至有人以拒付認捐表示抗議。對此孫中山解釋說：「民國新立，司法重任非伍公不可」，「本政府派伍博士爲法部總長，並非失察。伍君固以外交見重於外人，惟吾華人以伍君法律勝於外交。……中華民國建設伊始，宜首重法律，本政府派伍博士任法部部長，職是故也」，〔註104〕「蓋修訂法律爲第一要舉，必有良美之法制，而外務部始有成就也。」〔註105〕在他看來，在當時，法制建設要比外交事務更爲重要。

　　孫中山還曾就國會作爲立法機關在國家中的重要地位作過專門論述。他說：「民國以國民全體爲主，而代表國民之總意，以行使其主權者，則厥維國會。」〔註106〕「國會爲法律本源。國會存，則民國存；國會亡，則民國亡。」〔註107〕「在共和國，國會具最高權」。〔註108〕「國會不特爲立法機關，依約法所賦予亦當爲制定憲法之機關。」〔註109〕一再強調「國會爲民國中心」。〔註110〕爲了保證國會能夠代表民意，依法行使權力，孫中山強調「國會須享有完全自由行使其正當職權」，不受任何勢力的非法限制與干涉。爲了保證議員的基本素質，提高國會的立法質量，他主張通過考試加選舉選取議員，「先考議員，考入選者，使人民就中投票。因國有大政大法，非有錢而毫無學識者，所得參議。」〔註111〕因此，1917年5月，當聞聽北京發生不法之徒自稱請願公民，毆傷議員，使國會不能自由表決的政治事件時，孫中山當即致電當時的總統黎元洪，要求「將僞公民犯法亂紀之人，捕獲鋤治，庶保國會尊嚴」。〔註112〕當北洋軍閥毀棄《臨時約法》，解散國會之後，孫中山義無反顧地掀起了長達數年的「護法戰爭」，聲言「所謂護法者，護國會之本身，及其議決之法律也」，〔註113〕「非至約法完全恢復，國會職權完全行使時，斷不廢止。」〔註114〕

〔註104〕《孫中山全集》第2卷，中華書局1982年版，第13～14頁。
〔註105〕《孫中山集外集》，上海人民出版社1990年版，第159頁。
〔註106〕《孫中山集外集》，上海人民出版社1990年版，第235頁。
〔註107〕《孫中山全集》第4卷，中華書局1985年版，第349頁。
〔註108〕《孫中山全集》第4卷，中華書局1985年版，第130頁。
〔註109〕《孫中山集外集》，上海人民出版社1990年版，第508頁。
〔註110〕《孫中山全集》第4卷，中華書局1985年版，第102頁。
〔註111〕《孫中山集外集》，上海人民出版社1990年版，第280頁。
〔註112〕《孫中山全集》第4卷，中華書局1985年版，第29～32頁。
〔註113〕《孫中山全集》第4卷，中華書局1985年版，第338頁。
〔註114〕《孫中山全集》第4卷，中華書局1985年版，第184～185頁。

三、對孫中山以法制權思想的評析

　　法治社會就是權力服從法律的社會，「權力服從法律是任何一個有法律的正常的社會的通例」。〔註115〕亞里士多德認爲法治就是守法的統治，即統治的實施鬚根據普遍的法規而不是根據專斷的命令，指出法治的基本要求：一是法律獲得普遍的服從；二是所服從的法律本身是良法。戴雪認爲法治應包括三個概念：首先它意味著正常的法律保障有絕對的至高無上或壓倒一切的地位，排斥專制、特權，乃至政府之自由裁量權的存在；其次它意味著法律面前的平等；第三它意味著憲法和法律不是個人權利的淵源而是其結果。〔註116〕法治作爲人類社會最文明、最有效的治理方式，是人類智慧的結晶，充滿了理性的光輝和對人性的關照，它使權力學會自我克制，使強者學會對弱者尊重。它通過規約政府權力和明確公民權利，爲現代政府權力確立了運作的外殼。它不僅構成了現代政治的奠基石，而且是現代政治思想中的一個指導原則。〔註117〕人類社會的整個文明史，其實就是一部逐漸走向法治的歷史。

　　孫中山也是在這一意義上來理解法治的，他的法治思想實質上就是以法制權思想，因爲在法治社會，法首先是針對公權力而言的，所謂依法治理，從根本上講，就是以法規權，以法制權。同時，孫中山的以法制權思想實際上也就是他的以權利制約權力思想和以權力制約權力思想在法律上的再現，是二者內容的法律化。也就是說，從外觀形式上，是以法制權；從內在內容上，則是以權利制約權力和以權力制約權力。這種法律化的固定是必要的。因爲只有將人民的權利和對權力的約束以法律的形式固定下來，才能使人民明晰其所擁有的權利而拼力保護，才能讓當權者清楚其權力界限有所畏懼而不逾矩，才能使權力的各種制約機制成爲可操作的條文，尤其是在像中國這樣一個有著悠久人治傳統的國度。作爲一個領袖人物和革命者，孫中山對法治的理解，其對法治建設方方面面的重視和投入的巨大精力，在當時人治之風依然充斥的中國，實屬難能可貴，即使在世界歷史上也不多見。

〔註115〕周永坤著：《規範權力——權力的法理研究》，法律出版社 2006 年 11 月版，第 170 頁。

〔註116〕轉引自〔英〕戴維·米勒、〔英〕韋農·波各丹諾主編：《布萊克維爾政治學百科全書》，鄧正來等譯，中國政法大學出版社 2002 年 12 月版，第 726 頁。

〔註117〕參閱〔美〕昂格爾著：《現代社會中的法律》，吳玉章等譯，中國政法大學出版社 1994 年版，第 48 頁。

　　孫中山的以法制權思想可謂洋洋大觀，內容豐富，從國之根本大法憲法到刑法和其他一般法律，從對國家國體政體的規定到對公民基本權利的明確，從對製法的重視到對行法的關注，從對司法制度的改革到對法制機構的建設，等等，無不浸透著他對法治的嚮往和對依法治國的追求。他所提出的一系列法治觀點、設想和原則，如法是立國之本、憲法是人民權利之保障書、國家權力應當分立、要以法律爲信仰、司法必須獨立、非經法院審判不得定罪和查封民產、嚴禁刑訊逼供、重證據不重口供、不得以思想歸罪以及設立律師制度，等等，都是西方法治思想的精髓，無不閃耀著時代的光芒。雖然在當時有些內容並不爲多數國人所理解和接受，卻是改造專制中國所需要的。孫中山對法治的關注與強調，順應了歷史的發展潮流，爲當時中國社會的發展指明了方向。這些思想即使在今天都不過時，非常具有借鑑意義。

　　特別是他在《民權初步》關於如何開會和發言的方法的介紹，顯示了他的法治思想不但有宏大的理論建構，而且還有對法治細節的關注，希望從瑣碎的細節出發，尋求法治制度建設的原理與途徑，通過對民眾法治習慣和法治思維的培養和養成，爲法治大廈的最終建成打好基礎，體現了他對阻礙中國法治發展問題的深刻認識以及對推行依法治國的耐心和眞誠。眾所周知，後進國家在發展過程中，有優勢也有陷阱。所謂優勢，乃在於可以借鑑先進國家的成功經驗和失敗教訓，避免走彎路。所謂陷阱，乃在於由於先進國家的牽引和民眾的熱切期盼，使執政者很容易截彎取直，犯急躁冒進的錯誤，以致欲速不達，甚至使國家陷入動亂分裂的地步。要知道，有些彎路是必須要走的，比如法治建設、民主化的問題。中國是一個缺少法治傳統和民主傳統的國家，民眾也缺少相關的經驗和鍛鍊。正如孫中山指出的：「中國人受集會之厲禁，數百年於茲，合群之天性殆失，是以集會之原則、集會之條理、集會之習慣、集會之經驗，皆闕然無有。以一盤散沙之民眾，忽而登彼於民國主人之位，宜乎其手足無措，不知所從。所謂集會則烏合而已。」〔註118〕在這樣的民眾基礎上建設民主法治國家，無異於在沙漠之上建高樓大廈，如果沒有足夠的耐心，如果不關注基礎的打造，如果急躁冒進，那是永遠也建不成的。正是鑑於此，孫中山決定從最基本的集會規則養成入手，洋洋灑灑用二十章的篇幅編譯了這本書，以期廣大國民掌握集會、開會、議事的方法與規則，培養民眾的自治精神、規則意識和尊重他人的品格，掌握參政議政

〔註118〕《孫中山選集》，人民出版社 1981 年版，第 384 頁。

的本領。書中所介紹的如何開會、議論、提議案、提修正案，如何掌握會議，如何表決之類具體而瑣碎的規則程序，不僅在當時，即使在今天看來，也會有人認爲是大題小作。但這卻是建設民主法治社會的基礎性工作，是必須要走的彎路。即使在今天，我們的很多國人甚至是我們的一些官員，還不懂得如何開會、如何發言、如何表達訴求、如何傾聽他人意見，依然需要補《民權初步》的課。由此來看，孫中山撰寫《民權初步》是多麼得具有先見之明。

我們可以把目光放遠一些，從《民權初步》所體現的細節意識擴展到人類文明的發展歷史。我們知道，不同的人類文明就需要調整的關係和遭遇到的困難而言，相互之間實際上並無多大分別。但隨著歷史的演進，各文明最終形成的制度模式卻有著巨大差異，眞可謂「失之毫釐，差之千里」。這種分歧和差異某種程度上或許跟一個民族整體思維方式的不同有密切關係。不知從何時候起，我們這個民族對宏大敘事比較情有獨鍾。且不說「德主刑輔」這類儒家信條，觀察傳統社會的具體治道與治術，就會看出我們是如何喜歡宏大敘事而忽視具體制度建構的。例如，在一個農業社會裏，土地權利及其相關制度的重要性不言而喻。無論是古典羅馬法，還是諾曼底征服之後的英國普通法，關於土地所有、佔有、保有、使用、買賣、時效、佔有取得等權利及法律救濟方式，相關規範浩如煙海，各種學說百家爭鳴。古代中國是一個典型的農業社會，但我們卻沒有產生那種畢生效力於土地制度研究的大學者，有關土地的立法規範也是鳳毛麟角。官員在處理這類糾紛時，往往只是依據一些古代故事以及司法官員的公正感作出判決，很少看到州縣官員們在處理田土糾紛時會引用此前類似案件所作的判決。司法中的這種個別主義喪失了判案的可預期性，同時也爲司法腐敗留下巨大空間。再如，近代以來西方傳到中國的一些制度如三院，即法院、醫院和學院，到中國後都變了形，發生了「淮南爲橘，淮北爲枳」的後果，這都跟我們對細節的忽視密不可分。〔註119〕

中國現代化的法治建設始於晚清變法，迄今已逾百年。也許跟一開始就是在外來壓力之下勉爲其難有關，我們內心對於引進西方法治一直處在一種將信將疑、欲進又止的狀態：外部壓力大的時候就往前走幾步，否則就裹足不前。這種並非發自內心驅動的事實還導致一種敷衍心態：表面上看來儼然非常符合法治，例如編纂法典、設置機構等，都有模有樣，有板有眼，但是

〔註119〕參見賀衛方：《細節中的法治》。本文係賀衛方爲周大偉著、北京大學出版社2013年出版的《法治的細節》所寫序言。

制度運行的內在精神卻依然是非法治甚至是反法治的。其效果如何，瞭解近代史的人都知道。從這個角度來看，孫中山這種不棄微末、重視法治細節建構的精神和行為，是多麼得難能可貴和令人欽佩。他不僅指向制度，更是改造文化。唐德剛先生在評價胡適「學習議會程序」的體會時，不僅對孫中山的《民權初步》給予了充分肯定，而且還將之視為衡量一個政治家現代化程度的重要標準。他說：「孫中山先生是近代中國最高層領袖中鳳毛麟角的modern man，是真能擺脫中國封建帝王和官僚傳統而篤信『民權』的民主政治家。他瞭解搞『民權』的第一步就是要知道如何開會，會中如何決議，決議後如何執行。這一點點如果辦不到，則假民主遠不如真獨裁之能福國利民。中山先生之所以親自動手來翻譯一本議事規程的小書，而名之曰《民權初步》，就憑這一點，讀史的人就可以看出中山先生頭腦裏的現代化程度便遠非他人所能及」，「我國的政治現代化運動中所缺少的不是建國的方略或大綱，而缺的卻是這個孔子認為『亦有可觀』的『小道』」。〔註120〕誠如斯言！

眾所周知，在推行法治、實現以法制權的進程中，有一種力量不可或缺，這就是社會自治。社會是國家、政府的對立面，在國家與政府出現之前，社會按照風俗禮儀、習慣、宗教、道德、行業規則等實行自治。國家是從社會中產生出來並凌駕於社會之上的公共權力，「國家的本質特徵，是和人民大眾分離的公共權力」。〔註121〕在國家與社會的關係上，如果社會權力足夠自治和強大，就能抵禦和制約國家政府權力的擴張與侵蝕，形成國家政府與社會的和諧並存局面；反之，如果國家政府權力足夠強大並形成對社會的全面管制，社會權力就會萎縮、式微乃至消失，一切任由國家政府權力統治支配，形成國家政府管理社會的局面。我們知道，法治原則在西方社會的確立過程中，一個重要的歷史事件是 1215 年英格蘭約翰王簽署的大憲章，廣大貴族和其他階層通過等級會議這一階級分權的結構以最高法律的形式為國王的權力提供了活動的界限。而在這之前，國王的權力是無限的，且國王就是法律。雖然在那個時期大憲章本身沒有多少民主的內容，但是它開啟了為國家權力界定範圍的活動只能通過最高法律來完成的方向，是社會權力成功限制國家政府權力的重要事件之一。正因為如此，西方學者提出儘管大憲章所帶來的

〔註120〕唐德剛譯著：《胡適口述自傳》，華東師範大學出版社 1993 年版，第 76 頁注④。
〔註121〕《馬克思恩格斯選集》第 4 卷，人民出版社 1995 年版，第 116 頁。

改革十分有限，但它卻標誌著法律對專制權力的勝利。〔註 122〕其實，孫中山著《民權初步》、培育民眾參政議政能力，就是一種加強社會自治力量的努力。除此之外，還有孫中山的地方自治思想，都是這方面努力的體現。遺憾的是，由於南京臨時政府的過早夭折，由於孫中山的過早逝世，他的這些法治思想甚至其頒佈的一些法令，尚未來得及實施便湮沒於歷史的塵埃裏。如果他不是過早逝世，以其對法治的理解和作為領袖的身份，當會使當時中國的法治建設向前推進一大步。

當然，孫中山的法治思想也不是沒有暇疵的。雖然他曾聲言，法律「是板定的，絕無通融挪移之餘地」，雖然他主張要以法律為信仰，但他依然沒有完全擺脫中國近代社會所流行的法律工具主義傾向。其中一個重要表現就是民初政體的轉變。在辛亥革命後，孫中山曾極力主張實行總統制。但為了利用憲法限制袁世凱的權力，後又將民國政體由總統制改為內閣制。正如有學者所指出的，民國政體的轉變，「與其說是制度上的選擇，不如說是權力鬥爭的需要」，〔註 123〕可謂因人設法，法隨時變。這種因人設法的隨意性的做法，是繼清政府的《欽定憲法大綱》之後中國近代憲政歷程上又一個很不好的先例，即根據當權者的需要而隨意制定、修改或廢除憲法。正是由於孫中山領導的國民黨有例在先，才有袁世凱依葫蘆畫瓢在後，廢棄《臨時約法》而制定《中華民國約法》。正如時為進步黨議員的吳宗慈所言：「其時臨時總統袁世凱對於臨時約法束縛極感不便，思於憲法根本糾正。國民黨以國基初奠，袁世凱野心躍躍，亦思於憲法嚴厲預防之」。〔註 124〕幾至後來，北洋軍閥修憲爭權，憲法竟成了政治鬥爭和權力鬥爭的粉飾與裝潢。孫中山在總結這段歷史時曾痛心疾首地指出：「辛亥之役，汲汲於制定《臨時約法》，以為可以奠民國之基礎，而不知乃適得其反。……試觀元年臨時約法頒佈以後，反革命之勢力不惟不因以消滅，反得憑藉之以肆其惡，終且取臨時約法而毀之。」〔註 125〕這不能不說是中國制憲運動的一大悲劇。

〔註 122〕〔美〕伯爾曼著：《法律與革命》，賀衛方等譯，中國大百科全書出版社 1993 年版，第 357 頁。

〔註 123〕張晉藩，曾憲義編：《中國憲法史略》，北京出版社 1979 年版，第 110 頁。

〔註 124〕張學仁，陳寧生編：《二十世紀之中國憲政》，武漢大學出版社 2002 年版，第 86 頁。

〔註 125〕《制定建國大綱宣言》，《中山叢書》（四），北京太平洋書店 1927 年版，第 21 頁。

第五章　人民公僕——孫中山權力制約思想的道德訴求

　　道德與法律都是調節人們行為的規範和準則，二者既有共同之處，又有區別。法律告訴人們的是「一定怎樣，不准怎樣」，因而它具有很強的剛性，必須要有國家強制力作後盾；道德告訴人們的則是「應當怎樣，不應當怎樣」，相對法律來說，道德屬於一種軟約束力，它主要依靠人們的內在自覺來發揮作用。但法律適用的範圍是有限的，它規定的是當時人們能夠達到和必須達到的最基本、最起碼的要求，是合法與違法、罪與非罪的標準。而道德的適用範圍則要寬泛得多，它不僅包括法律規定的最低要求，還包括更高乃至最高的要求，它解決的是「是與非」、「好與壞」，亦即「真善美」、「假惡醜」的問題。因此，在法律力有所不及的地方，道德往往可以發揮它的作用，二者相互促進，相互配合，相互補充，相互滲透，共同維護著社會的正常秩序。在對權力的規制上也是如此。正如本文第一章所言，道德對權力的制約作用主要側重於事先的預防，寄望於當權者的道德自覺，期望將外在規制內化為當權者的自覺行為而防患於未然。孫中山非常重視政府官員的道德自律和道德對權力行使者的約束作用，認為政府官員是人民的公僕，應是德才兼備之人。

一、孫中山以德制權的主要內容

　　孫中山的以德制權思想主要集中在他的公僕思想和建黨理論之中。

（一）孫中山的公僕思想

公僕思想的出現應該說由來已久。早在中國的唐代，著名政治家柳宗元

（773～819）在他的《送寧國範明府詩序》和《送薛存義之任序》中，就提出了「吏爲人役」、「官爲民役」的思想。〔註1〕這應該是人類社會進入專制社會後第一次提出「以民爲主」的「官」是「僕」、「民」是「主」的民主思想，這同中國專制社會長期存在的「父母官」、「子民」的民本思想截然劃清了界限。八百多年後，明末清初的黃宗羲（1610～1695）又在其《明夷待訪錄》中提出「天下爲主君爲客」和官員或臣子都是「爲天下」、「爲萬民」服務的公僕的思想。

最早從人民主權的意義上提出公僕思想的，應該是意大利文藝復興時期被稱爲文藝復興之父的但丁（1265～1321）。1311年，但丁在其政治名著《論世界帝國》中指出：「公民不爲他們的代表而存在，百姓也不爲他們的國王而存在；相反，代表倒是爲公民而存在，國王也是爲百姓而存在。……雖然從施政方面說，公民的代表和國王都是人們的統治者，但從最終目的這方面來說，他們卻是人們的公僕。」〔註2〕其後，經過溫斯坦萊、盧梭、彌爾頓等人的發展完善，特別是主權在民的國家觀和自由選舉制度的不斷鞏固和完善，最終確立了人民當家作主的主人翁地位，逐步樹立了各級官員都是人民公僕的理念。

馬克思、恩格斯進一步發展了人民公僕的思想。馬克思在總結巴黎公社經驗時，不僅充分肯定了但丁等提出的國王和官吏都是「人民公僕」的思想，還充分肯定了先由溫斯坦萊提出的國王和官吏都是人民「勤務員」的理論。馬克思說：「普選制徹底廢除了國家等級制，以隨時可以罷免的勤務員來代替騎在人民頭上作威作福的老爺們。」〔註3〕恩格斯也指出：「爲了把官員永遠變成人民公僕，巴黎公社採取了兩個辦法：第一，……一切職位交給由普選選出的人擔任，而且規定選舉者可以隨時撤換被選舉者。第二，它對所有公

〔註1〕 其實，公僕思想最早出現在國家出現之前的民族社會。那時社會生產力極其低下，沒有剝削和壓迫，人與人之間的關係是一種眞正意義上的平等關係。民族首領由民族成員直接選舉產生，管理民族公共事務，爲全體民族成員服務，民族成員和民族首領之間是一種主人與僕人的關係，那些民族首領雖公僕之名，做的卻是公僕之事，是完全意義上的「人民公僕」。後來，隨著階級和國家的出現，「主」、「僕」關係易位，那些原來的僕人才搖身一變成了統治者、「官老爺」、人民的「父母官」。

〔註2〕 〔意〕但丁著：《論世界帝國》，朱虹譯，商務印書館2010年版，第19頁。

〔註3〕 《馬克思恩格斯全集》17卷，人民出版社1963年版，第590頁。

職人員……都只付給跟其他工人同樣的工資。」〔註4〕

以孫中山首的資產階級革命派，在推翻帝制建立民國的同時，不僅接受了西方民主國家「自由平等」、「民主法治」、「主權在民」等以民為主的民主主義進步思想，還接受並形成了「天下為公」、「人民做皇帝」、官吏是「公僕」的理論。孫中山指出：人民是國家的主人，各級政府和官吏不過是人民的公僕，「夫中華民國者，人民之國也。……國中之百官，上而總統，下而巡差，皆人民之公僕也」。〔註5〕孫中山應該是在人民主權意義上提出「人民公僕」思想的中國第一人。「人民公僕」思想及其他相關理論的提出和形成，從根本上徹底否定了傳統專制主義的「父母官」的提法。

孫中山突出強調了公僕的服務思想，將為民服務思想納入國家的政權建設之中，稱國家政權應「以服務視之為要領」。〔註6〕孫中山認為，對於公僕來說，他們的職責是做事，不是做官。因此，在對公僕的要求上，他倡導公僕的服務思想和獻身精神，告誡革命黨人「不可存心做官發財」；強調執政黨必須以國家利益為重，時刻保持和發揚艱苦奮鬥的優良傳統和革命精神，「犧牲一己之自由平等」，以謀國民之幸福。在這裡，孫中山實際上在告訴廣大政府官員和執政黨黨員，身為中華民國公職人員，應該怎麼做，應該做什麼。他要求民國的國家機關「凡事以人民為重」，要「為全國人民辦事」。

孫中山在這裡提及了政治學領域一個很重要的命題，就是公職人員無隱私。首先，公共權力來源於公眾讓渡決定了公職人員必然無隱私。國家公職人員是權力的執行者，其權力的取得是基於廣大公眾權利的讓渡所形成。作為私權利擁有者的廣大公眾，有權瞭解和監督國家公職人員與公共利益有關的個人情況及私生活，公職人員隱私權與公眾知政權的衝突的實質是權力與權利的衝突。其次，為方便公眾監督決定了公職人員必須無隱私。我們知道，相對於掌握公權力的公職人員，廣大公眾往往處於弱勢地位。公眾在對公職人員進行監督時，難免會有看走眼、監督失當之時。如果沒有相關機制保證，一旦監督失當往往就會面臨著被公職人員起訴、被定誹謗進行賠償的後果。如此而言，誰還敢仗義執言？誰還敢對公職人員進行監督？因此，為了降低公眾監督公職人員的成本與風險，免除公眾監督公職人員的後顧之憂，必須

〔註4〕　《馬克思恩格斯選集》第2卷，人民出版社1972版，第335頁。
〔註5〕　《孫中山選集》，人民出版社1981年版，第173頁。
〔註6〕　《孫中山全集》第1卷，中華書局1981年版，第547頁。

要讓公職人員來承擔相應代價，這個代價就是公職人員無隱私，從而免去公眾監督的顧慮。第三，權力的爲民特性也決定了公職人員必須無隱私。對於權力的行使者而言，他們手中的權力不是用來牟取私利的「便利器」，更不是用來尋租的資本，而是實實在在的爲民服務。正是權力的這一爲民的本質特徵，決定了它不可能有太多的遮遮掩掩，見不得人。因此，國家公職人員的隱私權必須受到合理的限制，其個人道德操守、財產收入、社會活動等情況必須置於公眾和監督機關的掌握之中和監督之下，以防止權力腐敗的滋生。這也是我們當前日益強調公務員的任前公示、財產申報等制度的重要根據。

孫中山還從社會分工的角度論證了官員必須要有服務精神和奉獻精神的必要性。他說：「至於官吏，則不過爲國民公僕，受人民供應，又安能自由！蓋人民終歲勤動，以謀其生，而官吏則爲人民所養，不必謀生。是人民實共出其所有之一部，供養少數人，代彼辦事。於是在辦事期內，此少數人者，當停止其自由，爲民盡職，以答人民之供奉」。〔註7〕並且指出，「凡屬官員，皆係爲民服務，官規具在，而無特別之利益，何得存非分之希冀，而作無謂之應求。」〔註8〕也就是說，作爲政府官員，既然以人民所納之稅爲俸祿，便不再有自己的特殊利益和自由，「必須犧牲一己之自由平等，絕對服從國家，以爲人民謀自由平等」。〔註9〕他進而將這種「爲民服務」的作風稱爲新道德，以區別於舊道德，「這種新道德就是有聰明能力的人，應該要替眾人來服務。這種替眾人來服務的新道德，就是世界上道德的新潮流。」〔註10〕鼓勵革命黨人要順應世界發展的新潮流，樹立爲眾人服務的新道德。

孫中山在要求政府官員要有「爲民服務」思想和奉獻精神的同時，還要求政府官員必須具有爲人所應有的基本品德，作廣大民眾的道德楷模和表率。他提出：共和政府「所要的第一是誠實的官吏，但是中國官吏誠實之外還需要別種美德」，〔註11〕這「別種美德」包括「忠誠」、「仁愛」、「愛和平」等。他從中國傳統文化中吸取營養，指出；「講到中國固有的道德，中國人至今不能忘記的，首是忠孝，次是仁愛，其次是信義，其次是和平。這些舊道德，中國人至今還是常講的。」孫中山是反封建專制的革命領袖，但他並沒

〔註 7〕　《孫中山全集》第 2 卷，中華書局 1982 年版，第 334 頁。
〔註 8〕　《孫中山集外集》，上海人民出版社 1990 年版，第 680 頁。
〔註 9〕　《孫中山全集》第 3 卷，中華書局 1984 年版，第 92 頁。
〔註 10〕　《孫中山全集》第 10 卷，中華書局 1986 年版，第 156 頁。
〔註 11〕　《孫中山集外集》，上海人民出版社 1990 年版，第 179 頁。

像後來的五四新文化運動的干將們，因爲反對專制而一股腦將中國的優秀傳統美德一概否定，而是採取了辯證分析的方法。他反對認爲民國沒有皇帝就可以不講忠的觀點，稱這是一種錯誤的理論，「因爲在國家之內，君主可以不要，忠字是不能不要的。」他說「忠」字在民國就是要忠於國，忠於民，忠於事，「我們做一件事，總要始終不渝，做到成功，如果做不成功，就是把性命去犧牲亦所不惜，這便是忠」；「仁愛」在民國就要愛民愛國。〔註12〕因此，他要求政府官員要發揚中國的傳統美德，要講誠信，要忠於國家，忠於事業，要熱愛人民，眞心實意地爲人民做事，謀幸福。

作爲領導者，孫中山不但積極倡導公僕思想，而且還以身作則，率先垂範。1912 年 1 月，他在就任中華民國臨時大總統時，就向全體國民鄭重承諾了其「爲民服務」的決心，指出：「傾覆滿洲專制政府，鞏固中華民國，圖謀民生幸福，此國民之公意，文實遵之，以忠於國，爲眾服務」。〔註13〕他在任臨時大總統期間，身體力行，自覺踐行他提出的公僕思想，不僅爲民國的政權建設嘔心瀝血，竭盡所能，而且平易近人，自願當一名模範公民。據張繼回憶：「他與平民在一起，從來不擺官架子，沒有官脾氣。他做了大總統後，華僑仍可當面稱其名——孫文，而不以爲忤，依舊親切地招待他們。……其所以如此，因爲他的一切舉措都公而無私。」〔註14〕當時，有一位揚州的蕭姓鹽商，年近八旬，專程到南京，欲睹大總統的風采。商人見到孫中山後，便欲行三拜九叩大禮，孫中山趕忙將其扶起落座，說：「總統在職一天，就是國民公僕，是爲全國人民服務的」。〔註15〕

（二）孫中山的黨的建設思想

首先必須說明的是，這裡所說的孫中山的黨的建設思想，主要是指孫中山圍繞黨員修養、黨員作風等有關黨員品格方面所作的論述，不包括黨的組織建設等方面內容。

二次革命失敗後，孫中山對以往的建黨思想進行了深刻的反省。他認爲，無論是同盟會，還是國民黨，都只強調「主義之相同」，而忽略了黨員本身的

〔註12〕《孫中山全集》第 9 卷，中華書局 1986 年版，第 243～244 頁。
〔註13〕《孫中山全集》第 2 卷，中華書局 1982 年版，第 1 頁。
〔註14〕《孫中山生平史料》，第 33 頁。
〔註15〕郭漢章：《南京臨時大總統府三月見聞錄》，《辛亥革命回憶錄》（六），第 294
　　　　頁。

品格，稱二次革命「所以失敗者，非袁氏兵力之強，實同黨人心之渙」，〔註16〕「黨員皆獨斷獨行，各爲其是，無復統一」，〔註17〕造成了「既無團結自治之精神，復無奉令承教之美譽，致黨魁則等於傀儡，黨員則有類散沙」。〔註18〕爲此，他於 1914 年 7 月 8 日在日本將國民黨改組爲中華革命黨，目的在於恢復和發揚革命黨團結奮鬥精神，建立一個堅強的革命核心，重新奪取政權。爲達此目的，孫中山規定了嚴格的組織紀律和入黨手續。《中華革命黨總章》規定，「凡進本黨者必須以犧牲一己之身命、自由、權利而圖革命之成功爲條件，立約宣誓，永久誓守」。〔註19〕1919 年 10 月 10 日，孫中山又將中華革命黨改組爲中國國民黨，《中國國民黨黨章》中明確規定，革命時期一切軍政要務都由國民黨負責。1920 年底，孫中山重返廣州，重建護法軍政府，更加堅定了「黨義可以戰勝一切」的道理，明確指出：爲了消除戰亂，造福於民，保持國家的統一，建設進步的國家，必須建立一個強有力的政黨，實行「以黨治國」。

「十月革命」的勝利給孫中山的思想帶來很大震動，特別是對政黨在中國革命中的地位和作用有了更加深刻、全面的理解，開始由學習歐美逐漸轉爲以俄爲師，認爲蘇俄之所以「能成功即因其將黨放在國上」，「比英、美、法之政黨握權更進一步」。〔註20〕由於政黨是革命和國家的核心力量，黨的好壞直接影響到革命能否成功，影響到將來的建國和治國，所以黨必須首先要建設好。而黨的建設重在黨員，黨員是黨的一切政策的發起者和執行者，黨員的素質和形象直接影響黨的形象，影響到黨的任務能否實現。因而，在道德修養方面，對黨員幹部必須要有較一般民眾更高的要求，各級黨員幹部必須是全體國民的道德模範和引領者。

正是認識到這一點，孫中山於 1923 年 10 月 9 日在廣州大本營對國民黨員發表了《黨義戰勝與黨員奮鬥》的演說，指出本次國民黨改組，就是要「用黨義戰勝，用黨員奮鬥」，稱「吾黨經過十餘年來，或勝或敗，已歷許多次數。就以勝敗成績觀察之，則軍隊戰勝爲不可靠，必須黨人戰勝乃爲可靠」。這也正是他將中華革命黨改組爲中國國民黨的目的所在，同時也是他總結辛亥以

〔註16〕 《孫中山全集》第 3 卷，中華書局 1984 年版，第 165 頁。
〔註17〕 《孫中山全集》第 3 卷，中華書局 1984 年版，第 82 頁。
〔註18〕 《孫中山全集》第 3 卷，中華書局 1984 年版，第 42 頁。
〔註19〕 《孫中山全集》第 3 卷，中華書局 1984 年版，第 98 頁。
〔註20〕 《孫中山全集》第 9 卷，中華書局 1986 年版，第 103 頁。

來革命屢屢失敗的原因之一。他說：「吾黨當革命未成功以前，皆用黨員來奮鬥，絕少用軍隊來奮鬥。至於武昌一役，雖屬軍隊奮鬥之大勝利，然此次成功，乃由黨員以黨義奮鬥之結果，感動軍隊而來。不幸武昌成功之後，黨員即停止奮鬥，以至此二十年來吾黨用軍隊奮鬥多，用黨員奮鬥少」，致使革命屢戰屢敗，幾經挫折。〔註21〕且不說孫中山在此對革命失敗的原因總結得是否合理，但他已充分認識到黨員對革命成功的重要作用卻是毋庸置疑的。

　　正是由於認識到黨員對革命成功的重要作用，孫中山非常重視黨員幹部的道德品格建設，把培養廣大黨員幹部保持高尚的道德情操和革命奉獻精神作為一項重大的政治課題。他要求凡是投身於中華革命黨的人，都要「以救國救民為己任，先當犧牲一己之自由平等，為國民謀自由平等。」〔註22〕他在中華革命黨總章中明確規定：「凡進本黨者，必須以犧牲一己之身命、自由、權力，而圖革命之成功為條件，立約宣誓，永久誓守」〔註23〕。1923年10月，他對改組後的國民黨黨員演講道：當年辛亥革命之所以能夠成功，其中一個重要因素就是「由於富於犧牲的精神。因為我們有很大的犧牲精神，所以後來革命能夠成功。我們現在革命要像以前的一樣成功」，就必須「把從前的犧牲精神再恢復起來。如果大家恢復了從前的犧牲精神，便不怕有什麼難事，便不愁現在的革命做不成功。」〔註24〕他反覆要求國民黨員「要立心做大事，不要立心做大官」。要始終樹立革命的犧牲精神，樹立革命利益第一的思想，一心為公，反對自私自利，反對伸手要官的卑劣人格，「人人當去其自私自利之心，同心協力，共同締造」，〔註25〕必須要「將現在將士陞官發財、自私自利的思想根除，引他到遠大的志願，乃能有望。」〔註26〕

　　孫中山深惡痛絕於辛亥革命後不少人革命黨熱心做官、放棄革命的現象。因此，他對入黨做官的思想傾向時刻保持著高度警惕，不厭其煩地一再告誡那些想加入和已經加入國民黨的人，要存心做大事，要為人民謀福利，不要存心做大官。1923年10月，他在國民黨懇親大會上又指出，黨員的精神「就是能夠為主義去犧牲」，「平日立志，應該想做大事，不可想做大官，如

〔註21〕　《孫中山選集》，人民出版社1981年版，第549頁。
〔註22〕　《孫中山全集》第3卷，中華書局1984年版，第92頁。
〔註23〕　《孫中山全集》第3卷，中華書局1984年版，第98頁。
〔註24〕　《孫中山選集》，人民出版社1981年版，第529頁。
〔註25〕　《孫中山選集》（上），人民出版社1956年版，第438頁。
〔註26〕　《孫中山選集》，人民出版社1981年版，第550頁。

果存心做大官，便失去黨員的真精神！」〔註 27〕明確指出，其提出的以黨治國思想，是以主義治國，絕非要黨員做官。「本總理向來主張以黨治國」，「如果黨員的存心都以為要用黨人做官，才算是以黨治國，那種思想便是大錯」！「如果說要黨員做官才算是以黨治國，那麼，本黨的黨員現在有三十多萬，廣東的知縣只有九十多個，其餘的大官更是很少，用這樣少的官怎麼能夠分配到這樣多的黨員呢！所謂以黨治國，並不是要黨員都做官，然後中國才可以治；是要本黨的主義實行，全國人都遵守本黨的主義，中國然後才可以治。簡而言之，以黨治國，並不是用本黨的黨員治國，是用本黨的主義治國，諸君要辨別得很清楚。」〔註 28〕

孫中山把黨員的人格建設視為關係民心向背和革命能否成功的關鍵。他說革命要取得成功，就要得「人心」，「得人心的方法很多，第一是要本黨現任的黨員，人格高尚，行為正大。不可居心發財，想做大官；要立志犧牲，想做大事，使全國佩服，全國人都信仰。然後本黨的基礎才能夠鞏固，本黨的地盤才能夠保守。」〔註 29〕他稱國民黨之所以在辛亥革命後反不如以前，其中一個重要原因，就是黨內分子「太過複雜，黨內的人格太不齊，令外人看不起，所以外人都不情願加入，幫助本黨奮鬥。譬如許多黨員，總是想做大官。如果是得志的，做了大官便心滿意足」；「若是不得志的，不能做大官，便反對本黨，去贊成敵黨」，「大多數黨員都是以加入本黨為做官的終南捷徑。因為加入本黨的目的都是在做官，所以黨員的人格便非常卑劣，本黨的分子便非常複雜」。孫中山要求廣大國民黨黨員要「振作精神，一致為主義去奮鬥」。〔註 30〕要求全體黨員都要「像黃花崗的七十二烈士、打死孚琦的溫生財，為主義去革命，成仁取義，留名千古」。〔註 31〕指出：「民國一天沒有建設好，本黨就要奮鬥一天。諸君都是本黨的黨員，便要擔負起這個奮鬥的責任」。〔註 32〕

孫中山在這裡反覆強調：入黨不是為了做官，入黨不是為了發財，要為主義奮鬥，要為建設全新的民主共和國奮鬥。1924 年，在國共兩黨共同創辦

〔註 27〕 《孫中山選集》，人民出版社 1981 年版，第 524～525 頁。
〔註 28〕 《孫中山選集》，人民出版社 1981 年版，第 525～526 頁。
〔註 29〕 《孫中山選集》，人民出版社 1981 年版，第 527 頁。
〔註 30〕 《孫中山選集》，人民出版社 1981 年版，第 524 頁。
〔註 31〕 《孫中山選集》，人民出版社 1956 年版，第 529～530 頁。
〔註 32〕 《孫中山選集》，人民出版社 1981 年版，第 523 頁。

的廣州黃埔軍校大門口的兩邊，寫有一幅對聯：「陞官發財請走他處」、「貪生怕死莫入此門」。這曾經激勵了無數優秀的青年才俊加入到國民黨中來，爲實現自己心中的信仰，實現三民主義和中華民族的偉大復興而前仆後繼。正是有這些抱著不爲陞官發財入黨的國民黨員的加入，當時的國民黨才變得無比強大，迅速取得了北伐戰爭的勝利。可是，當國民黨取得政權後，想陞官發財的人大量混入國民黨，一些原來抱著革命目的參加國民黨的人也蛻化變質，國民黨也因此逐漸從一個革命黨蛻變爲一個反革命黨、腐敗黨。兩相對照，不難看出，人的道德修養在防治權力腐敗中的重要作用，同時也說明道德操守在防治權力腐敗方面的脆弱性。也就是說，僅僅依靠道德約束並不足以防治腐敗，還必須輔以其他的舉措，其中最主要的是法治。

那麼，黨治、德治與法治到底是個什麼關係呢？是否實行黨治就不要法治了呢？對此，孫中山說：「本來舊國家的政治也是重人，現代新國家乃重在法。但法從何來？須要我們人去造成他。所以黨的作用，也就不能不重人。黨本來是人治，不是法治。我們要造法治國家，只靠我們同黨人的心理……黨之能夠團結發達，必要有二個作用：一是感情作用，二是主義作用；至於法治作用，其效力甚小；」「許多的人反對我把個人做主義去辦黨，不知黨本是人治，不像國家的法治。」〔註33〕孫中山在這裡談到三點：第一，黨用「人治」，指的是黨的領導人運用主義、理想去對黨員進行教育和管理。第二，黨用「人治」，是爲了實現國家「法治」。第三，黨組織內部採用「人治」，但國家仍然是「法治」，即作爲一個整體的政黨，在國家中進行活動時，仍然不能置身於法律之外，而應像他所說的那樣「納服於法律之下，不應在法律之外稍有活動。」所以，孫中山認爲，黨用「人治」與國家實行「法治」，並不矛盾，而是相輔相成的。

應當說，孫中山在這裡所說的有一定的道理，但也不免失於理想化。國有國法，黨有黨紀，黨紀就是黨的「法律」。很難想像一個在內部不實行「法治」、不按照規矩辦事的政黨，在領導國家建設時會養成法治的思維和習慣。恰恰相反，應該先在黨內實行「法治」，在作爲先進分子的黨員中養成法治的思維和習慣，然後推而廣之至整個社會，特別是像中國這樣一個有著悠久人治歷史的國家，更是應該如此。後來的歷史發展，也充分驗證了這一點。南京國民政府在中國大陸實行訓政二十多年，始終未在全國範圍內建立起正常

〔註33〕《孫中山全集》第 5 卷，中華書局 1985 年版，第 391 頁，第 394 頁。

的法治秩序，倒是充滿了人治的色彩。

（三）加強黨員幹部道德修養的措施

如何保證黨員和政府官員具有高尚的品德和爲民服務的思想呢？孫中山主要提出了如下措施或設想：

第一，加強教育，提升黨員幹部的道德修養。孫中山說：「欲回覆其人格，第一件須從教育始。」具體來說，孫中山認爲，改良黨員幹部人格的方式主要有「體育、智育、德育三項」，〔註34〕其中，德育比智育還重要，稱「智」在「根本上又須合乎道義」，〔註35〕認爲智力必須合乎道義。換而言之，在智育與德育的關係方面，德育佔據著主導和支配地位，德育優先於智育。因此，他反覆教育國民黨的黨員幹部，要注重道德教育，要重視宣傳的作用，指出「革命的方法，有軍事的奮鬥，有宣傳的奮鬥」，只有「宣傳的奮鬥」，才是從根本做起的奮鬥；〔註36〕如果沒有宣傳的奮鬥「做基礎，雖有兵力，亦不足恃」。〔註37〕他在教育革命軍人時說，「你們」肩任著非常事業，「欲身任非常之事業，則必受非常之教育乃可。此非常之教育爲何？即軍人之革命精神教育是也。」〔註38〕

孫中山充分認識到革命宣傳在教育中的重要地位。他曾經從得民心的角度強調宣傳的重要，說「得人心的方法很多，第一是要本黨現在的黨員，人格高尚，行爲正大。……第二是要諸君注重宣傳，教本黨以外的人都明白本黨的主義，歡迎本黨的主義」。〔註39〕他又從國家治理的角度講，說「要政治上切實的道理實行出來，統共有兩種方法：（一）是用武力逼壓百姓，強迫去執行……（二）是靠宣傳，使人心悅誠服，情願奉令去行」。〔註40〕他以辛亥革命爲例指出：「本黨在辛亥年革命成功的道理，就是由於一般先烈自己能夠犧牲，爲主義去奮鬥，並且把本黨的主義宣傳到全國人民，令全國人心都贊成革命，所以武昌起義一經發動，便全國響應。當時武昌的革命軍，沒有離開武昌一步，沒有打到各省，各省便同時響應來革命，就是各省人民

〔註34〕《孫中山全集》第8卷，中華書局1986年版，第319頁。
〔註35〕《孫中山全集》第6卷，中華書局1985年版，第17頁。
〔註36〕《孫中山選集》（下），人民出版社1956年版，第466頁。
〔註37〕《孫中山選集》（下），人民出版社1956年版，第474頁。
〔註38〕《孫中山全集》第6卷，中華書局1985年版，第10頁。
〔註39〕《孫中山選集》，人民出版社1981年版，第558頁。
〔註40〕《孫中山選集》，人民出版社1981年版，第527～528頁。

受過了本黨主義的宣傳」。〔註41〕而且，辛亥革命之前，「在武昌的軍隊是清
朝訓練的，不是本黨訓練的，因爲沒有起義之先，他們受過了我們的宣傳，
明白了我們的主義，才爲主義去革命」。反倒是「清朝推倒了以後，我們便
以爲軍事得勝，不必注重宣傳，甚至有把宣傳看做是無關緊要的事。所以弄
到全國沒有是非，引起軍閥的專橫」。總而言之，他認爲宣傳的功效比軍事
的功效還要大，「說起功效來，是哪一樣大呢？自然是宣傳奮鬥的效力大，
軍事奮鬥的效力小」，指出「革命成功極快的方法，宣傳要用九成，武力只
可用一成」。〔註42〕孫中山在這裡雖然有些誇大其在辛亥革命的宣傳作用，
但他重視宣傳、視宣傳較軍事重要的思想卻是很有道理，國民黨北伐戰爭的
勝利以及後來中共戰勝國民黨的歷史，都說明了這一點。

　　所以，孫中山身體力行，特別是在晚年，利用各種可以利用的場合，不
斷髮表演講，宣傳三民主義，宣傳國民黨的黨義，教育廣大黨員幹部要樹立
奉獻精神和公僕思想。他曾說：「我從前從事革命……總是用盡方法去開導，
反覆規勸，以至於瞭解而後已。並且把那些最反對的心理，變成最贊成的心
理，熱心爲本黨盡力，替本黨的主義去奮鬥」。〔註43〕可以說，他的公僕思想
和黨員要有奉獻精神的論述，絕大部分是在其向國民黨黨員和有關公職人員
演講訓話時闡述出來的，有的本身就是對黨員幹部進行的道德教育課，如他
1923 年 10 月在國民黨懇親大會上所作的《國民黨員不可存心做官發財》的演
講，即是一個典型例子。他還在這個演講中講道，現在最要緊的事是要先辦
一個宣傳學校，培養宣傳人才，並表示「如果這種學校辦成了，我在每星期
中，也可以抽出多少時間到學校來演講，擔負老師的責任」。〔註44〕實際上，
孫中山的一生就是一個不斷尋求救國救民道路、宣傳救國救民道路的一生。
而且，孫中山不但自己身體力行，著力宣講奉獻精神和公僕思想，還要求黨
員幹部重視宣傳工作，加強宣傳工作，諸君「要注重宣傳，教本黨以外的人
都明白本黨的主義，歡迎本黨的主義」。〔註45〕

　　應該說，孫中山重視宣傳的作用，主要是從宣傳主義、爭取民心的角度
出發的，似乎與提高黨員幹部修養、防止權力腐敗沒有多少關係。其實，其

〔註41〕　《孫中山選集》，人民出版社 1981 年版，第 527～528 頁。
〔註42〕　《孫中山選集》，人民出版社 1981 年版，第 556～558 頁。
〔註43〕　《孫中山選集》，人民出版社 1981 年版，第 528 頁。
〔註44〕　《孫中山選集》，人民出版社 1981 年版，第 528 頁。
〔註45〕　《孫中山選集》，人民出版社 1981 年版，第 558 頁。

中的關係還是很大的。首先，黨員要進行宣傳，就必須要準確領會黨的主義的內容，必須不斷提升自己的道德修養。孫中山說：「若黨員欲運用其能力，出而感化他人，亦猶之軍人上陣戰爭，必須明白其槍炮之效力及其方法。故黨員必須明白三民主義、五權憲法之內容如何，然後出而用之宣傳，始生效力，始能感化他人也。」〔註46〕而且，要取得宣傳的效果，黨員幹部們必須「明瞭士農工商之狀況」，「知其痛苦之所在，提出方法，敷陳主義，乃能克敵致果」，「如遇農，則說之以解脫困苦的方法，則農必悅服。遇工、遇商、遇士各種人們亦然」。在如此的過程中，黨員幹部因為深入瞭解了廣大民眾的生活現狀，自會自覺地提升自身修養，強化謹慎用權意識。同時，隨著宣傳的不斷開展，對黨的主義和道德要求也會進一步內化為內心的一種信仰，從而對權力的行使產生一種約束作用。而且，宣傳的目的本就是讓人民群眾瞭解三民主義，瞭解怎樣做國家的主人，怎樣去監督政府官員，「到了民國，人民本是主人，應該有權可以監督他們的，但是初次脫去奴隸的地位，忽然升到主人的地位，還不知道怎麼樣做主人的方法，實行民權」，所以，就需要「先知先覺的人要他們知，便應該去教，教便是宣傳」。〔註47〕待民眾通過教育知道做主人的道理和方法後，自然也就加強了對官員幹部的監督制約。

第二，將品德作為選拔任用官員的重要標準。孫中山認為，要保證政府和政府官員秉公執法，為民服務，必須要把好官吏選拔關。指出治理國家，「建官分職」、「任賢選能」至為重要。基於此，他在選拔官吏方面提出了「任官授職，必賴賢能」的基本原則。也就是說，作為民國政府的官員，除了要有才幹，還要「賢」，要品德高尚，特別是要有「為民服務」的新道德，不謀私利，做「國民公僕」，沒有「鑽營奔競之風」，〔註48〕要既賢且能，德才兼備。

因此，他在選拔官員的制度設計上，在選舉和委任的基礎上，又設置了一道考試關。他指出：「以後國家用人行政，凡是我們的公僕都要經過考試，不能隨便亂用的」。〔註49〕肯定並保留我國歷史上以科舉制度為核心的人才選

〔註46〕《孫中山選集》，人民出版社1981年版，第551頁。
〔註47〕《孫中山選集》，人民出版社1981年版，第562～563頁。
〔註48〕《孫中山集外集》，上海人民出版社1990年版，第680頁。
〔註49〕《孫中山選集》，人民出版社1981年版，第495頁。

拔制度，是孫中山對我國人才選拔制度的一個重要貢獻。他說：「考試本是中國一個很好底制度」，用這種制度來選拔官員最為公平，「舉行考試的時候，將門都關上，認真得很，關節通不來，人情講不來，看看何等鄭重」。〔註50〕認為「尚公去私，厥維考試」。所以，他主張：「受人民委任」的官吏，「不但須經選舉，尤須經考試」，認為通過考試的辦法選拔官員，一方面可使「國家得適當之人才」，另一方面藉以掃除「勢力選舉」，任人唯親等「惡習」，做到「庶政清明」。〔註51〕

考慮到考試對選拔官員的重要，孫中山認為考試權必須從行政權中分離出來，獨立設置。他指出，歐美國家選拔官吏的方法主要是選舉和委任兩種，但是，「無論是選舉，還是委任，皆有很大的流弊」。如美國以前沒有考試制度，所以「就選舉上說，那些略有口才的人，便去巴結國民，運動選舉；那些學問思想高尚的人，反都因訥於口才，沒有人去物色他」，以致於使美國的國會中，「往往有愚蠢無知的人夾雜在內」，而許多優秀人才卻被閒置不用；「就委任上說，凡是委任官都是跟著大統領而進退」，每遇到總統更迭，「由內閣至郵政局長不下六七萬人，同時俱換。所以美國的政治非常腐敗散漫，是各國所沒有的」。這「都是考選制度不發達的緣故」。後來，實行了考試制度之後，「美國政治方有起色」，但是，美國的考試制度只「用於下級官吏，並且考選之權仍然在行政部之下，雖少有補救，也是不完全的」。所以，孫中山建議，「將來中華民國憲法，必要設立獨立機關，專掌考選權。大小官吏必須考試，定了他的資格，無論那官吏是由選舉的抑或由委任的，必須合格之人，方得有效，這法可以除掉盲從濫舉及任用私人的流弊。」〔註52〕1914 年 7 月 8 日，孫中山在親自起草的《中華革命黨總章》中就規定了考試院的職權。1924 年 8 月，孫中山公佈並施行的《考試院組織條例》規定：中央設考試院，直隸於大元帥府，與行政權分離獨立。各省設立考試分院，舉行各種考試時，分設考試委員會，並得就各省酌劃區域，舉行巡迴考試。可以說，創造性地提出以考試權獨立為核心的文官考試制度，是孫中山對我國人才選拔制度的另一個重要貢獻。

為了加強對官吏選拔的考試管理，孫中山在南京臨時政府和廣州政府時

〔註50〕《孫中山選集》，人民出版社 1981 年版，第 492 頁。
〔註51〕《孫中山集外集》，上海人民出版社 1990 年版，第 35 頁。
〔註52〕《孫中山選集》，人民出版社 1981 年版，第 87～88 頁。

期，制訂了若干文官考試的法規法令。出任臨時大總統後，孫中山即著手準備建立與資產階級民主共和國政治體制相適應的文官考試制度。南京臨時政府遵照孫中山「考選之法」、「網羅天下英才」的指示，先後制定了《文官考試令》、《文官考試委員官職令》、《外交官及領事官考試委員官職令》、《外交官及領事官考試令》、《法官考試委員官職令》、《法官考試令》等六個考試法令草案，送呈孫中山。孫中山隨即咨請參議會審查議決。但由於南京臨時政府存在時間較短，參議院沒有來得及完成立法程序，上述草案沒有能夠頒佈實施。在廣州軍政府時期，孫中山多次指示「用人當以資格論，實行考試制度。非經考試合格，不能做官」、要「釐定各種考試制度」。1924 年 8 月 26 日，中華民國海陸軍大元帥孫中山發佈命令，公佈並實施《考試院組織條例》，共 26 條；又公佈實施《考試條例》，共 18 章 64 條；《考試條例施行細則》，共 18 條。無論是南京臨時政府時期尚未公佈實施的考試草案，還是廣州軍政府時期公佈的考試法規條令，這些法規條令或草案的一些重要內容以及其中所包含的孫中山的文官考試思想，有不少內容都被後來的北京政府和南京國民政府所吸收，對推動我國近現代文官考試制度的發展起到了非常重要的作用，開啓了我國人才選拔制度和文官考試制度近代化的先河。

第三，加強對政府官員的監督。孫中山指出，經過考選合格並被國家任命的官吏，還必須得到人民的認可，即「要人民……對於任命官沒有否認。」[註53] 如果被選舉的議員或被任命的官吏不合格，人民有權「罷免」他們，即孫中山所說的「罷免權」。同時，已被任職的官員，如果有失職行為或人民認為不合格，除了國民大會有權予以彈劾和罷免外，監察院也有權向國民大會提出彈劾。鑒於監察權對監督官員的重要作用，孫中山主張監察權必須獨立。他認為，「現在立憲各國，沒有不是立法機關兼有監督的權限，那權限雖然有強有弱，總是不能獨立，因此生出無數弊端」。所以，他主張監察機權必須獨立，要設立專門的監察機關監督政府及其官員，如果監察機關不獨立，它的監察就缺乏權威性，甚至有可能淪為行政機關或者權力機關的附庸。他進一步論證道，「裁判人民的機關已經獨立，裁判官吏的機關卻仍在別的機關之下，這也是論理上說不去的，故此這機關也要獨立」。[註54]

〔註53〕《孫中山集外集》，上海人民出版社 1990 年版，第 179 頁。
〔註54〕《孫中山選集》，人民出版社 1981 年版，第 88～89 頁。

需要指出的是，西方國家的監察權來自國會，而國會又是由人民選舉產生，代表著全體國民的意志和利益，所以從根本上說西方國家的監察權是來源於人民的。孫中山所主張的五權憲法中的監察權雖與西方國家的有所不同，但沒有根本的差異。因爲按照孫中山的設想，國民大會是由國民選舉產生，監察院的院長由國民大會選舉產生，受全體人民監督，人民對其有罷免權。所以，五權憲法中的監察權從根本上也是來源於人民，且其人民性並不遜色甚至強於西方。將監察權設置於具有近代色彩的憲政體制之下並且獨立設置，這是孫中山的獨創，也是他對人類監察制度的重要貢獻。

二、孫中山以德制權思想的主要理論淵源

（一）中國傳統德治思想的影響

孫中山在談到道德問題時，多次提到中國古代的道德，「講到中國固有的道德，中國人至今不能忘記的，首是忠孝，次是仁愛，其次是信義，其次是和平。這些舊道德，中國人至今還是常講的。」〔註55〕

孫中山非常嚮往中國古代的「三代之治」，不止一次地稱讚堯舜禹是眞正的「公天下」。他說：

> 我們研究歷史，總是看見人稱讚堯舜禹湯文武；堯舜禹湯文武的政府是中國人常常羨慕的政府，中國人無論在那個時代，總是希望有那樣的政府，替人民來謀幸福。所以歐美的民權思想沒有傳進中國以前，中國人最希望的就是堯舜禹湯文武，以爲有了堯舜禹湯文武那些皇帝，人民便可以得安樂，便可以享幸福，這就是中國人向來對於政府的態度。〔註56〕

> 比方在專制皇帝沒有發達以前，中國堯舜是很好的皇帝，他們都是公天下，不是家天下。當時的君權還沒有十分發達，中國的君權是從堯舜以後才發達的。推到堯舜以前更沒有君權之可言，都是奉有能的人做皇帝，能夠替大家謀幸福的人才可以組織政府。譬如從前所講人同獸爭的野蠻時代，國家的組織沒有完全，人民都是聚族而居，靠一個有能的人來保護。〔註57〕

〔註55〕《孫中山全集》第9卷，中華書局1986年版，第243頁。
〔註56〕《孫中山選集》，人民出版社1981年版，第766頁。
〔註57〕《孫中山選集》，人民出版社1981年版，第771～772頁。

（二）西方基督教思想的影響

孫中山既是近代中國資產階級民主革命的先行者，也是一位品格高尚的基督教徒。在長期的革命生涯中，他始終與基督教保持著密切關係。他早年隨母到檀香山期間，曾先後進入英基督教監理會主辦的意奧蘭尼學校和美基督教公理會設立的奧阿厚書院讀書。1883 年 11 月，他又進入香港英基督教聖公會所辦的拔萃書室讀書，並於課餘拜廣州有名的基督教倫敦傳道會會長區鳳墀爲師，學習經史之學。就在這年底，孫中山由美國公理會喜嘉理牧師施洗，正式成爲基督教徒。1924 年他在作《三民主義》演講時曾說，「外國人在中國設立學校，開辦醫院，來教育中國人，救濟中國人，都是爲實行仁愛的」。〔註58〕這說明，他早年立志學醫，可能與受到基督教仁愛思想的啓發有關。

之後，在長期的革命生涯當中，他始終與基督教界的人士保持著密切的聯繫，而且，他所結交的基督教傳教士和教友，如王煜初、喜嘉理、康德黎等，大多具有很高尚的道德修養。其中，康德黎對孫中山還有救命之恩。這些傳教士所具有的高尚的道德修養，以及基督教教義中所蘊含的講誠信、不貪財、不誣陷、不做假證、平等愛人等道德觀念，對孫中山日後的思想發展產生了很深刻的影響。如他日後所倡導的「犧牲一己之自由平等，爲國民謀自由平等」的思想就源於基督教中關於基督耶穌犧牲個人生命、爲大眾謀利益的教義。他在香港西醫書院與教友「互相研討耶穌與革命之理想」時指出：「耶穌之理想爲捨己救人，革命之理想爲捨己救國，其犧牲小我，求謀大眾福利之精神，原屬一致。」〔註 59〕也就是說，孫中山認爲耶穌基督的理想與他犧牲小我、謀大眾福利的革命精神是一致的。孫中山經常教導人要仁愛，非常喜歡「博愛」二字，並書以送人，而博愛正是基督教教義所強調的觀點之一，也是基督教倫理道德的精髓所在。

孫中山一生獻身革命，愈挫愈奮；盡瘁國事，不治家產；提倡人道，擯斥罪惡；天下爲公，不謀權位；嚴於律己，寬以待人。這些思想品格的形成都與基督教的倫理影響不無關係。辛亥革命成功後，美國牧師喜嘉理曾說過一段話，對孫中山的高尚品格做了很好的概括：「夫同是華人，而先生革命之志，獨能履九死而不變，是何故歟？蓋以宣教師之言論，大都尊重人道，屏

〔註58〕《孫中山全集》第 9 卷，中華書局 1986 年版，第 244～245 頁。
〔註59〕王寵惠：《追懷國父述略》，《革命先烈先進闡揚國父思想論文集》第 1 冊，1965 年版（臺北）。

斥舊惡，先生既飫聞而心罪之……今者，民國成立，先生竟解大總統之任，
而躬行揖讓之事，其高尚誠樸之胸襟，與天下以共見，洵不愧爲忠直之基督
徒也！……中華民國自此昭垂永久，炳耀萬國，皆由先生之克己恆忍，始終
不渝，汲汲爲同胞謀福利，絕不以一身之利害得失，而有所欣戚也。」〔註60〕

　　當然，不管是中國傳統的德治思想，還是西方的基督教倫理，孫中山都
不是全盤承襲，而是秉持他一貫堅持的批判吸取的觀點，根據中國革命的需
要加以取捨，對不符合時代特徵和中國國情的內容加以摒棄，甚至予以批評。
如他在講到中國傳統的忠字時，便稱過去是忠君，但在民國當是忠於國家，
忠於人民，忠於事業。〔註61〕再如，基督教要求信徒忍受現實苦難和服從地
上有權柄者的統治，但孫中山則對這些不適應中國國情的內容予以剔除，主
張「從神道而入治道」。〔註62〕馮自由對此曾這樣評論道：「考總理之信教，
完全出於基督救世之宗旨，然其所信奉之教義，爲進步的及革新的，與世俗
之墨守舊章思想陳腐者迥然不同。」〔註63〕孫中山在這裡所說的這個「治道」，
其實就是推翻清王朝腐朽統治、建立民主共和國、振興中華民族之道。

（三）蘇俄建黨思想的影響

　　蘇俄對孫中山的影響主要體現於政黨建設和軍隊建設方面。
　　孫中山非常重視政黨的建設。1905 年 8 月，他創建了中國第一個資產階
級革命政黨——中國同盟會，提出了「驅除韃虜，恢復中華，創立民國，平
均地權」的三民主義政治綱領，並以此領導推翻了中國二千多年的封建專制
統治。1912 年 8 月，伴隨著辛亥革命的勝利，同盟會改組爲國民黨，準備以
議會黨的形式參與國家政治。「二次革命」失敗後，孫中山爲繼續革命，將國
民黨改組爲中華革命黨，強化了政黨的革命性、組織性、紀律性以及黨員對
領袖的絕對服從，規定加入中華革命者，「凡進本黨者，必須以犧牲一己之身
命、自由、權力，而圖革命之成功爲條件，立約宣誓，永久誓守」；「凡入黨
各員，必自問甘願服從文一人」；黨員入黨「須各誓約」，加蓋指模。〔註64〕

〔註60〕〔美〕喜嘉理：《孫中山先生之半生回觀》，尚明軒等編：《孫中山生平事業追
　　　　憶錄》，人民出版社 1986 年版，第 524 頁。
〔註61〕《孫中山全集》第 9 卷，中華書局 1986 年版，第 243 頁。
〔註62〕《孫中山全集》第 1 卷，中華書局 1981 年版，第 46 頁。
〔註63〕馮自由：《孫總理信奉耶教之經過》，載《革命逸史》第 2 集，中華書局 1981
　　　　年版，第 12 頁。
〔註64〕《孫中山全集》第 3 卷，中華書局 1984 年版，第 98 頁。

　　就在孫中山領導革命鬥爭屢屢受挫的時候，蘇俄和共產國際開始與孫中山接觸。蘇俄與孫中山的直接交往最早可以追溯到 1918 年。是年夏天，孫中山致電列寧，祝賀俄國革命的成功。俄外交人民委員契切林受俄羅斯聯邦人民委員會委託，於 1918 年 8 月 1 日覆信孫中山，向孫中山表示感謝並「籲請中國兄弟共同鬥爭」。1920 年 10 月，契切林再次致信孫中山。孫中山於 1921 年 8 月回信表示，他本人對蘇維埃的組織、軍隊和教育極感興趣。〔註65〕

　　1922 年 6 月陳炯明叛變事件對孫中山帶來極大打擊，它促使孫中山重新思考革命失敗的原因及革命隊伍的建設問題，越發感到主義統一與人心之堅定的重要性，指出革命須「有革命之主義，有革命之道德，有革命之精神。……吾國之革命，乃求實行三民主義也」，決定改進國民黨。也就是從此開始，他對俄共的組織及軍隊建設十分嚮往，並認爲這是俄國革命成功的根本原因。1922 年 8、9 月間，孫中山開始與李大釗等中國共產黨人接觸，商討以俄爲師、改組中國國民黨事宜。1923 年 1 月，孫中山與蘇俄特使越飛在上海發表孫文越飛宣言，宣告：「中國當得俄國國民最摯熱之同情，且可以俄國援助爲依賴也」，並確定了聯俄政策。〔註66〕

　　此後，孫中山每每在演講中都要對比中、俄革命成敗原因，決心以俄爲師。他對身邊的人說：「在這些日子裏，我對中國革命的命運想了很多，我對從前所信仰的一切幾乎都失望了，而現在我深信，中國革命的唯一實際的眞誠的朋友是蘇俄。」〔註67〕1923 年 11 月，孫中山在對改組後的國民黨黨員的演講中說，從此以後「要努力於有組織、有系統、有紀律的奮鬥」，「俄國革命之發動遲我國六年，而俄國經一度之革命，即能貫徹他等之主義，且自革命以後，革命政府日趨鞏固」，「蓋俄國革命之能成功，全由於黨員之奮鬥。一方面黨員奮鬥，一方面又有兵力支持，故能成功。吾等欲革命成功，要學俄國的方法組織及訓練，方有成功的希望」，「在一年間或二年間將此革命精神普遍於全國，則我國革命成功雖遲於俄國，而終是成功。吾黨要從今日學起，一定可以成功。」〔註68〕同年 12 月，他又演講道：「吾黨此次改組，乃以蘇俄爲模範，企圖根本的革命成功，改用黨員協同軍隊來奮鬥。」「今日由

〔註65〕中共中央黨史研究室第一研究部編譯：《共產國際、聯共（布）與中國革命檔案資料叢書》第 1 輯，北京圖書館 1997 年版，第 49 頁。

〔註66〕魏宏運編：《孫中山年譜》，天津人民出版社 1979 年版，第 77 頁，第 80 頁。

〔註67〕陳錫祺編：《孫中山年譜長編》（下），中華書局 1991 年版，第 1472 頁。

〔註68〕《孫中山選集》，人民出版社 1981 年版，第 547～548 頁。

俄國革命成功觀察之，我們當知軍隊革命成功非成功，黨人革命成功乃眞成功。」〔註69〕

　　蘇俄及共產國際對孫中山的影響首先表現在孫中山按照俄共的原則改組了國民黨。1923 年 7 月，俄共（布）中央決定派鮑羅廷到中國擔任孫中山的政治顧問。同年 10 月，鮑羅廷到達廣州，被孫中山任命爲國民黨組織教練員。同年 11 月，孫中山在一次演講中說：「現在一位好朋友鮑君（指鮑羅廷，筆者注），是從俄國來的」，「因爲要學他的方法，所以我請鮑君做我黨的訓練員，使之訓練我黨之同志。」根據鮑羅廷的建議，孫中山著手對國民黨的黨員資格、組織機構、基層組織、紀律等方面進行了全面改組，改組後的國民黨在上述方面與俄共非常相似。

　　蘇俄與共產國際對孫中山的另一個重要影響表現在孫中山革命戰略的轉變上，這就是從注重軍事工作轉而注重政治工作，特別是宣傳工作。其實，在此之前，孫中山也是非常重視宣傳的作用的。他說：「本黨在辛亥年革命成功的道理，就是由於一般先烈自己能夠犧牲，爲主義去奮鬥，並把本黨的主義宣傳到全國人民，令全國人心都贊成革命，所以武昌起義一經發動，便全國響應」。〔註70〕只是由於後來革命形勢的嚴峻，才一度重視軍事鬥爭，忽視了宣傳的工作。

　　1923 年，孫中山派蔣介石率團訪問俄羅斯，主要任務就爭取蘇俄的軍事支持，蘇方當時對此曾非常不滿，多次強調「孫逸仙和國民黨應該集中全力在中國做好政治工作，……應該首先全力搞宣傳工作」，「應該把全部注意力集中在政治工作上來，把軍事活動降到必要的最低限度」。〔註71〕孫中山接受了俄方的意見，表示要通過對國民黨的改組，「變更奮鬥的方法，注重宣傳，不注重軍事」。〔註72〕「教本黨以外的人都明白本黨的主義，歡迎本黨的主義」。〔註73〕

　　總之，孫中山的以德制權思想是中西方思想交融的產物。孫中山去世後，當時的《上海商報》在發表的悼詞中說：「孫中山之全人格如何，倉促間未易

〔註69〕《孫中山選集》，人民出版社 1981 年版，第 549 頁，第 550 頁。

〔註70〕《孫中山選集》，人民出版社 1981 年版，第 527 頁。

〔註71〕中共中央黨史研究室第一研究部編譯：《共產國際、聯共（布）與中國革命檔案資料叢書》第 1 輯，北京圖書館 1997 年版，第 340 頁。

〔註72〕《孫中山選集》，人民出版社 1981 年版，第 556 頁。

〔註73〕《孫中山選集》，人民出版社 1981 年版，第 527 頁。

以一二語論定，……蓋中山實能熔中國傳統之仁義觀念，與西方之奮鬥精神爲一爐；合海國超邁之意量，與中原簡毅之體質爲一體。不知有身，不知有家，不知有敵人，不知有危害，不知有艱險，恕於待人而嚴於責己，敏於觀事而忍以圖功。寢饋食息，必於救國；造次顛沛，不忘奮鬥。」〔註74〕這既是對中山先生人格的總結，也是對中山先生以德制權思想來源的一種概括。

三、對孫中山以德制權思想的評價

孫中山對官員和執政黨黨員道德修養的重視，與他提出的「萬能政府」理想和「權能區分」理論是一脈相承的。他的「權能區分」理論中就隱含著這樣一個基本原則，即政府和專門家都應該是有道德的，或者說，正因爲他主張政府和專門家都應該是有道德的，他才提出了政府萬能的思想，要求人民將治權完全交給有能力的專門家手裏，而不要人民去干預專門家的行動。所以，他說：「只要他們有本領，忠心爲國家做事，我們就應該把國家的大權付託於他們，不限制他們的行動，事事由他們自由去做，然後國家才可以進步，進步才是很快。」〔註75〕

這可以從孫中山的諸多論述中得到證明。孫中山在稱頌堯舜禹湯文武的政權時說，他們之所以能建成一個有所作爲的良政府，「是因爲他們有兩種特別的長處：第一種長處是他們的本領很好，能夠做成一個良政府，爲人民謀幸福；第二種長處是他們的道德很好，所謂『仁民愛物』，『視民如傷』，『愛民若子』，……因爲他們有這兩種長處。所以對於政治能夠完全負責，完全達到目的」。〔註76〕在講到阿斗與諸葛亮時，說西蜀之所以能成立很好的政府，是因爲諸葛亮有很好的道德，「阿斗雖沒有用，諸葛亮依然是忠心輔佐，所謂『鞠躬盡瘁，死而後已』」。〔註77〕也正是因爲這樣，孫中山才如此重視官吏的品德建設問題。孫中山這種對政府（專門家）道德修養上的訴求，是對中國古代儒家「賢人政治」傳統的繼承和發揚。

其實，即使在步入法治社會的今天，公務人員應當是社會道德的表帥依然是人們的普遍共識，許多國家還將品德作爲考覈評價公務人員素質的一個

〔註74〕傳啓學編著：《國父孫中山先生傳》，臺北，1965年11月印行。
〔註75〕《孫中山選集》（下），人民出版社1956年版，第740頁。
〔註76〕《孫中山選集》，人民出版社1981年版，第769頁。
〔註77〕《孫中山選集》，人民出版社1981年版，第770頁。

重要指標，甚至在一些國家，還成爲影響主要公務人員職務去留的一個重要因素。在今天，我們再來探討道德對限制權力的意義，應該不僅僅局限於道德在提升個人的道德修養方面，更應該重視它在對培養人們對法律、對規則的信仰和敬畏的基礎性作用上。我們知道，在對人的行爲約束方面，法律的優勢在於它的明確性和強制性，而道德的優勢則在於它的無處不在和自覺自律，它可以將人們對法律的遵從內化爲內心的信仰和敬畏，如果沒有了內在的道德自律，法律也就成爲一條條乾巴巴的條文，如同失去生命力的軀殼一般。

我們知道，近現代法律文明是西方的舶來品。在西方法律文明的發展史上，法律與宗教神學和自然理性有著不可分割的密切聯繫，本身就有一種神秘主義色彩，因而在西方文化中很容易建立起對法律的信仰和敬畏感。而在我國，由於受傳統思維的影響，國人往往注重對現世的觀照，而缺少對來世的嚮往。由於是現世，凡事大都可以被體驗、被觀察、被證僞，便沒有了神秘感，很難讓人產生敬畏，因而國人在做人做事和處世哲學上往往表現爲較強的現世性，現實主義、機會主義和功利主義比較強。也就是說，在我國，除了懼怕法律的強制性，人們很難建立起對它的信仰，很難將遵法守法化爲內心的自覺。這也就是爲什麼在我國，法律、政策、規則等制定出來之後，人們總是習慣於想方設法去規避和違反，甚至選擇性使用！喜歡搞「打擦邊球」、遇事找關係等。辦理任何涉及官方行爲的事務，首先想到的是裏邊有人才好辦事，根本不去考慮法律規定和程序規則；裏邊的人也往往善用規則進行拖延，以便實現權力尋租。體現在對法律的態度上，不能將「對事不對人」的規則一以貫之地貫徹始終，總是喜歡有選擇地使用；體現在守法方面，於我有利則遵守，於我不利則規避，甚至我行我素，無法無天，沒有底線；體現在執法方面，採取「打狗也要看主人」哲學，看人執法，因事執法，甚至甘當權貴和惡勢力的幫兇。也就是說，在我們的思維習慣裏，多的是法律的工具理性，少的是法律的價值理性。長此以往，這種搞「打擦邊球」、遇事找關係等對法律和規則的選擇性使用，必然會削弱規則的效力，動搖規則的權威性和尊嚴感，無法培養國民信賴規則，忠誠於規則，慢慢地就滋生了特權和人治，造成人們寧可相信權力，也不相信法律和既有規則的傾向。

康德說：「有兩種東西，我們對它思索越深，越有一種敬畏感：一個是頭頂上的星空，一個是我心中的道德律」。頭頂的星空之所以讓人有敬畏感，不

僅在於它的浩瀚無窮，而且還在於它代表一種不可違抗、只能服從的自然法則；而心中的道德律之所以讓人有敬畏感，不僅在於道德律令的博大精深和崇高感，還在於它代表我們生活中一種需要共同努力維繫的社會核心價值和正義的社會秩序。法律作爲一種最低限度的道德律，要保持對其敬畏感，首先就要從基礎的社會公共道德教育抓起，讓人們在日常生活中養成一種對道德律令的敬畏感，對日常規則秩序的敬畏感。相對於法律等高高在上的國家上層建築，道德準則和日常行爲準則離普通百姓更近，特別是由於許多道德準則和行爲規則還是人們在日常生活中創制和形成的，它們就像水和空氣一樣，與人們的日常生活最密切，因而也最能爲人們所理解和接受。培養人們對道德準則的敬畏感，使人們在日常生活逐漸養成自覺遵守規則的意識，進而逐漸對法律產生一種自覺遵從的意識，將對法律的敬畏和遵從，內化爲內在的道德自覺。如此，遵法、守法才會慢慢滲透進我們的日常行爲中，成爲我們日常生活的一部分；如此，我們的法治建設才能眞正有希望。

由此，我們再來回看孫中山的以德制權思想，就會理解到他當年爲什麼在強調人民主權、權力分立和以法制權的同時又強調以德制權的重要意義之所在了。其實，在強調以權制權的同時，又關注道德和文化的作用，這在資產階級早期啓蒙思想家那裡是經常見的。如密爾、孟德斯鳩等，都是這方面的典型代表。這對我們今天來說，有著非常強的借鑒意義，這就是要規範和制約權力，必須全方位來考慮，既要考慮通過公民權利來監督制約權力，又要考慮通過法律制度建設來規制權力，還要考慮道德的自律和規則意識的養成等。

關於孫中山的「以黨治國」思想，因爲後文還要談到，這裡只簡單探討一下。「以黨治國」是孫中山晚年爲加強政黨建設、確保革命成功而提出的一項重要治國方略，對後世中國政治的發展產生了深遠影響。應該說，孫中山學習蘇俄經驗，提出「以黨治國」思想，在當時無疑具有時代先進性，對於統一國民黨黨內思想、提升國民黨的革命性和戰鬥力具有重要歷史意義，同時對國民黨黨員幹部的言行舉止特別是當權者的執政行爲也起到了很強的制約作用。

孫中山的「以黨治國」思想與他的「萬能政府」是一脈相承的，其內在邏輯是一致的。他在談到黨治時說：「黨本來是人治，不是法治。我們要造法治國家，只靠我們同黨人的心理……黨之能夠團結發達，必要有二個作用：

一是感情作用，二是主義作用；至於法治作用，其效力甚小；」「許多的人反對我把個人做主義去辦黨，不知黨本是人治，不像國家的法治。」〔註 78〕同樣，他在構建萬能政府理論時，要求人民不要隨意干預政府，稱「只要他們有本領，忠心為國家做事，我們就應該把國家的大權付託於他們，不限制他們的行動，事事由他們自由去做，然後國家才可以進步，進步才是很快。」〔註 79〕仔細分析就會發現，孫中山的「以黨治國」思想和「萬能政府」思想均是建立在對黨首或政府官員政治道德和政治能力十分信任的基礎上的。對於孫中山這樣一位政治品德高尚、政治威信高、政治能力強的革命先行者來說，採用人治的辦法，可能會取得一定效果。但是他卻不能保證其後繼者也具有和他一樣的高尚品德，就像孔子是聖人，卻不能保證後世的中國人都是聖人一樣。因此，我們絕不能把保證權力正確行使的希望完全寄託於權力行使者的道德自覺上。正如列寧所指出的，如果把正確行使權力的希望完全寄託於幹部的信念、忠誠等精神品質，這在政治上是完全不嚴肅的〔註 80〕。後來的歷史也一再證明了這一點。所以，要加強對公職人員行使權力的監督制約，防止權力走向人民利益和願望的反面，除要對公職人員進行必要的職業道德教育以外，還必須要加強制度建設，提高廣大民眾的監督能力。概言之，不能搞單打一，必須全方位系統考慮。

〔註 78〕　《孫中山全集》第 5 卷，中華書局 1985 年版，第 391 頁，第 394 頁。
〔註 79〕　《孫中山選集》（下），人民出版社 1956 年版，第 740 頁。
〔註 80〕　參見徐育苗主編：《中外監督制度比較》，商務印書館 2003 年版，第 31 頁。

第六章　孫中山權力制約思想的實踐

　　總體來講，孫中山的權力制約思想尤其是它的國家政權建設部分，其生前基本沒有付諸實踐，進入實踐層面是他逝世以後的事情。但就其權力制約思想的各組成部分來看，又因各自的性質和提出的時間不同，情況也各不一樣。對於孫中山的以德制權思想，孫中山生前曾大力提倡，並身體力行，基本算是付諸實施。對於孫中山的以法制權思想，由於法律本身就是一件實踐性很強的事情，只有通過實施，才能有所體現，因此，除五權憲法等內容因涉及國家政體沒有實現外，應該說相當一部分已付諸實踐。從實際情況看也是如此，孫中山關於以法制權思想的許多表述，都是以法令或政令的形式體現出來的。關於孫中山權力制約思想的主體部分，也是他生前最得意、自認為最有創意的部分，即權能分立、直接民權、國民大會、五權分立、地方自治等思想，因其離世過早，且革命尚未成功，憲政尚未開始，不具備實施的條件，因此，在其生前基本上未進入實施階段，特別是沒有形成一個統一的設計周密的制度層面的東西如憲法。由於沒有得到實踐層面的驗證，其很多論述難免會有這樣或那樣的問題和缺陷。

　　但孫中山畢竟是一位革命家，實踐是他一生的最愛。從現有資料看，關於五權憲法、地方自治等思想，他在生前還是進行了一些實踐層面的探索的。下面，筆者區分孫中山生前和身後兩個時段，僅就孫中山權力制約思想中的國民大會、五權分立和地方自治等內容的實踐情況略述如下 〔註1〕。

〔註 1〕 因為這三個方面是孫中山的權力制約思想的核心部分，至於權能分立、直接民權不過是國民大會、五權分立、地方自治的實施原理而已，所以在此只表述國民大會、五權分立和地方自治的實踐情況。

一、孫中山生前對其權力制約思想的實踐

如前所述，1912 年 1 月，孫中山在就任中華民國臨時大總統時，按其心願，是準備要實踐他的五權憲法思想的。他曾回憶說：「在南京的時候，想要參議院立一個五權憲法，誰知他們各位議員都不曉得什麼叫五權憲法。後來立了一個約法，……我以爲這個只有一年的事情，也不要緊，且待隨後再鼓吹我的五權憲法罷。」〔註 2〕並曾委託宋教仁按照五權分立原則，摹擬了一部《中華民國臨時政府組織法草案》，表示要在中央政府設立「典試院」、「察吏院」、「審計院」、「平政院」等。雖由於議員們的反對沒有被接受，但從後來頒佈的《臨時約法》看，還是留下一些痕跡，如《臨時約法》第十條規定，「人民對於官吏違法損害權力之行爲，有陳訴於平政院之權」。通觀《約法》全文，並沒有平政院這一機構，可見是因修改時不徹底留下來的。同時，《約法》第十一條還規定，「人民有應任官考試之權。」顯然，這是孫中山關於單設考試權思想的體現。因爲《約法》主要是以當時的歐美憲法爲藍本的，遍覽歐美各國憲法，並沒有關於公民考試權的規定。所以，《約法》還是部分地反映了孫中山的五權分立的思想的，只是不完全、不徹底罷了。其實，五權憲法思想之所以在當時沒有實現，主要還是由於孫中山領導的革命力量比較弱小的緣故。正如列寧所說：「如果沒有政權，無論什麼法律，無論什麼選出的機關都等於零。」〔註 3〕這才是孫中山的五權憲法思想在民國初年未能付諸實施的根本原因。

1914 年 7 月，爲反對袁世凱的獨裁統治，孫中山在日本成立了中華革命黨。《中華革命黨黨章》規定，在執行黨務的本部（革命成功後改爲行政院）之外，另設立協贊會，分爲立法、司法、監督、考試四院；四院與本部並立爲五，希望以此「使人人得以資其經驗，備爲五權憲法之張本」，「若成立政府時……成爲五權並立，是之爲五權憲法也」。〔註 4〕很顯然，孫中山這是在爲建立五權憲法的憲政國家作準備。當然，此時的五權憲法的內容主要還只是五權分立，尚沒有國民大會和地方自治等內容，也沒有引入「權能區分」的理念，其在權力制約的原理上基本上還是與三權分立相似，即各權力之間是一種彼此獨立、相互制衡的關係。

〔註 2〕 《孫中山選集》，人民出版社 1981 年版，第 496 頁。
〔註 3〕 《列寧全集》第 11 卷，人民出版社 1987 年版，第 98 頁。
〔註 4〕 《孫中山全集》第 3 卷，中華書局 1984 年版，第 100 頁。

　　1920 年 11 月底，孫中山在廣州重組軍政府後，在《內政方針》中設置了文官考試局，負責普通文官和高等文官考試。有資料記載，1921 年，在國民黨統治下的廣東，曾試行了一次民眾直接選舉縣長和縣議員的直接民權。在選舉過程中，營私舞弊、買賣選票現象比比皆是，以致省政府宣佈 20 多個縣屬賄選無效，再行選舉。這次直接選舉的結果，令孫中山和國民黨人非常失望，從此閉口不談直接選舉。〔註 5〕此處表達可能不很準確，因為 1924 年 11 月，孫中山在離粵北上前夕，當黃季陸向他請示大本營法制委員會此後的工作應如何進行時，他曾叮囑黃說：「現在我們要準備新國家的建設了，法制委員會最好根據《建國大綱》，制定一套地方自治實行的計劃和法規，以備將來之用。」〔註 6〕這說明直到孫中山逝世前，他一直關心地方自治的建設問題，並且在他的頭腦裏，制定一套地方自治的實行計劃和法規工作，應該是已經提到議事日程。

　　1921 年 3 月 18 日，孫中山在廣東省議會作演講時，曾甚希望「在廣州的國會制定五權憲法，作個治國的根本法。」〔註 7〕據記載，1924 年 1 月 29 日，也就是孫中山還健在時，中國國民黨第一次全國代表大會所討論的第八個問題便是「組織憲法起草委員會編制五權憲法草案並先由本黨實行案」，討論結果是「由中央執行委員會交法律委員會擬議辦理」。〔註 8〕但之後卻沒有了下文。這說明，當時已經啓動了五權憲法的起草程序，準備著手編制五權憲法草案。

　　根據史料記載，當時確曾存在一部根據孫中山的五權憲法思想起草的法律草案，這就是我們今天看到的由葉夏聲起草的《五權憲法草案》。〔註 9〕關於該文本的來歷，據葉夏聲自序，該文本是在 1922 年夏間，奉孫中山先生之

〔註 5〕　參見曹希嶺：《孫中山直接民權思想新解》，刊載於《寧夏社會科學》2005 年第 2 期。

〔註 6〕　《孫中山集外集補編》，上海人民出版社 1994 年版，第 441 頁。

〔註 7〕　《孫中山全集》第 5 卷，中華書局 1985 年版，第 497 頁。

〔註 8〕　中國第二歷史檔案館編：《中國國民黨第一、二次全國代表大會會議史料》（上），江蘇古籍出版社 1986 年版，第 64～65 頁。轉引自臧運祜撰寫的《孫中山五權憲法的文本體現 —— 葉夏聲「五權憲法草案」研析》，載於《民國檔案》2005 年第 4 期。

〔註 9〕　葉夏聲起草的《五權憲法草案》原始文本收錄於沈雲龍主編的《中國近代史料叢刊續編》第八十一輯 803 號《中華民國憲法史料》。臺北文海出版社，1981 年 4 月版。本文此處所參考的是收錄於王培英編的《中國憲法文獻通編》中的版本。中國民主法制出版社，2007 年 5 月。

命草擬的，並且還得到了孫中山的「慰勉」。北京大學歷史學系的臧運祜先生經考證後，認為葉氏文本「是一個與孫中山五權憲法思想有較大關聯的文件」，「可以認定：『葉氏文本』在內容上基本體現了孫中山的三民主義、五權憲法思想。……故應該被視為研究孫中山五權憲法思想的珍貴資料。」〔註10〕

「葉氏文本」包括「前文」及「正文」兩部分。「正文」部分分為「總綱」、「考試院」、「立法院」、「行政院」、「司法院」、「監察院」、「國計民生」、「教育」、「附則」，共九章72條。主要有以下內容：

一是實行人民主權，規定了人民的基本權利。規定「中華民國之主權，屬於國民全體」。在人民的基本權利方面，規定「中華民國各縣及其同等區域人民，於其本縣、本區域及法定範圍內，有直接行使選舉、復決、罷免、創制之權。人民直接行使前項各權，選出國民代表」；「中華民國人民，一律平等，無種族、階級、宗教及黨派之區別」；「中華民國人民一般及永久所享有之權利及自由，不受限制。如有不法侵害人民權利及自由者，以叛國論。但關於教育上之強制、軍事上之徵調及國家供發時，有服從之義務」，「中華民國人民有受國家義務職業教育之權利」。

二是實行權能分立，規定了國民大會設置。規定「中華民國由國民大會組織之考試院、立法院、行政院、司法院、監察院，行使其統治權」，「國民大會於國民代表選出後，自行集會、開會」，「以考試、立法、行政、司法、監察各院成立之日散會」，其職權有：選舉考試院主試、立法院議員、行政院大總統副總統、司法院院長副院長、監察院監察；議決國土設置及變更；制定或修改憲法；非經國民大會議決，不得設立增加人民負擔及各項租稅等。

三是實行五權分立，規定政府設立五院。專章依次規定了考試院、立法院、行政院、司法院和監察院的組成、任職資格、任期、職權及權力行使方式等內容。從各院職權設置來看，五權之間依然存在著一定的制約關係，如《草案》第二十八條（三）關於立法院的職權規定：「監察院總監、副總監、監察有違法瀆職及其他不法行為時，經立法院糾彈，得組織特別法庭審判罷免之，如有犯罪時，並得移送司法院交付法庭辦理」。再如第三十七條（六）規定：行政院「經立法院同意，得宣戰、戒嚴、媾和、締結條約」。又如第五十四條（三）規定：監察院對「大總統有謀反及違反憲法時，即提出彈劾，

─────────────

〔註10〕臧運祜：《孫中山五權憲法的文本體現──葉夏聲「五權憲法草案」研析》，載《民國檔案》2005年第4期。

並得組織特別法庭審判之」等。

總之，葉氏的《五權憲法草案》文本除五院順序與孫中山設計的行政院、立法院、司法院、考試院、監察院的順序有所不同外，其他內容基本上反映了孫中山五權憲法思想的主要精神，如主權在民、直接民權、國民大會、五權分立、權能區分、分縣自治等內容，都在葉氏文本中得到體現，且與孫中山所主張的基本一致。

1924 年 1 月，中國國民黨第一次全國代表大會在廣州召開。這次會議的主要目的是改組國民黨，把全黨的思想統一到三民主義和五權憲法上來。會議還通過了《建國大綱》，明確規定：「國民政府本革命之三民主義、五權憲法，以建設中華民國」，並詳細規定了建國後各階段所應完成或推行的任務，作爲日後建國的綱領性文件。〔註11〕1924 年 8 月 26 日，也就是在他逝世前半年，孫中山還以廣州革命政府大元帥的身份公佈了《考試院組織條例》及《實施細則》，詳細規定了考試院的組織體系和考試內容、考試方式等等。這是孫中山生前最後一次實踐他的五權憲法思想。翌年，他在北京病逝。

以上是孫中山生前實踐其權力制約思想的不多的幾次實踐，基本上都是在小範圍內且僅就部分內容進行的。雖然他在辛亥革命後曾先後建立了多個政府，如護國政府、護法政府、中華民國軍政府、中華民國政府和陸海軍大元帥大本營，但因尚處於「軍政時期」，五權憲法根本沒有推行，其建立的政府所實行的充其量只是二權分立，即軍政府與一個可有可無的「國會」。五權憲法的實踐操作，實際上是孫中山逝世之後的事情。

二、南京國民政府對孫中山權力制約思想的實踐

應該說，南京國民政府是國民黨一黨獨裁下的具有集權性質的政府，它是不喜歡權力制約的，但是它畢竟是以孫中山的思想作爲「總理遺教」來實施統治，並且明確宣佈，實施訓政的最終目的，是爲了要還政於民，頒行憲法，實行憲政。因此，孫中山思想中所包含的權力制約因素，對其政權建設必然會發生這樣或那樣的影響。

「訓政」是國民黨實踐孫中山權力制約思想的主要政治活動，其「訓政」的主要方式，就是「以黨訓政」或者「以黨治國」。訓政和在訓政階段實行「以

〔註11〕正是由此，國民黨在訓政時期，明確將《建國大綱》列爲中華民國訓政時期最高之根本法之一。

黨治國」是孫中山實現其憲政設想的重要舉措。根據孫中山的設想，憲政的推行依次要經過軍政、訓政和憲政三個階段，也就是著名的「革命程序論」。雖然對三個階段的稱謂和表述前後有所不同，〔註 12〕但憲政的推行必須要經過三個階段的思想則是明確的。爲什麼要有一個「訓政」階段呢？孫中山認爲，民眾乃共和之基礎，但由於「我中國人民，久處於專制之下，奴性已深，牢不可破，不有一度之訓政時期，以洗除其舊染之污，奚能享民國主人之權利？所以必須要「創一過渡時期爲之補救」，訓導人民做主人的能力，就像「伊尹訓太甲」、「周公輔成王」。〔註 13〕那麼，由誰來「訓導」呢？在孫中山那裡，不管是革命的破壞，還是革命的建設，都是在一個富於犧牲精神、先知先覺的革命黨主導下完成的。因此，「黨治」便成了「訓政」理論的一個重要內容。1924 年他在《關於組織國民政府案之說明》中進一步指出「以黨治國」的必要性，稱俄國革命之所以能成功，「即因其將黨放在國上」，因此，必須學習俄國，「把黨放在國上」，〔註 14〕即革命成功後，由國民黨來掌握和控制國家政權，承擔起對人民的訓導之責。但因其過早離世，沒有來得及對以黨治國的具體制度作出設計，更未能親自指導以黨治國設想的實施，使國民黨在貫徹其以黨治國思想時，缺少應有的制約機制，致使其在繼承和實施孫中山的思想方面發生了背離和偏向。

（一）國民大會

1925 年 6 月，孫中山逝世後不久，國民黨政治委員會第十四次會議決定，將「革命政府」改稱「國民政府」，並於同年 7 月公佈了《中華民國國民政府組織法》十條，明確規定：中華民國國民政府實行「以黨治國」，採用合議制的領導方式。但整部《組織法》對五權憲法思想隻字未提。隨即國民黨便誓師北伐，進入以武力實現國家統一的三年軍政時期。

隨著北伐戰爭的勝利，1928 年夏，國民政府成爲事實上的中國惟一合法政府。同年 8 月，國民黨二屆五中全會正式宣佈，「軍事時期……告一段落」，

〔註 12〕在《中國同盟會革命方略》中，孫中山將革命三時期分別稱爲軍法之治、約法之治和憲法之治（《孫中山全集》第 1 卷，中華書局 1981 年版，第 297 頁），而在後來的《建國方略》和國民黨一大宣言中則分別稱爲軍政、訓政和憲政時期（《孫中山選集》，人民出版社 1981 年版，第 166 頁）。

〔註 13〕《孫中山選集》（上），人民出版社 1956 年版，第 157 頁，第 154 頁。

〔註 14〕《孫中山全集》第 9 卷，中華書局 1986 年版，第 104 頁。

自此「開始去做訓政時期的工作」，〔註15〕同時決定，「訓政時期，應遵照總理遺教，頒佈約法」。〔註16〕國民黨二屆五中全會關於頒佈約法的決定是符合孫中山的本意的。〔註17〕但胡漢民、孫科等人認爲，訓政時期內無需頒佈約法，訓政乃是根據「總理遺教」實行以黨治國〔註18〕。言外之意，「總理遺教」即約法，約法的頒佈遂因此而被擱置。

同年10月3日，國民黨中常會第172次會議通過了《訓政綱領》。《訓政綱領》是國民黨在訓政時期施政的綱領性文件，也就是在這個綱領性文件中，國民黨正式提及國民大會，但不是建立國民大會，而是以黨代政，即以國民黨的最高權力機關代替國民大會領導國民行使政權。《綱領》規定：「一、中華民國於訓政期間，由中國國民黨全國代表大會代表國民大會領導國民行使政權。二、中國國民黨全國代表大會閉會時，以政權付託中國國民黨中央執行委員會執行之。三、依照總理建國大綱所定選舉、罷免、創制、復決四種政權，應訓練國民逐漸推行以立憲政之基礎。四、治權之行政、立法、司法、考試、監察五項付託於國民政府總攬而執行之，以立憲政時期民選政府之基礎。五、指導監督國民政府重大國務之施行，由中國國民黨中央執行委員會政治會議負責。六、中華民國國民政府組織法之修正及解釋，由中國國民黨中央執行委員會政治會議議決之。」〔註19〕明確規定將孫中山賦予國民大會所行使的政權，即選舉、罷免、創制和復決四權託付由黨的最高權力機關即黨的全國代表大會行使。爲便於黨的全國代表大會更好地行使政權，《訓政綱

〔註15〕 蔣介石在國民黨二屆五中全會開幕詞，載榮孟源主編：《中國國民黨歷次代表大會及中央全會資料》（上），光明日報出版社1985年版。
〔註16〕 前引書《中國國民黨歷次代表大會及中央全會資料》（上），第534頁。
〔註17〕 在1906年的《中國同盟會革命方略》中，孫中山直接將革命的第二時期稱爲約法之治，在後來的《建國方略》中也明確指出，訓政時期內「施行約法，建設地方自治」（《孫中山選集》，人民出版社1981年版，第166頁）。但1924年他在《建國大綱》卻未提及制定約法一事，只稱「政府當派曾經訓練考試合格人員，到各縣協助人民籌備自治」（《孫中山選集》，人民出版社1981年版，第602頁）。但根據孫中山一貫的表述，制定約法應是題中應有之義，因爲籌備地方自治必須有約法作爲依據。但由於《建國方略》與《建國大綱》對訓政時期內容的這種表述上的不同，使後來就訓政時期是否需要制定約法的問題上，在國民黨內部引起了很大的分歧和爭論。
〔註18〕 胡漢民、孫科：《訓政大綱提案說明書》，載錢端升等著：《民國政制史》，上海商務印書館1946年版。
〔註19〕 王培英編：《中國憲法文獻通編》（修訂版），中國民主法制出版社2007年版，第362頁。

領》規定國民黨中央執行委員會作爲其閉會時的常設機構，並在中央執行委員會中設政治會議作爲監督指導國民政府行使治權的具體負責機構。《訓政綱領》這種以黨的最高權力機關代替國民大會行使政權的規定，使國民大會的成立變得遙遙無期，訓政一延再延，而憲政則一推再推。

1929 年 3 月，國民黨第三次全國代表大會在南京召開。大會在追認《訓政綱領》的同時，還通過了具有法律效力〔註20〕的《確認訓政時期黨、政府、人民行使政權、治權之分際及方略案》和《確認總理主要遺教爲中華民國訓政時期最高根本法案》。《分際及方略案》規定：「中國國民黨中央執行委員會政治會議，在決定訓政大計指導政府上，對中國國民黨中央執行委員會負責；國民政府在實施訓政計劃與方案上，對中國國民黨中央執行委員會政治會議負責。」〔註21〕《分際及方略案》對黨的權力機關代行國民大會行使政權監督指導政府行使治權的職責作了明確劃分，規定國民政府對國民黨中央執行委員會政治會議負責，政治會議則對中央執行委員會負責，當然中央執行委員會最後要對黨的全國代表大會負責。通過這種層層負責的職責劃分，進一步明確了訓政時期以「政權」託付於國民黨最高權力機關、以「治權」託付於國民政府的核心思想，從而將國家政權牢牢地掌握在國民黨手裏。《最高根本法案》則確認了孫中山所著的三民主義、五權憲法、建國大綱和地方自治開始實行法等，爲中華民國訓政時期的最高根本法。此舉實際上是接受胡漢民、孫科等人無須頒佈約法的主張，重申了以孫中山遺教進行訓政的決心。但這裡有一點必須弄清楚，即以黨代政，是指以國民黨的最高權力機關——國民黨全國代表大會及閉會時的國民黨中央執行委員會，至於國民黨中央黨部的宣傳部、組織部等，乃純粹黨務機關，不具有行使公共權力的職務，如中組部就不能就各級別的官員提出任免建議，各省縣區的國民黨權力機關也不具有這一職能。〔註22〕

爲回應黨內外反對者要求制定約法等訴求，〔註23〕1930 年 10 月 3 日，時

〔註20〕 根據《訓政綱領》規定，國民黨中央權力機關「代表國民大會行使政權」，因此其通過的有關涉及國家事務的決定具有法律上的效力。

〔註21〕 《中國國民黨歷次代表大會及中央全會資料》（上），光明日報出版社 1985 年版，第 659 頁。

〔註22〕 參見郭寶平、朱國斌著：《探尋憲政之路》，山東人民出版社 2005 年版，第 109 頁。

〔註23〕 國民黨「三大」召開後不久，由汪兆銘發起的改組派提出了「護國救國」的反蔣口號，使當時國民黨內部本已緊張的矛盾進一步激化，隨之開啓了南京

任國民政府主席的蔣介石電請國民黨中執會「提前召集第四次全國代表大
會，確定召集國民會議之議案，頒佈憲法之時期，及制定在憲法頒佈以前，
訓政時期適用之約法。」〔註24〕1931 年 5 月 2 日，國民黨召開國民會議，制
定通過了具有臨時憲法性質的《中華民國訓政時期約法》，同年 6 月 1 日由國
民政府公布施行。

　　《訓政時期約法》把《訓政綱領》中規定的關於國民黨權力機關代表國
民大會行使政權、監督政府行使治權的內容以法律的形式作了進一步明確。
《訓政時期約法》第三十條規定，「訓政時期由中國國民黨全國代表大會代表
國民大會行使中央統治權。中國國民黨全國代表大會閉會時，其職權由中國
國民黨中央執行委員會行使之」。但《訓政時期約法》卻將國民黨最高權力機
關對政權的掌握作了虛化處理。《訓政時期約法》第三十一條規定，「選舉、
罷免、創制、復決，四種政權之行使由國民政府訓導之」，即訓導人民行使四
項政權的實際工作變爲由國民政府負責，從而架空了國民黨最高權力機關所
掌握的政權。這實際上是有特殊用意的。據史料記載，蔣介石當時既擔任著
國民黨中央執行委員會和中政會的最高領導職務，同時，又於 1931 年 6 月被
選爲國民政府主席，同時兼行政院長，而《訓政時期約法》所確定的一個重
要內容就是把國民政府的大權集中於國民政府主席，使國民政府主席高出於
五院和國民政府委員會，成爲實際上的「大總統」。由於黨的機構實行的是合
議制，對蔣介石行使權力多有掣肘，而政府則實行的是首長負責制，權力行
使比較方便。因此，便有了《訓政時期約法》的以上規定。這其實是「因人
就法」的又一個惡劣事例。

　　縱觀《中華民國訓政時期約法》，它由黨的權力機關代替國民大會行使中
央統治權的做法，顯然是「一黨獨裁」思維的體現。〔註25〕而它將四種直接

　　　政府與所謂「反蔣派」之間長達數年的軍事鬥爭和政治鬥爭，約法問題也成
　　　爲當時黨外人士和黨内「反蔣派」的攻擊焦點。1930 年 7 月，「反蔣派」在北
　　　京發表聯合宣言，公開指責蔣介石託名訓政以行獨裁專制之實，提出召開國
　　　民會議、制定基本大法，確定政府之組織、人民公私權利之保障、不以黨部
　　　代替民意機關等多面被視爲較爲開明的政治主張。
〔註24〕繆全吉編：《中國制憲史料彙編 —— 憲法編》，第 357 頁。轉引自林爵士：《孫
　　　中山五權憲法的理論與法制化雛形》，《孫中山與華人世界學術研討會論文
　　　集》，2007 年。
〔註25〕國民黨理論權威和主要領袖人物胡漢民曾公開闡釋訓政就是「黨外無政、政
　　　外無黨」，進而言之，就是「黨外無黨」，國民黨在訓政時期具有「獨一性」。

民權的訓導權歸於國民政府的規定，實際上又將國家政權歸於蔣介石一人手裏，不僅是一黨獨裁，而且是一人獨裁，與孫中山的人民主權思想已經是貌合而神離。但是，又客觀地講，國民黨和蔣介石畢竟是以孫中山的「遺教」作為其統治的合法性基礎的，它也反覆公開強調，訓政是為了訓練人民，為了將來實行憲政。因此，一旦面臨結束訓政、實行憲政的強大內外壓力，它便不得不作出實行憲政的表示。這一壓力的結果便是《五五憲草》的提出和公佈。這或許正是孫中山的「以黨治國」訓政思想在規制權力方面的意義所在吧。

在內外部壓力之下，1932 年，國民黨四屆三中全會決定於 1935 年 3 月召開國民大會，議決憲法，並責成孫科主持下的立法院「應速起草憲法草案，以國民之研討」，同時要求積極開展地方自治工作，作憲政開始之籌備〔註26〕。隨即，由孫科兼任委員長，吳經熊、張知本為副委員長，包括 40 多名立法委員和法律專家組成的憲法起草委員會成立。委員會分四個組，其中有一組專門研究國民大會、四大民權行使及中央與地方關係等問題。1936 年 5 月 5 日，《中華民國憲法草案》經過歷時 3 年的起草修改，經國民黨中常會審查通過後正式公佈，史稱《五五憲草》。同月，國民政府又公佈了《國民大會組織法》和《國民大會選舉法》，作出即將實行「憲政」的姿態。

《五五憲草》以專章的形式對國民大會代表的選舉產生、國民大會職權、召集和權力行使等內容作了比較詳細的規定，是國民黨第一次以憲法文件的形式，公開表示要建立國民大會，實行憲政，還政於民。首先，《草案》對代表的選舉作了規定。規定國民大會由全國「每縣市及其同等區域各選出代表一人」組織之，「但人口逾三十萬者每增加五十萬人增選代表一人」；國民代表的選舉「以普遍、平等、直接、無記名投票之方法行之」，凡「中華民國國民年滿二十歲者，有依法律選舉代表權；年滿二十五歲者，有依法律被選舉代表權」。孫中山當初提到國民大會代表的分配時，並未區分大縣、小縣，《草案》的這一規定，顯得比較公允，也更具有可操作性，並不違背孫中山的本意。其次，規定了國民大會的任期和召集方式。規定國民代表的任期為六年，

（參見郭寶平、朱國斌：《探尋憲政之路》，山東人民出版社 2005 年版，第 103 頁）。

〔註26〕 《中國國民黨歷次代表大會及中央全會資料》（下），光明日報出版社 1985 年版，第 180～181 頁。

「國民大會每三年由總統召集一次，會期一月，必要時得延長一月」，「經五分之二以上代表之同意，得自行召集臨時國民大會。」第三，規定了國民大會的職權和權力行使。規定國民大會有選舉總統、副總統，立法院院長、副院長，監察院院長、副院長，立法委員、監察委員；罷免總統、副總統，立法、司法、考試、監察各院院長、副院長，立法委員、監察委員；創制法律；復決法律；修改憲法等權。爲保證國民代表依法獨立行使職權，還規定「國民代表在會議時所爲之言論及表決，對外不負責任」，「國民代表，除現行犯外，在會期中非經國民大會許可，不得逮捕或拘禁」。〔註27〕

《國民大會組織法》和《國民大會選舉法》則主要對國民大會的議事程序和國民代表的選舉名額和方法作了具體規定。但《國民大會組織法》特別規定，「中國國民黨中央執行委員、監察委員，及候補執行委員、候補監察委員爲國民大會當然代表」，〔註28〕體現了國民黨對國民大會的控制。

《五五憲草》是國民黨政權在內外部壓力下所制定的一部相對比較完整地反映孫中山五權憲法思想和《建國大綱》精神的憲法性文件。說它相對完整是指與此前出臺的文件相比較而言，但與孫中山的五權憲法思想以及他在《建國大綱》中的設想相比，還有比較大的實質性距離。表現在：其一，將任免行政院長和選任考試、司法兩院院長之權賦予總統，使總統行使了應屬於國民大會的部分政權。這顯然與孫中山的思想不一致。其二，未設常設機構，且召集受總統節制，使國民大會徒有形式。國民大會人員眾多，規定較長時間集會本無可厚非。在議會制國家，議會也不是常年開會，但在議會閉會期間都設有常設委員會，以代行議會部分職權，被稱爲「行動中的議會」。孫中山生前雖未對設國民大會常設機構有明確表述，但他反對不被人民所制約的萬能政府，堅決主張人民有權和直接民權，這是孫中山設立國民大會的基本精神所在。而《草案》規定國民大會會期如此之長，且不設常設機構，只能使人民的權力化於無形。正如當年張君勱所指出的，《五五憲草》關於國民大會「每三年召集一次」的規定，將使國民大會長年「無一事可爲」，「對於平日政治，決難發生任何影響。雖原草案中有總統對國民大會負責的規定，

〔註27〕 王培英編：《中國憲法文獻通編》，中國民主法制出版社，2007年版，第372頁。

〔註28〕 憲政實施協進會編：《五五憲草及有關法規彙編》，1946年滬第1版，第103頁。

其他五院亦有對國民大會負責的規定，但國民大會既無通過法律、預算決議之權，如何能靠此規定便享有他國議會對政府所加的裁制？」，「國民大會所以責問其責任者，獨有罷免之一途，則此項權力等於英美憲法中的彈劾而已，與議會政治中的所爲牽制與信任，絕無關係」。因此，張君勱認爲，《草案》關於總統對國民大會負責的規定，「不會發生政治上的大作用，因爲國大的職權限於罷免、選舉，雖有負責之規定，總統自然視此爲不足畏懼的。由此說來，依憲草所規定，國大可以質問總統責任及立法司法機關的責任，好像權力頗大，而實際是空虛的」。〔註29〕

所以，當《五五憲草》公佈後，社會各界十分失望。在從 1936 年問世到 1946 年 1 月各黨派政治協商會議召開的十年間，憲草一直受到各階層和在野黨派的抨擊。如 1936 年，《五五憲草》墨迹未乾，剛剛在上海成立的全國各界救國聯合會就在宣言中嚴正指出：「中央最近頒佈憲法草案及國民大會組織法，不但絲毫沒有在訓政已屆期之後放棄一黨的專政，反而想進一步一面在立法上鞏固一黨專政的基礎，一面加緊對異己勢力的壓迫」。〔註30〕事實也確實如此。國民黨原定於 1936 年 11 月 12 日召開國民大會，審議《五五憲草》，但由於國民黨對結束訓政、實行憲政缺乏誠意，直到「七七事變」，國大代表也未全部選出。抗戰爆發後，憲法草案的審議因國民大會無法召開而遭擱置。

1939 年，國民黨五屆六中全會通過了《定期召集國民大會並限期辦竣選舉案》，並決定於 1940 年 11 月 12 日召開國民大會，制頒憲法，決定徵集各方對《五五憲草》、《國民大會組織法》和《國民大會選舉法》的修改意見。由此在國統區掀起了一場長達一年之久、也是中國近現代史上第一次較爲普及的憲政運動，其標誌性成果就是中間黨派制定的《國民參政會憲政期成會提出中華民國憲法草案（五五憲草）之修正草案》，即歷史上有名的《期成憲草》的面世。

1940 年 4 月，國民黨參政會一屆五次會議在重慶召開。大會主要對憲政期成會提交的《期成憲草》進行了討論。會上，立法院院長孫科依然爲《五五憲草》進行辯解，稱其完全是「遵奉總理的三民主義」，具有「過渡性、進步性」，因而「大體可採用」，也可作一些讓步，「所爲讓步者，即原案國民大

〔註29〕張君勱著：《憲政之道》，清華大學出版社 2006 年出版，第 175～176 頁。
〔註30〕《全國各界救國聯合會成立大會宣言》，載《救國會》，中國社會科學出版社 1981 年版，第 88 頁。

會每三年開一次，謂可改爲每年開一次會」，同時對《期成憲草》所主張的在國民大會閉會期間增設國民大會議政會的主張「力持反對」。〔註31〕主持會議的蔣介石則提出了制憲應遵循的兩個原則：（1）中國行憲一定要做到「權與能分開」。（2）不要忘記「權與能的劃分」是「總理在政治上最大之發明」。〔註32〕即反對《期成憲草》主張加強國民大會對政府的監督作用。隨後宣佈原定於 1940 年 11 月 12 日召開的國民大會不能按期召開，日期另定。

　　1946 年 1 月，在中國共產黨和各民主黨派的一再要求下，國民政府公佈了《政治協調會議修改五五憲草原則及憲法草案》，將立法院改由選民直接選舉，監察院改由省級議會選舉，與美國的參眾兩院略相似，使國民大會被虛位化，以權制能的色彩漸淡，權力制衡的色彩漸濃。對於國民大會被虛位化的問題，當時草案的起草者張君勱解釋道：中山先生不滿議會政治，主張直接民權，但中國人口眾多，客觀事實和條件皆不允許，不能像瑞士一樣由全民行使直接民權，不得已採取間接民權的國民大會方式。我們並不願意放棄全國公民都直接行使四權的最高理想，但同時主張「要有議會」，在未來實行總統普選以前，總統「由縣級省級及中央議會合組成選舉機關選舉之」。而且中山先生也說過「立法院就是議會」，故將立法院職權「提高到相當於民主國家的議會，也並不違反遺教」〔註33〕。他還說：「把國民大會化有形爲無形，公民投票運用四權（選舉、罷免、創制、復決）就是國民大會，不必另開國民大會」〔註34〕。國民大會「有任期倒不如無任期，有形的也不如無形的，無形的可以隨時召集」，這正好以直接民權來補救代議政治的缺點。還指出：有形的國民大會「與五權憲法有衝突」，既說五權分立，便「不應把國民大會變成一權」，使其高高在上。〔註35〕1946 年夏，東北戰事爆發，張君勱起草的《憲法草案》成爲一堆廢紙。但草案關於將國民大會化於無形的精神卻影響到了其後頒佈的《中華民國憲法》。

〔註31〕 梁漱溟著：《論當前憲政問題》，《梁漱溟全集》第 6 卷，山東人民出版社 1993年版，第 553 頁。

〔註32〕 《蔣介石對憲草與實施憲政之意見》，載章伯鋒、莊建平主編：《抗日戰爭》第 3 卷《民族奮起與國內政治》（內），四川大學出版社 1997 年版，第 1244～1245 頁。

〔註33〕 張君勱：《政協憲草小組中之發言》，載《再生》第 176 期，1947 年。

〔註34〕 參見梁漱溟著：《我參加國共和談的經過》，《梁漱溟全集》第 6 卷，山東人民出版社 1993 年版，第 900 頁。

〔註35〕 張君勱：《政協憲法小組中之發言》，載《再生》第 176 期，1947 年。

1947 年 11 月，國民黨單方面召開「制憲國大」，通過了由張君勱起草、王寵惠修改、蔣介石刪定的《中華民國憲法》。1947 年 12 月 25 日，《中華民國憲法》正式施行。

《中華民國憲法》是國民黨政權在大陸統治期間頒佈的唯一一部正式實施的憲法。憲法共分十四章一百七十五條。由於這部憲法的主要起草人是張君勱，因此，在關於國民大會的規定方面，明顯受到了張君勱所主張的「化國民大會於無形」的思想。它相對於先前的《五五憲草》，主要有以下幾點變化：

一是國民大會的權力被大大限縮。《五五憲草》曾規定，國民大會對總統、副總統以及立法院、司法院院長與副院長、監察委員有選舉權和罷免權，有法律創制和復決權以及憲法修改權，而《中華民國憲法》雖依然規定「國民大會代表全國國民行使政權」，但在具體職權上，只規定國民大會有選舉和罷免總統及副總統之權，而且在國民大會對法律的創制和復決權上，也只規定其有修改憲法、復決立法院所提之憲法修正案之權，至於廣義上的創制和復決權，則「俟全國有半數之縣市曾經行使創制、復決兩項政權時」，再「由國民大會制定辦法並行使之。」

二是增加了國大代表與政府官員不得交叉任職的規定。規定「現任官吏不得於其任所所在之選區當選為國民大會代表」，體現了孫中山關於政府官員不能交叉任職的思想。但不很徹底，因為它依然避免不了政府官員到其他選區參選的問題。相對來說，其關於立法委員和監察委員的規定，則要徹底得多。該法第七十五條規定，「立法委員不得兼任官吏」；第一百零三條規定，「監察委員不得兼任其他公職或執行業務」。

三是對國民大會的召集作了更為具體的規定。它雖然取消了國民大會每三年召集一次的規定，只規定「於每屆總統任滿前九十日集會，由總統召集」，但對召集的具體情形作了進一步明確：（1）當總統缺位無其他人選需要補選總統、副總統時；（2）監察院對總統、副總統提出彈劾案時；（3）立法院提出憲法修正案時；（4）國民大會代表五分之二以上請求召集時。並規定，前兩項之召集，由立法院院長通告集會；後兩項由總統召集。因而，增加了實踐中的可操作性。

孫中山所創行的國民大會制度，歷經磨難，從國民黨最高權力機關的代行職權，經《五五憲草》的首次設置，到《中華民國憲法》，終於以正式頒

佈的國家大法的形式確定下來。應該說，《中華民國憲法》關於國民大會的
規定，還是體現了孫中山的思想的。雖然與他在《建國大綱》的表述有出入，
但卻與其在《建國方略》中提出的思路基本吻合。而且關於國民大會的創制
權和復決權，該法並沒有取消，而是留待全國有半數縣實行創制、復決權後
再行制定，這樣也有利於積累實踐中的經驗，因為憲法畢竟是國家大法，修
改應慎之又慎。但是，《中華民國憲法》在大陸並沒有實施多久，隨著 1949
年國民黨戰敗，與蔣介石一起到了臺灣。

（二）公民基本權利

如果說國民大會強調人民參政議政的積極性權利的話，那麼，關於人民
基本權利的確定，則在於通過為政府權力的行使劃定一個禁區和底線，使權
力的行使有所畏懼。孫中山非常重視對人民基本權利的規定和保護。其所主
持頒佈的《臨時約法》即是這方面的典範，不但明確規定了人民所享有的基
本權利，而且不加任何諸如「依法律」等限定詞。相反，國民黨在貫徹落實
孫中山的這一思想時，卻以維護訓政秩序為由，加以種種限制，甚至實行法
西斯統治，隨意侵害鉗制言論自由，大搞人身迫害。

1929 年 3 月，國民黨「三大」通過了具有法律效力的《確認訓政時期黨、
政府、人民行使政權、治權之分際及方略案》。其中規定，國民黨最高權力機
關「為求達訓練國民使用四權、弼成憲政基礎之目的，於必要時，得就人民
之集會、結社、言論、出版等自由權，在法律範圍內加以限制」。並規定人民
「必須服從擁護中國國民黨，誓行三民主義……始獲得享受中華民國國民之
權利」。〔註36〕通過法律對人民的基本權利加以限制，這顯然是對孫中山關於
人民基本權利思想的背叛，也是對現代憲政精神的背叛。我們知道，現代憲
政制度建立的一個首要前提就是人的權利是天賦的，神聖不可侵犯。國家和
政府成立的目的就在於保護公民的權利，人們之所以要建立憲政制度，也是
為了防止國家對個人權利的侵犯。戴雪指出，「對於我們來說，憲法的法律、
那些在外國當然屬於憲法法典組成部分的法律，在由法庭加以界定並實施
時，它們不是個人權利的淵源而是其結果。」〔註37〕孫中山也明確提出，法

〔註36〕《中國國民黨歷次代表大會及中央全會資料》（上），光明日報出版社 1985 年
　　　　版，第 659 頁。
〔註37〕轉引自〔英〕戴維‧米勒、〔英〕韋農‧波各丹諾主編：《布萊克維爾政治學
　　　　百科全書》，鄧正來等譯，中國政法大學出版社 2002 年版，第 726 頁。

律的作用是「障人權」。他在撤銷南京臨時政府內務部出臺的帶有干預報界言論自由嫌疑的《民國暫行報律》時，強調指出「案言論自由，各國憲法所重，善從惡改，古人以爲常師，自非專制淫威，從無過事摧抑者」，批評「該部所布暫行報律，雖出補偏救弊之苦心，實昧先後緩急之要序，使議者疑滿清鉗制輿論之惡政，復見於今，甚無謂也。」對僅帶有干預言論自由嫌疑的《報律》，孫中山的批評尚且如此嚴厲，若其地下有靈，當他得知其一手創建的國民黨頒佈了如此法令，會作何感想？

《分際及方略案》關於必須服從國民黨方才享有國民權利的規定，也是對孫中山思想的篡改和隨意擴大。關於是否享有公民資格，孫中山曾在 1924 年 1 月發表的《中國國民黨第一次全國代表大會宣言》說過這樣一段話。他說：「蓋民國之民權，唯民國之國民乃能享之，必不能授此權於反對民國之人，使得藉以破壞民國。詳言之，則凡眞正反對帝國主義之個人及團體，均得享有一切自由及權利；而凡賣國罔民以傚忠於帝國主義及軍閥者，無論其爲團體或個人，皆不得享有此等自由及權利」。〔註38〕孫中山在這裡只是將是否享有公民權利與是否反對帝國主義和反動軍閥聯繫起來，而不是與是否服從和擁護國民黨聯繫起來。孫中山還強調指出，以黨治國主要是以主義治國，即要用主義去宣傳說服群眾，贏取民心，並不是去強迫群眾信仰三民主義，更不是以剝奪公民權利相威脅。可見，《分際及方略案》的規定顯然是對孫中山思想的違背。

因此，《分際及方略案》等剛一出臺，立即遭到了以胡適、羅隆基、王造時、張君勱等爲代表的知識界的普遍反對。自 1929 年 4 月開始，他們以「平社」（又稱「人權派」）爲組織，以《新月》爲陣地，對當時中國「人民生命財產」無保障、思想言論集會結社無自由的「人權破產」狀況進行了深刻揭露，公開要求當政者保障人權、實行憲政，發動了一場中國近代史上影響深遠的人權運動。

1931 年頒行的《中華民國訓政時期約法》秉承了《分際及方略案》關於限制人民言論自由權的思想，並以國家基本法的形式，將其進一步法律化。《訓政時期約法》第二章關於人民基本權利的規定，幾乎都附有「依法律」或「非依法律不得……」等限定詞。如規定「人民有遷徙之自由，非依法律不得停止或限制之」（第十二條），「人民有結社集會之自由，非依法律不得

〔註38〕 《孫中山選集》（下），人民出版社 1956 年版，第 526 頁。

停止或限制之」（第十四條），「人民之財產非依法律不得查封或沒收」（第十六條）等。這種規定看似保障人民權利，實則是對人民權利的踐踏，爲政府通過法律「合法地」侵害公民權利開了一個「便利的口子」。這並不是危言聳聽，據 1935 年北平、天津等 10 校學生在《爭自由宣言》一文中指出：「奠都以來，青年之遭殺戮者，報紙記載至三十萬人之多，而失蹤監禁者更不可勝計⋯⋯著作乃人民之自由，而北平一隅，民國二十三年焚毀書籍竟達千餘種以上。⋯⋯刊物之被禁，作家之被捕，更不可勝計。」〔註 39〕

　　1936 年 5 月 5 日宣佈的《五五憲草》，幾乎原封不動地繼承了《訓政時期約法》中關於人民權利的表述方式，在人民享有的每一項自由權利後面，都加上了「非依法律不得限制之」的字眼，而且還將《訓政時期約法》中沒有限定的僅有一條即「人民有信仰宗教之自由」也加上了限定詞，改爲「人民有信仰宗教之自由，非依法律，不得限制之」，甚至將孫中山賦予人民的四項直接民權，也加上了「依法律」的限定詞，規定爲「人民有依法律選舉、罷免、創制、復決之權」。對人民的自由權利如何規定和保障，是檢驗和衡量任何憲法和憲政實質的根本標誌之一。很顯然，草案關於人民權利的規定違背了憲政的理念。所以，《五五憲草》剛剛宣佈，便遭到了知識界的痛斥。羅隆基譏諷地指出，憲法是「人民制裁政府的法律」，「政府中負制憲責任的人，彷彿把這個重要原則忽略了。」〔註 40〕

　　抗戰爆發後，國民黨繼續加緊對新聞輿論的鉗制，陸續制定了《限制異黨活動辦法》、《處理異黨實施方案》等文件，並設立了圖書檢查和郵電檢查機關。在 1939 年 9 月於重慶召開的國民參政一屆四次會議上，各在野黨派紛紛要求廢除《防制異黨活動辦法》等法令，釋放被拘禁的無辜青年。在會上，鄒韜奮向國民黨參政員質問道：我「明明看見在座的確有各黨派的許多領袖，被允許開口共產黨，閉口青年黨，似乎是允許黨派公開存在似的，但同時何以又有許多青年僅僅因黨派嫌疑，甚至僅僅因被人陷害，隨便被戴上一頂不相干的帽子，就身陷囹圄，呼籲無門。敢問這究竟怎麼回事？承認有黨派就老實承認有黨派，要消滅一切黨派就明說要消滅一切黨派，否則盡這樣扭扭捏捏，眞是誤盡蒼生！」〔註 41〕

〔註 39〕參見《一二九運動》，人民出版社 1954 年版，第 144 頁。
〔註 40〕羅隆基：《我們要什麼樣的憲政》，載《自由評論》第 1 期，1935 年。
〔註 41〕鄒韜奮：《關於憲政提案的一場舌戰》，載《國民參政會紀實》上卷，重慶出

　　1940 年 4 月，國民黨中常會第 145 次會議通過的《憲政問題集會結社言論暫行辦法》規定：凡關於憲政問題的集會，只能由國民黨中央「直接派人」或由各省市國民黨黨部、政府才能召集；有關憲政問題的言論，只能以三民主義、五權憲法、建國大綱、訓政綱領、訓政約法、國民黨總裁的指示等爲「依據」，「曲解憲政者」，「一律取締之」，給國統區一度活躍的憲政運動當頭一棒。

　　1946 年 1 月，各黨派政治協商會議召開。蔣介石在開幕詞中宣佈，政府決定實踐「保證人權、承認政黨合法地位、實行普選、釋放政治犯」四項諾言。〔註 42〕經各方努力，形成了《政治協調會議修改五五憲草原則及憲法草案》並經國民政府公佈。隨後，國民黨於 1947 年 1 月 1 日公佈了其單方面制定的《中華民國憲法》。

　　客觀來看，《中華民國憲法》關於公民權利的規定，要比國民黨先前頒行的所有憲法性文件和法令，大大地前進了一步。其關於人民權利的規定共計 12 條，在條文的表述方式上，全部刪除了《訓政時期約法》和《五五憲草》中諸如「依法律」等限制性詞語，體現了憲法保障公民權利的憲政精神。而且，爲了保障公民人身自由，該法第八條明確規定，「除現行犯之逮捕由法律另定外，非經司法或警察機關依法定程序，不得逮捕拘禁；非由法院依法定程序，不得審問處罰；非依法定程序之逮捕、拘禁、審問、處罰，得拒絕之」，並規定了公民的人身受到非法侵犯時的法律救濟手段，體現了孫中山以法制權的思想。

（三）五權分立

　　南京國民政府成立後，曾於 1928 年 2 月 13 日，公佈一部《中華民國國民政府組織法》。國民政府根據這部組織法，實行主席制。國民政府由中央執行委員會推舉委員若干人組織之，並推定 5 至 7 人爲常務委員，於常委中推定 1 人爲主席，下設內政、外交、財政、交通等七部，並設最高法院、監察院、考試院、大學院、審計院等部門。可見，該組織法所確立的政府體制還不是五權分立制。

　　1928 年 10 月 8 日，國民黨中央根據剛剛頒行的《訓政綱領》所確定的

　　　　版社 1985 年版，第 595～596 頁。
〔註 42〕《政協第五次會議討論共同施政綱領問題》，載《政治協商會議紀實》上卷，重慶出版社 1989 年版，第 373 頁。

原則，公佈了新的《中華民國國民政府組織法》。該組織法除對國民政府的職權、組織方式與權力行使以專章的形式規定外，還按照五權分立的原則依次專章規定了行政院、立法院、司法院、考試院和監察院的職責權限。根據該組織法規定，國民政府的政府體制大體分為三個層次：一是國民政府本身，設主席一人、委員若干，組成國務會議（後改為政府會議、政府委員會），總攬中華民國治權；二是五院即行政院、立法院、司法院、考試院、監察院，分別執行「五權」，各院正副院長由國務委員兼任；三是五院各部會。該政府體制的一個顯著特點，就是雖然規定五院分別為國民政府的最高行政、立法、司法、考試與監察機關，但在五院之上又設國務會議，處理重要國務，五院之間不能解決的事項也由國務會議議決，因此其權力與地位要高於五院，這是孫中山五權憲法思想中所沒有的。所以，王世杰、錢端升在其所著的《比較憲法》中稱五院設立之後的國民政府，名為「五權」，但由於「國務會議」的存在，實為「一權主義」。〔註43〕

　　同年 10 月 10 日，按新體制建立的五院制國民政府在南京宣佈成立。這也是孫中山五權分立思想在國家政權層面的第一次正式實施，但這時的五權分立，雖名為「五權」，其實只是一權。

　　1931 年 6 月 1 日，《中華民國訓政時期約法》公布施行。《訓政時期約法》規定，國民政府設行政院、立法院、司法院、考試院和監察院五院；設國民政府主席一人，委員若干，由國民黨中執委選任；各院院長及各部會長由國民政府主席提請，國民政府依法任免之；國民政府主席對內對外代表國民政府，有公佈法律和發佈命令之權。〔註44〕可見，國民政府雖採五權分立原則，但國府主席不僅對內對外代表國民政府，而且還掌握各院的人事任免權，顯然是對孫中山的五權憲法思想的違背。根據孫中山五權憲法思想，對五院正副院長的選舉權歸國民大會，在訓政體制下就是國民黨全國代表大會及其中央執行委員會。該規定顯然也是對國民黨最高權力機關權力的侵蝕。

　　這裡有一個背景。在 1928 年 10 月前胡漢民擔任國民政府主席期間，國民政府主席一職只具有象徵性的權力。蔣介石擔任國民政府主席後，以提高行政效率為名，在 1931 年 6 月召開的國民黨五中全會上提出了修改《國民政

〔註43〕　王世杰、錢端升著：《比較憲法》，上海商務印書館 1937 年版，第 457 頁。
〔註44〕　王培英編：《中國憲法文獻通編》（修訂版），中國民主法制出版社 2007 年版，第 363～368 頁。

府組織法》的意見。會議根據他的意見對《國民政府組織法》進行了修訂。新修訂的組織法規定：主席不僅有公佈一切法律、命令之權，還有不經國民黨中央執行委員會，直接提請國民政府任免五院正副院長、陸海空軍正副司令及直屬國民政府各部會和五院各部長的權力。該內容也在同時頒佈的《訓政時期約法》中體現，這使胡漢民等人大爲不滿。爲緩和矛盾，蔣介石辭去國民政府主席職務。1931 年 12 月 26 日，國民黨四屆中央執行委員會一次全會通過了《修正中華民國國民政府組織法》，規定：國民政府主席「不負實際政治責任」，「不得兼其它官職」；五院不對國民政府負責，「各自對中國國民黨中央執行委員會負責」，五院正副院長「由中國國民黨中央執行委員會選任」；國民政府主席是國家元首，對內、對外代表國民政府，但無權指揮五院，其作出的決定、命令無五院院長副署不發生效力。

對《國民政府組織法》這種因人就法式的修改，張君勱當年就指出：「民國十九年約法中原來規定：『各部會長官，以國民政府主席之提請，由國民政府依法任免之』。但是後來國民政府組織法中又加上一種限制：『國民政府主席不負實際責任。』無非是說蔣先生當行政院長，部會長官之選定權操之於蔣先生，而不操之於林主席。〔註 45〕這又是『因人立制』之一個證明」。〔註 46〕對此種情形，有學者就指出，在「中國國民黨統治下的中國政治，是蔣介石擔任什麼職務，就搞什麼制！蔣介石任國民政府主席時行主席獨任制，任行政院長時行院長攬權制，任軍事委員會委員長時行委員長獨裁制。」〔註 47〕

1936 年 5 月 5 日宣佈的《五五憲草》明確提出，要建立一個總統制的國民政府。《憲草》規定，總統爲國家元首，對外代表中華民國，依法有公佈法律、發佈命令、宣佈戒嚴、宣戰、任免文武官員（包括任命行政院、考試院正副院長）、發佈緊急命令以及召集五院院長會商涉及二院以上事項等權，但公佈法令須經有關院院長副署，發佈緊急命令須經行政院議決，並於發佈後三個月交立法院追認。同時還規定，行政院正副院長、政務委員、各部部長、各委員會委員長由總統任免，對總統負責；考試院和司法院正副院長由總統任命，院長對國民大會負責；立法院正副院長及其委員由國民大會選舉產生，

〔註45〕 蔣介石辭職後，林森接任國民政府主席。
〔註46〕 張君勱著：《憲政之首》，清華大學出版社 2006 年版，第 183 頁。
〔註47〕 孔慶泰等編：《國民黨政府政治制度史》，安徽教育出版社 1998 年版，第 197頁。

對國民大會負責。總體來說，《五五憲草》欲建立的總統制只是相對行政院而言，因爲其他各院雖司法院和考試院正副院長由總統任命，但都均對國民大會負責，總統無權罷免，因而也就相對獨立於總統。因此，客觀地講，它還是比較接近於孫中山的五權分立思想的。對於《五五憲草》所規定的這種政府體制，張君勱認爲，「行政院各部長官由總統任免，同時院長及各部會長官又專對總統一人負責。故院長及各部會長官爲總統之屬僚，而非代總統負責之內閣閣員。」〔註48〕這一分析還是有一定道理的。但因該憲法草案並未付諸實施，因而有關規定並未對國民政府體制產生實際影響。

1943 年 8 月，時任國民政府主席的林森去逝後，蔣介石又擔任國民政府主席一職。同年 9 月，他又把國民政府組織法進來了修改，恢復了《訓政時期約法》中所規定的主席之權。

總體來講，南京國民黨政府在大陸統治的大部分時間裏，其所實行的五院制只是在形式上繼承了孫中山的五權分立思想，就其內部運作機制和實際效能來看，與孫中山的理想境界不可同日而語。主要理由如下：

第一，國民黨的五院層次多，效能低下，與孫中山設想的存在很大距離。據曾任行政院政務處長的蔣廷黻回憶，當時行政院處理公文的方式像寶塔一樣，所有公文都要在這個寶塔中「旅行」一番，一件公事拖上幾個月才有結果是常有的事。〔註49〕

第二，孫中山設計的五權制強調人民有權、政府有能。但政府有能必須要有足夠的權力。而在南京國民政府的五院中，有的院是沒有多大實際權力的。例如，監察院實際上就是一個「有口說話，無權辦事」的機關，在國民黨派系林立的政治環境下，要想行使彈劾權，談何容易。〔註50〕再如，司法院雖爲最高司法機關，但其上有國民政府，「在審判機關之上設立一個機關，卻又談什麼審判獨立、司法獨立，豈不是掩耳盜鈴」。〔註51〕

第三，孫中山關於五權制政府架構的一條重要原則是強調五種治權的分

〔註48〕張君勱著：《憲政之道》，清華大學出版社 2006 年版，第 185 頁。

〔註49〕蔣廷黻著：《蔣廷黻回憶錄》，臺灣傳記文學出版社 1979 年版，第 186 頁。

〔註50〕自 1931 年 6 月監察院成立到 1936 年 6 月，監察院共處理彈劾案件 727 件，被彈劾人 1337 人。1938 年到 1947 年，提出彈劾案 1174 件，被彈劾人 2126 人。這同國民黨政府存在著的普遍腐敗現象相比，簡直微乎其微。參見張皓編：《中國現代政治制度史》，北京：北京師範大學出版社 2004 年版，第 168 ～169 頁。

〔註51〕郭寶平編：《民國政制通論》，山西人民出版社 1995 年版，第 198 頁。

立與合作，以此避免權力過分集中於某一機構或個人。而根據國民黨《訓政綱領》的規定，黨權不僅在實際上，而且在法律上都高於政府，因爲它是國家政權的行使者，是人民意志的「化身」，國民政府不過是秉承國民黨意志行事的一個執行機構而已，五種治權的分立、合作與相互牽制，都不過是一種形式上的差別，而不具實質上的意義。對此，蔣介石說得極爲明白：中國國民政府從表面上看好像是「總攬中華民國之治權，一切宣戰、媾和、締結條約以及預算決算都由國府掌握，其實這些問題一定先由中國國民黨中執委會交由中央政治會議決定原則，待中政會議把原則決定後，才能由國府各院部會長公布施行，所以中國國民黨和國民政府的關係不是隔斷的，一切權力全操於中國國民黨，由中國國民黨決定以後，才交由國民政府去施行，沒有一件事可以經國民政府自由去行動。」〔註52〕其實，包括五權在內的國民政府，何嘗不是操之於蔣介石他一人之手呢？

於 1947 年 12 月 25 日正式實施的《中華民國憲法》試圖改變這種狀況，它確立的國民政府體制基本上屬於總統制。《中華民國憲法》規定，國家設總統、副總統各一人，由國民大會選舉和罷免；總統爲國家元首，對外代表中華民國，統率全國陸海空軍，依法有公佈法律、發佈命令、締約、宣戰、宣佈戒嚴、任免文武官員、發佈緊急命令、召集會商院間爭執等權。在五院的產生上，規定行政院長由總統提請立法院同意任命，立法院由人民選舉之立法委員組成，司法院長和考試院長則由總統提請監察院同意任命，監察院由「各省、市議會，蒙古、西藏地方議會以及華僑團體選舉」之監察委員組成。因此，《中華民國憲法》所確立的中華民國政體，實際上有三個民選機構，即國民大會、立法院和監察院。其關於五院的產生方式，顯然是部分採納了孫中山在《建國方略》中的思路，只是多了一個民選機構——監察院，同時司法院與考試院正副院長是由總統提名經監察院同意而不是經立法院同意。這種調整可能更能反映孫中山的本意，因爲監察院掌管官員的彈劾和監督，如此規定，可以加強監察院此一方面的權力。該憲法具有如下特點：

一是總統的權力有所限制。規定總統有依法公佈法律或發佈命令之權，但須經行政院院長副署，或行政院院長及有關部會首長之副署；有權依法宣佈戒嚴，但須經立法院之通過或追認。特別是規定：「行政院對立法院負

〔註52〕轉引自公丕祥著：《中國法制現代化》，中國政法大學出版社 2004 年版，第 349 頁。

責」，有向立法院提出施政方針及施政報告之責；行政院長由總統提名經立法院同意後任命，行政院副院長及各部會首長等由院長提請總統任命；行政院設行政會議，由院長、副院長、各部會首長及不管部會之政務委員組成，以院長爲主席，而總統並不包括在內，使行政院成爲一個相對獨立於總統的內閣，而不是張君勱抨擊《五五憲草》時所稱的總統的屬僚。

二是政府各部間增加了權力制衡因素。如規定，對於立法院要求行政院變更政策之決議，行政院經總統核可，可移請立法院復議，如出席立法委員三分之二維持原決議，行政院院長應即接受該決議或辭職；而立法院議決行政院之預算案時不得提增加支出之議。再如，司法院除掌管審判外，還有公務員懲戒和解釋憲法、法律及命令等權，這是賦予司法院以司法審查權；考試院除掌管考試、考績外，還掌管任用、銓敘等事項，特別是銓敘權的規定，體現了考試權對其他各權的牽制作用；而監察院除行使彈劾、糾舉權外，還有同意和審計權，這是監察權對其他權的牽制作用。此外，爲保證有關部門和人員獨立行使職權，還在立法上作了一些特別規定。如，規定立法委員、監察委員在院內所爲之言論及表決，對會外或院外不負責任；立法委員和監察委員除現行犯外，非經立法院許可，不得逮捕或拘禁。又如，規定法官實行黨派中立，任職終身，依據法律獨立審判，不受任何干涉，非依法律或受刑事或懲戒處分，不得免職、停職、轉任或減俸；考試委員實行黨派中立，依法獨立行使職權；立法委員不得兼任官吏，監察委員不得兼任其他公職或執行業務等。

（四）地方自治

根據孫中山的訓政思想，在訓政時期除了制定約法之外，另一項重要工作就是推行地方自治，並且將地方自治視爲推行憲政的先決條件和基礎條件。因此，南京國民政府成立後不久，1929 年 3 月，國民黨第三次全國代表大會即通過了《確定地方自治之方略及程序以立政治建設之基礎案》。該案確定了推進地方自治的四項基本原則：一是確定縣爲自治單位，努力扶植民治，不得阻礙其發展；二是制定地方自治法，使地方自治體成爲經濟政治之組織體，以達眞正民權民生之目的；三是由國民政府選派曾經訓練考試之人員，赴各地協助人民，籌備自治；四是地方自治之籌備，宜逐漸推進，不宜一時並舉，以自治條件之成就選舉完畢爲籌備自治之終期。

緊接著，國民黨三屆二中全會又對地方自治推進等程序作出規劃。按照三屆二中全會的設計，訓政時期實行監護式政治、以黨治國，以 6 年為期，到 1934 年底結束訓政。從 1935 年起實行憲政，國民黨將其代行的權利交還給國民。依照 6 年訓政計劃，規定地方自治推進分為三期：第一期為「扶植自治時期」；第二期為「自治開始時期」；第三「自治完成期」。自 1929 年至 1934 年底，完成地方自治。〔註53〕根據國民黨確定的地方自治推行原則、程序，自 1929 年起，國民政府陸續制定了 20 餘種地方自治法律法規，其中比較重要的有 1929 年 6 月 5 日公佈的《縣組織法》、9 月 18 日公佈的《鄉鎮自治施行法》、10 月 2 日公佈的《縣組織法施行法》和《區自治施行法》等。〔註54〕

從上述這些法律法規的規定來看，南京國民黨政府是按照自下而上的順序推行地方自治的。《縣組織法》規定，縣以下各級組織依次為區、鄉或鎮（最初稱村或里）、閭、鄰五級。區設區民大會，由區民選舉產生，為自治議決機關；區公所為執行機關，區長由省民政廳任命；區調解委員會為準司法機關；區監察委員會為監察機關，監督本區財政和區公所執行區民大會決議情況；調解、監察兩個委員會均由區民選舉產生。由於區長是由省民政廳任命，因此區還不是完全意義上的自治機構，而且區民大會實際上是一個代議機構。自鄉鎮以下才是純粹的自治團體。其中，鄉或鎮設置公所，鎮長在民選以前由鄉民大會或鎮民大會選出加倍人數，報由區公所轉請縣長擇任，並由縣長報請民政廳備案，在民選以後，由鄉民大會或鎮民大會選舉，並由區公所呈報縣政府備案；設鄉（鎮）民大會，行使選舉、罷免、創制、復決四權，制定或修正鄉（鎮）自治公約，審核鄉（鎮）預決算，審議上級機關交下來的事項，審議鄉（鎮）公所或鄉（鎮）務會議交議以及區公所所屬各閭、鄰或公民提議等事項；設鄉（鎮）監察委員會，負責監督各該鄉、鎮財政以及向鄉民、鎮民糾舉鄉長、鎮長違法失職等事。閭、鄰皆為自治團體，閭、鄰長為執行機關，均由居民選舉產生。

待閭、鄰、鄉鎮自治完成，則區長由任命改為選舉，即區級自治完成，則縣開始設自治議決機關，自治始推及縣這一級。縣自治法規定的程序仍如

〔註53〕參見《中華年鑑》（民國 37 年）（上冊），南京中華年鑑社編，南京中華年鑑
　　　　社 1948 年版，第 400 頁。
〔註54〕同上書《中華年鑑》（民國 37 年）（上冊），第 400 頁。

舊，即首先是縣以下各級自治，而待縣以下完成自治，以鄉鎮區長民選為標誌，設立縣參議會，作為縣自治的議決和立法機關，自治才真正遞陞到縣這一層面。在此之前，縣仍為國家行政機關，不是自治團體。表現在：縣長由省民政廳提名合格人員 2～3 人，由省政府委員會決定任命。

　　由於當時正處戰亂時期，中央政府政令不出都門，加之制度設計過於繁瑣，且內容缺乏彈性，難以得到地方精英的支持。因此，地方自治的推行情況很不理想，國民黨所制定的地方自治任務未能如期完成。正如國民黨第五次全國代表大會所承認的，過去的自治，「徒有自治之名，而無自治之實」。〔註 55〕

　　鑒於上述情形，為切實推行地方自治以完成訓政任務，國民黨決策層於 1935 年決定通過了《改進地方自治原則案》，確定地方自治以縣、市為單位。在「扶植自治時期」，縣長由政府任命；縣市參議會提前設立，但議員不由選舉產生，而由縣市長就市縣內各職業團體專家選聘若干人組成之；鄉鎮長由選民選出 3 人，縣市政府擇其一而委託。在「自治開始時期」，縣市長仍由政府任命，但縣市參議會議員、鄉鎮村長均民選產生。在「自治完成時期」，縣市長、縣市參議會、鄉鎮村一律由民選產生，縣民開始實行選舉權、罷免權、創制權和復決權。同時，採取兩項措施：一是變通地方自治推進程序，雖然未達到鄉鎮區長民選階段，但要提前設立參議會，以「順應輿情，廣採民意」；二是在國民黨中央執行委員會下增設地方自治計劃委員會，並重新釐定地方自治法原則。主要是簡化各級組織，取消區級建制，只設鄉鎮一級；推行程序和完成期限應允許因地制宜，分別地方自治施行之程序，而各地完成地方自治之期限，可酌量變通辦理。此外，國民黨決策層還要求各省至少設一處縣政建設實驗區。

　　根據上述原則，立法院於 1936 年 9 月分別修正《縣自治法》和《縣自治法施行法》。但這次法規的修改，並沒有實際推動地方自治的開展，而連年的戰爭特別是抗戰的爆發，無形中使得縣自治的推行陷於停滯。

　　面對自由主義知識分子要求實行政治開放、擴大政治參與的壓力和地方自治乏善可陳的窘況，已遷至重慶的國民政府決定重新啟動一度停頓的地方

〔註 55〕見《中國國民黨第五次全國代表大會通過〈切實推進地方自治以完成訓政工作案〉決議》（1935 年 11 月 22 日）。載《國民黨政府政治制度檔案史料選編》（下冊），第 609 頁。

自治。1939 年 9 月，國民政府頒佈了《縣各級組織綱要》，試行新的縣自治制度，被稱爲「新縣制」。《縣各級組織綱要》規定，縣爲地方自治單位，縣以下分爲鄉（鎮）。鄉（鎮）內編制保甲，6 戶至 15 戶爲甲，6 甲至 15 甲爲保，6 保至 15 保爲鄉（鎮）。這樣，縣自治包括鄉（鎮）和縣兩級自治。鄉鎮爲基層自治團體，縣爲一級地方自治團體。二者都具有法人地位，既享有權利又承擔義務。保甲雖爲自治組織，但不是一級自治團體，而是將其納入鄉（鎮）之內。其設保民大會爲權力機關，設保辦公處爲執行機關，以保長 1 人爲首長，受鄉鎮長監督指揮，辦理本保自治事項並執行縣政府委託辦理事項。鄉鎮的自治機關分別爲：鄉鎮民代表大會、鄉鎮公所、鄉鎮務會議。鄉鎮公所設鄉鎮長 1 至 2 人，辦理本鄉鎮自治事項，執行縣政府委託辦理事項。縣設參議會爲全縣人民代表機關，也是自治議決機關。縣政府爲縣自治執行機關，設縣長 1 人，由中央政府任命，受省政府監督，辦理全縣自治，並指揮執行中央及省委託事項。

對於國民黨推行的地方自治如何評價？當年張東蓀曾認爲，它不過是國民政府「試圖在官僚政治和民眾參與之間恢復平衡」的一種制度安排〔註56〕。從最初的《縣組織法》到後來的《縣各級組織綱要》，我們會發現，它實際上是走過了一個中央對自治監督和控制越來越嚴屬的過程。其表現：第一，根據原來的《縣組織法》規定，雖然區長向由省民政廳任命（最終目標還是民選），但其事務基本還是自治區域內的事務爲主，並設有民選的區自治議決機關和監察委員會對其權力進行監督，尚體現有民治色彩。而在「新縣制」中，無論最基層的保長，還是上一層的鄉鎮長和縣長，均要受上一級監督指揮，其事項除自治事項，均被強調執行上一級委託事項。也就是，所謂自治機關，卻更像是上級的執行部門。第二，當縣市參議會與縣長發生爭執時，均由省政府裁奪。省政府認爲縣決議有違反三民主義或國策情事的，還有權請示行政院核准後予以解散。第三，作爲推行地方自治主體的縣自治執行機關的縣長，不是由縣自治議決機關和人民代表大會選舉產生，而是由上級任命，而且還是由中央政府行政院任命，充分顯示了中央對地方的控制，地方自治實爲名存實亡。第四，作爲新縣制推出的一個重要自治制度——保甲制度實爲

〔註56〕張東蓀：《國民無罪——評國民黨內的憲政論》，載《再生》第 1 卷第 8 期（1932 年 12 月）。

傳統社會的連坐制度在民國的再現。它原爲國民黨圍剿中央紅軍的一項措施，後在全國推開。它規定保長得爲保國民兵隊長，受鄉鎮長監督指揮，實爲一個民間軍事組織。其目的就是以自治的名義，強化對基層社區的政治控制。執政當局曾公開表示：「我國農村家庭制度，本極發達，今猶牢守，欲謀地方安定，只有設有家庭制度中之家長以爲嚴密民眾組織之基礎」。〔註57〕

但是，地方自治作爲孫中山提出的實行民治的一項重要舉措，國民黨在貫徹實施上雖不是很得力，或者說，它想藉此加強對地方的控制。但從另一個角度看，這恰恰有利於恢復當時中國基層社會的正常政治生態和秩序，這種生態秩序曾因地方長期處於軍閥割據的無序狀態而遭到破壞，因而正是當時中國基層社會最需要的。而只有將長期處於無序狀態的基層社會納入正常的發展軌道，中國的政治現代化才有可能。同時這也是與地方軍閥爭奪控制權的一種必要舉措，因爲政權需要基礎。正是基於這一點，吉爾伯特・羅茲曼才說：國民政府曾採取某些措施限制地方勢力，而且作爲關鍵性的一步，樹立起了一個中央政府。在此之後，「就試圖將縣衙這一級的地方行政集權於中央，並想在縣以內建立起有效的區一級控制。但是，要在中央和地方之間再次確立平衡，此非國民黨之能力所及」。〔註58〕因此，孫中山所設想的實現民治，防止中央權力侵犯地方權力的設想，也就只能等到國民黨完成現代國家建設之後了。總之，從恢復地方政治生態和秩序的角度，國民黨所做的基於現代國家基本制度建設方面的種種努力還是應該得到正面評價的。當然，國民黨這方面的種種努力顯然是不成功的。1943 年是國民政府規定完成新縣制的年份，然而根據誇大的估計，這一年只有 29%的縣召開了參議會，18%的縣召開了鄉鎮民代表大會，45%的縣召開了保民大會，新縣制建設基本上仍然是一紙計劃。〔註59〕

國民黨的這種不成功有客觀因素，比如國家長期處於戰爭狀態、地方軍閥和家族勢力的阻撓等，但也與其理論與實踐相矛盾有一定的關係。國民黨主張以黨治國，以黨訓政，但是地方自治則從理論上排除了執政黨的操作空間。按照立法院的說法：「各級地方黨部不能直接參與地方政府之行政或立

〔註57〕　《爲頒發剿匪區內各縣編查戶口條例訓令各省文》。轉引自郭寶平著：《民國政制通論》，山西人民出版社 1995 年版，第 180 頁。

〔註58〕　〔美〕吉爾伯特・羅茲曼：《中國的現代化》，國家社會科學基金「比較現代化」課題組譯，江蘇人民出版社 1988 年版，第 665 頁。

〔註59〕　參見李宗黃著：《新縣制理論與實際》，中華書局 1945 年版，第 238 頁。

法」，〔註60〕沒有影響手段。因此，執政黨經常報怨地方政府在推行地方自治時「只注重書面應付……因循敷衍」。〔註61〕

關於中央與省之間的權限，國民政府曾在《訓政時期約法》中規定，依建國大綱採均權制，但沒有下文，後來的《五五憲草》也未再提及均權制。按照 1931 年 3 月 23 日公佈的《省組織法》規定，省政府實行委員會制，由國民政府任命若干組成委員會。其職權有：（1）在不牴觸中央法令的範圍內發佈省令，制定省單行條例及規程；（2）地方行政區劃的確定及變更；（3）增加或變更人民負擔；（4）全省預決算，處分省公產或籌劃省公營事業；（5）省行政設施或變更；（6）咨調省內「國軍」及督促所屬軍警團防「綏靖」地方；（7）地方自治監督；（8）省政府所屬官吏任免；（9）執行國民政府委託事項及委員會認為應議決的事項等。省政府設主席一人，由國民政府在省府委員中任命，負責召集省政府委員會，並為會議主席；代表省政府執行省府委員會的決議；代表省政府監督全省行政機關職務的執行；處理省政府日常工作等。可見，南京國民政府統治下的中央與地方的關係已沒有了孫中山所說的均權制的任何影子，實際上已經成為中央集權制了。

1947 年頒行的《中華民國憲法》詳細規定了中央、省和縣的立法權限，雖沒有明確提出採行均權制，但根據所規定的具體內容來看，基本是按照孫中山所說的均權制原則來制定的。關於地方自治，規定實行縣自治，縣可召集縣民大會，制定縣自治法，「縣民關於縣自治事項，依法律行使創制、復決之權，對於縣長及其他縣自治人員，依法律行使選舉、罷免之權」，縣長和縣議員均由縣民選舉產生，特別是恢復了孫中山關於實行省治的有關主張，規定「省得召集省民代表大會，依據省縣自治通則，制定自治法，但不得與憲法牴觸。」

縱觀《中華民國憲法》，雖然其關於國民大會的權限有所縮小，但就總體來說，其關於國民大會的規定、關於總統和五權的規定、關於中央與地方權限和地方自治的規定，基本上體現了孫中山的五權憲法思想，並在其五權分立的基礎上，又增加了一些權力制衡的因素。其實，通過前文的介紹，孫中

〔註60〕轉引自謝振民編著：《中華民國立法史》（下冊），中國政法大學大學出版社 2000 年版，第 710 頁。
〔註61〕《中國國民黨第五次全國代表大會通過〈切實推進地方自治以完成訓政工作案〉》（1935 年 11 月 12 日）。

山在這方面也是有矛盾的。因此，實行權力間的制衡，可以說也不違背其本意。

三、孫中山權力制約思想對國民黨政權的影響

孫中山的權力制約思想對國民黨政權的影響是雙重的。一方面，它是國民黨實行統治的最重要的合法性來源；另一方面，又是對國民黨統治的有效制約，其中的民主成分和制約權力因素爲各方民主力量爭取民主、實現憲政提供了有力的思想武器。

首先，孫中山的憲政理論是國民黨政權最重要的合法性來源

自南京政權建立之日起，國民黨就不斷強調其對孫中山憲政理論的繼承，稱其政權是「履行總理手定訓政程序之遺教」，[註62] 秉承孫中山的遺志而建立的。而且，它還通過諸如總理紀念周等各種形式不斷強化孫中山及其理論的意義。國民黨之所以這樣做，是因爲孫中山是中華民國和國民黨當之無愧的締造者，在當時的政壇上享有無人可比的崇高地位，掌握著憲政理論的政治話語權，誰繼承了孫中山的政治理論，誰就是孫中山的當然的合法繼承人，其政權就取得了正統地位和合法性基礎。除此之外，孫中山思想中的某些因素，如其關於「訓政」思想、「以黨治國」思想的一些表述也有利於國民黨的專制統治，爲國民黨政權論證其統治的不可替代性提供了理論依據。對此，將在下文闡述。

其次，孫中山的憲政理論又形成了對國民黨政權的強大制約

一是孫中山關於訓政期限爲六年的規定，對國民黨的獨裁統治無形之中形成了一種制約。按照孫中山的設想，訓政期僅是一個向憲政期過渡的時期，時間不應過長。孫中山明確將其規定爲六年。由於孫中山有這樣的規定，以孫中山繼承者自居的國民黨在確立訓政期限時不得不明確宣示，「訓政實施規定爲六年，至民國二十四年完成。」[註63] 據此，到 1935 年國民黨建立訓政滿六年之後，其對政權的獨佔就失去了合法性基礎，必須「還政於民」，交出政權。1935 年後，雖然國民黨以種種藉口拒絕還政於民，但它又不得不一再

〔註62〕　榮孟源主編：《中國國民黨歷次全國代表大會及中央全會資料》（上冊），光明日報出版社 1985 年版，第 657 頁。

〔註63〕　榮孟源主編：《國民黨歷次代表大會及中央全會資料》（上），光明日報出版社 1985 年版，第 759 頁。

承諾要還政於民，並通過召開國難會議、成立國民參政會等方式來緩解來自社會各界的壓力。從這個意義上講，孫中山關於訓政期為六年的規定雖然沒能防止國民黨的獨裁，但在一定程度上遏制了國民黨的獨裁勢頭。

二是孫中山憲政理論中的民主因素為中間黨派爭取民主提供了強大思想武器。由於孫中山的憲政理論吸收了西方憲政理論的精華，包含著當代民主與憲政的積極因素，而國民黨又不斷標榜其是孫中山的繼承人，秉承了孫中山建立憲政的遺志。因此，信奉和追求西方自由主義憲政民主的中間黨派，就用以其人之道還治其人之身的策略，不斷拿起孫中山的憲政理論來向國民黨施加壓力，進行爭取擴大民主和保障人權的鬥爭。如抗戰爆發前，中間黨派以孫中山關於人民有權的理論，對國民黨獨佔政權和踐踏民權行為進行了尖銳批評；抗戰爆發後，在兩次憲政運動高潮中，中間黨派又以孫中山的憲政理論作為武器向國民黨爭取民主和人權。

三是孫中山的憲政理論也是中共與國民黨鬥爭的有力工具。在與中共的政治鬥爭中，國民黨經常用的一種手法是通過宣佈準備制憲和行憲，達到既把中共排斥在政權之外，又拉攏中間黨派孤立中共的目的。針對國民黨的這種策略，中共一般採取針鋒相對的策略，即聯合中間黨派，以孫中山的憲政理論為武器，要求國民黨兌現其繼承孫中山遺志實施憲政的諾言。毛澤東就曾指出，實施憲政是中山先生的「至囑」，但是，國民黨訓政多年，毫無結果，「把一個最短期間，變成了最長期間，還口口聲聲假託孫先生。孫先生在天之靈，真不知怎樣責備這些不肖子孫呢！」〔註64〕

四、國民黨政權對孫中山思想的實踐所引發的思考

從以上對南京國民政府對孫中山五權憲法思想的實踐過程的簡要敘述和分析，我們可以看出，南京國民政府只是在形式上實踐了孫中山的五權憲法思想，在根本精神和根本原則方面，與孫中山的五權憲法思想相距甚遠，有的甚至是完全背叛。比如，它對公民基本權利的限制，對新聞言論自由的種種鉗制，以及動輒以黨派嫌疑隨意拘捕青年學生等，不僅完全背離中山先生的思想，簡直就是法西斯獨裁統治。再如，其所設立的五院，除要聽從國民黨權力機關的旨意外，還在其上設立了國務會議這一組織，五院基本喪失了

〔註64〕《毛澤東選集》第 2 卷，人民出版社 1991 年版，第 733～734 頁。

孫中山所設想的獨立地位，基本上淪爲了國民政府領導下的五個職能部門，所謂五權其實是一權。而關於國民大會，國民黨從 1936 年就開始口口聲聲要召開，但直到抗戰結束它也未召開成。雖然它在 1946 年召開了國民大會並完成了制憲，也在所頒佈的《中華民國憲法》中作了規定，但這個國民大會是國民黨單方面組織召開的。由於大多數黨派沒有參加，沒有任何代表性。在國民黨統治大陸的二十多年的時間裏，完全是由國民黨最高權力機關代替國民大會行使政權，實際上是一黨獨裁，人民根本處於無權的狀態。還有地方自治，基本就是徒有形式，相反還更加重了中央集權制的色彩。

南京國民政府對孫中山五權憲法思想的背離，固然與國民黨大權獨攬，不願將權力交到人民手裏有關，但也與當時的歷史背景下不具備施行憲政的條件有關。可以說，當時中國內憂外患的歷史條件極大地影響了國民黨對憲政的推行。因爲所謂制約權力，其前提必須是建國任務已經完成，一個強有力的政府已經建立，而這些在當時都不具備。還有一個原因，那就是孫中山的思想本身存在不少因素，爲國民黨實行獨裁統治提供了口實。

一是孫中山關於訓政的思想，使國民黨得以以訓政的名義建立和維持其獨裁統治。孫中山認爲在訓政時期由於民眾不能行使政權，要實行「以黨治國」，由黨掌握和控制政權，對民眾進行培養和訓練，以提高他們的政治素養。這一思想是建立在作爲訓政主體的政黨應是大公無私的理論假設基礎上的，認爲執政黨在全面掌握不受制約的權力時不會腐敗；到一定時期，它又會心甘情願、主動地交出政權，還政於民。曾經追隨孫中山多年的胡漢民在闡述「以黨治國」理論時，也強調了與上述孫中山相同的思想，他說：「夫以黨建國者，本黨爲民眾奪取政權，創立民國一切規模之謂也。以黨治國者，本黨以此規模策訓政之效能，使人民自身能確實用政權之謂也。於建國治國之過程中，本黨始終以政權之保姆自任。其精神與目的，完全歸屬於三民主義之具體的實現。不明斯義者，往往以本黨訓政主義，比附於一黨專政與階級專政之論，此大謬也。」〔註 65〕在胡漢民看來，「一黨專政」以政權集中於一黨爲歸宿，而「以黨建國」或者「以黨治國」則是以政權歸屬國民爲目的，這是兩者的本質不同。事實果真如此嗎？1932 年 3 月，汪精衛在會見國難會議會員推舉的以熊希齡、褚輔成、羅隆基、王造時等爲首的代表團時說

―――――――――――――――――――――――――

〔註65〕轉引自徐矛編著：《中華民國政治制度史》，上海人民出版社 1992 年版，第208 頁。

道：「我們國民黨流血打出來的天下，豈能由你們說開放政權就開放政權，說實行憲法就實行憲法」。〔註66〕活脫脫一派「打天下者，坐天下」的口氣，把國家當作了國民黨一黨的私產。可見，雖然孫中山一再強調以黨治國「並不是要黨員都做官」，「不是用本黨的黨員治國，是用本黨的主義治國」，〔註67〕但在大多數國民黨黨員看來，「以黨治國」就是要由國民黨黨員去控制政權機關，而對久處專制統治之下政治素養低下的廣大中國民眾來說，以黨員治國可能比以黨的主義治國更容易理解和接受。

由此聯想到孫中山關於黨治和德治的有關表述。他在談到黨治時說：「黨本來是人治，不是法治。我們要造法治國家，只靠我們同黨人的心理⋯⋯黨之能夠團結發達，必要有二個作用：一是感情作用，二是主義作用；至於法治作用，其效力甚小；」「許多的人反對我把個人做主義去辦黨，不知黨本是人治，不像國家的法治。」〔註68〕同樣，他在構建「萬能政府」理論時，要求人民不要隨意干預政府，稱「只要他們有本領，忠心為國家做事，我們就應該把國家的大權付託於他們，不限制他們的行動，事事由他們自由去做，然後國家才可以進步，進步才是很快。」〔註69〕可見，孫中山提出的「以黨治國」和「萬能政府」的思想是建立在對自己或政府官員政治道德和政治能力十分自信的基礎上的。對於孫中山這樣一位政治品德高尚、政治威信高、政治能力強的革命先行者來說，採用人治的辦法，可能會取得一定效果，但是他卻不能保證其後繼者也具有和他一樣的高尚品德，就像孔子是聖人，卻不能保證後世的中國人都是聖人一樣。正如列寧晚年所言，必須對黨員幹部特別是黨的高級幹部，予以適當的權力制約，如果把正確行使權力的希望完全寄託於幹部的信念、忠誠等精神品質，這在政治上是完全不嚴肅的。〔註70〕所以，孟德斯鳩等人才不遺餘力地鼓吹權力制約，因為在他們看來，人的德性是完全靠不住的，必須以權力制約權力。

二是孫中山關於「權能區分」和「萬能政府」的理論為國民黨擴大和獨佔政府權力提供了理論依據。在民眾政治素養低下的舊中國，「權能區分」理

〔註66〕王造時：《從一二回憶談到憲法草案的公佈》，載葉永烈編：《王造時：我的當場答覆》，中國青年出版社1999年版，第213頁。
〔註67〕《孫中山全集》第8卷，中華書局1986年版，第282頁。
〔註68〕《孫中山全集》第5卷，中華書局1985年版，第391頁，第394頁。
〔註69〕《孫中山選集》（下），人民出版社1956年版，第740頁。
〔註70〕參見徐育苗主編：《中外監督制度比較》，商務印書館2003年版，第31頁。

論只具有學理上的意義而不具備可操作性。因爲本來在公共權力與個人之間，個人處於明顯的弱勢地位，西方建立憲政制度的根本原因和終極目的，就是要限制強大的公共權力，保護相對比較弱小的個體權利。而根據孫中山的「權能區分」和「萬能政府」理論，政府被授予了實實在在的、具有強制性的權力，民眾要想用在當時不具有操作性的選舉和罷免等辦法去控制政府，幾乎是不可能的。也許我們與孫中山是在兩個不同的語境下來思考問題的。孫中山生前，特別是其晚年所優先考慮的，是如何擺脫當時中國國破家亡的落後局面，實現民族的獨立、解放與富強，建立一個強大的現代化國家，這是他考慮問題的首要前提，因此便出現了他對國家自由和全能政府的宣揚。而我們則是在國家已經建立、一個強大的國家權力已經存在的前提下，首先考慮的當是如何建設國家、實現民主、防止國家權力侵犯個人權利的問題。不同歷史的處境決定了不同的思維進路和不同的價值取向，正所謂不同的歷史處境決定了不同的歷史使命。

三是孫中山關於公民資格的表述爲國民黨限制和剝奪公民權利提供了口實。孫中山曾在 1924 年 1 月發表的《中國國民黨第一次全國代表大會宣言》中就公民資格說過這樣一段話，稱「蓋民國之民權，唯民國之國民乃能享之，必不能授此權於反對民國之人，使得藉以破壞民國。詳言之，則凡眞正反對帝國主義之個人及團體，均得享有一切自由及權利；而凡賣國罔民以傚忠於帝國主義及軍閥者，無論其爲團體或個人，皆不得享有此等自由及權利」。〔註71〕孫中山雖然在這裡只是將是否享有公民權利與是否反對帝國主義和反動軍閥聯繫起來，並沒有明確與是否擁護國民黨黨義和中華民國聯繫起來。但是，不容否認，孫中山在這裡所說的反帝反軍閥，卻是當時國民黨的黨義所強調的，因而擁護國民黨黨義，擁護中華民國，也就意味著反帝反軍閥。所以，也就不難理解後來國民黨將是否擁有公民資格擴大到是否擁護國民黨、是否擁護國民黨黨義，甚至是否擁護黨的領袖了。公民權利尤其是公民的基本權利，在西方政治思想中它是一種自然權利，是人人都有的與生俱來的一種物理屬性，不以政治信仰不同而不同，不以政治立場不同而不同，不管他反對什麼，支持什麼，其基本權利卻受到法律保護。孫中山在此以政治信仰作爲是否擁有公民資格的標準，實是在中國思想史上開了一個不好的先例，並對後世中國政治和政治文化的發展產生了很大的負面影響。國

〔註71〕《孫中山選集》（下），人民出版社 1956 年版，第 526 頁。

民黨後來的所作所爲，雖與孫中山所言內容迥異，但思維方法卻是一樣的，只不過是依葫蘆畫瓢而已。

四是孫中山關於國民大會和五權分立的表述使得國民政府各權力間過於重視配合而缺少了制約。爲了保證政府的效能，孫中山不主張五權之間相互牽制，而應該各司其職。正如前文所述，孫中山所主張的五權其實是一種政府內部的職責分工關係。由於各權力之間是一種職責分工關係，由於行政院首長是國家元首，再加之國民大會這一權力機構的存在，很容易給人一種印象，認爲五院是政府的五個職能部門，而不是國家的最高立法機關、最高行政機關、最高司法機關、最高考試機關和最高監察機關，特別是使最需要獨立的司法機關、考試機關和監察機關很容易受到外來因素的干擾。從後來國民黨的實踐來看，這種顧慮並非杞人憂天，雖然這與國民黨對孫中山思想的背離有關，卻也與孫中山對五權之間的關係表述不無關係。再看國民大會，雖然孫中山一再聲稱要使人民有權與政府有能保持平衡，但作爲人民有權的標誌的國民大會如何設置特別是是否設置常設機構，他始終沒有明確表述。因此，人民的四大直接民權在中央政制中的實現，始終處於虛置狀態。他曾於 1924 年 1 月《在廣州商團及警察聯歡會的演說》中指出：「殊不知人民在民國，無形中的地位很高。民國是大家都有份的，我們是中華民國的人民，便是中華民國的主人翁。」〔註 72〕由此似乎可以推導出，孫中山認爲沒有必要設置國民大會常設機構，莫非後來張君勱所說的「化國民大會於無形」的主張，眞是孫中山的本意？

總之，正如有學者所指出的，孫中山的一些思想理論「爲日後蔣介石的獨裁行爲，留下了足夠的活動空間。蔣介石的政治行爲當然應該由他本人負責，但孫中山後期的理論主張恐怕也難辭其咎。」〔註 73〕

當然，我們不能過分苛責當年的設計者。孫中山作爲中國近代民主憲政設計的第一人，其崇高人格和光輝業績，始終值得我們高度尊重。其爲限制政府權力、實現人民當家作主而提出的種種設想和制度設計，如國民大會、分縣自治、直接民權、權能分立、五權分立、法治思想、公僕思想等論述，其中還不乏創造性貢獻，如他提出的「權能分立」思想、「五權憲法」思想和「國民大會」的制度設計，都是他基於實現民權和權力制約的獨特創見，極

〔註 72〕《孫中山全集》第 9 卷，中華書局 1986 年版，第 59 頁。
〔註 73〕李玉琪：《專制的民主與民主的專制》，載《探索與爭鳴》，1994 年第 1 期。

大地豐富了人類權力制約思想的理論寶庫，雖然有部分理想的成分，卻是我們不可多得的寶貴財富，爲我們實現民主與自由的雙重目標具有很大的借鑒意義。特別是他兼採古今中外各種政治思想的胸懷、雖「求法於西方」卻「不奉歐美爲至上」〔註 74〕的一貫立場以及不信守成規、勇創一家學說的勇氣和氣慨，正是我們今天加強社會主義政治文明建設所需要的。

我們知道，像中國這樣的後發展國家，在發展路徑的選擇上，雖然一方面有後發的優勢，也就是可以借鑒先進國家的經驗教訓，避免走彎路。但從另一方面講，這種路徑選擇其實也是受限的。因爲那些先進國家的成功經驗往往會成爲後發國家學習的教科書，特別是後發展國家爲了獲取先進國家的支持，往往會自覺不自覺地向先進國家的發展道路靠攏，一不留神就會陷入照抄照搬的陷阱。而那些成功的先行者往往會以成功者自居，對後進國家指指點點，甚至將發展道路意識形態化，跟隨其發展的就是什麼什麼，不跟隨其發展的就不是什麼什麼。不是嗎？當孫中山初次提出五權憲法的時候，立刻就有人出來反駁，認爲其學說沒有先例，不合常規。在今天，我們不是也經常聽到以所謂的普適價值觀來將後發展國家分門別類嗎？由此，我們再來看孫中山雖「求法於西方」卻「不奉歐美爲至上」、不信守成規、勇創一家學說是多麼得的難能可貴和富有魄力！

總之，儘管孫中山關於權力制約的思想還存在尙需完善之處，儘管它還

〔註 74〕 1910 年 2、3 月間，孫中山在與劉成禺的談話中，就一些留學生對五權憲法思想的質疑指出：「三權憲法，人皆知爲孟德斯鳩所倡，三權以後不得增爲五權。不知孟德斯鳩以前一權皆無，又不知何以得成立三權也。憲法者，爲中國民族歷史風俗習慣所必需之法。三權爲歐美所需要，故三權風行歐美；五權爲中國所需要，故獨有於中國。諸君先當知爲中國人，猶歐美人不能爲中國人，憲法亦猶是也。適於民情國史，適於數千年之國與民，即一國千古不變之憲法。吾不過增益中國數千年來所能、歐美所不能者，爲吾國獨有之憲法，如諸君言歐美所無，中國即不能損益，中國立憲何不將歐美任一國之憲法抄來一通，曰孟德斯鳩所定，不能增損者也！……吾讀《通鑒》各史類，中國數千年來自然產生獨立之權，歐美所不知，即知而不能者，此中國民族進化歷史之特權也。祖宗養成之特權，子孫不能用，反醉心於歐美，吾甚恥之！」在這裡，孫中山明確指出，一國之憲法必須要與一國之國情與歷史相適應，並申明了他求法乎西方的一貫立場，這就是「集合中外的精華，防止一切的流弊」，決不能照抄照搬，無視國情與歷史，他批評那種「不研究中國歷史風俗情，奉歐美爲至上」的錯誤傾向，並預言「他日引歐美以亂中國，其此輩賤中國書之人也」。孫中山這種一貫立場，即使在今天也非常有借鑒意義。參見《孫中山全集》第 1 卷，中華書局 1981 年版，444 頁；第 9 卷，第 353 頁。

存在一些自身難以克服的矛盾，至少它在權力制約方面給我們提供了一些新的啓示和思路，這也正是我們今天再來探討孫中山的權力制約思想的意義所在。

餘　論

　　如何加強對政府權力的監督與制約，依然是當代中國所面臨的一個重大歷史課題。結合孫中山的權力制約思想研究，筆者認為，當代中國加強對政府權力的監督與制約，至少應注意以下四個方面的問題。

一、正確認識對權力的監督與制約

　　長期以來，在我們的政治話語中，權力監督一直是一個比較敏感的話題，相對於權力的監督與制約，我們更願意強調權力的統一性，強調掌握不同權力的各個部門之間的合作與配合，認為監督會帶來不必要的麻煩和不和諧的聲音，影響政府的形象和工作效率〔註1〕。這一點，從 2007 年正式頒佈實施的《中華人民共和國各級人民代表大會常務委員會監督法》歷經 20 多年波折方才出臺的事實便可證明。由於長期以來我們諱言權力監督，致使權力監督特別是對行政權力的監督制度要麼不健全，要麼不具可操作性，以至於使我國建國以來開展的一次次反腐敗鬥爭往往流於運動式的政治宣示，而缺少體制和制度上的構建。在我們的一些法律條文中雖也規定，「相互配合，相互制約」，但往往是配合有餘，制約不足。一個明顯的例子就是我們的刑事訴訟制度。實行審檢分離即審判犯罪與指控犯罪相分離，是現代刑事訴訟制度的一個重要特徵，其目的就是為了防止司法擅斷，自訴自審，其體現的就是一種權力制約的原理，即行政權（檢察權）對司法權的制約。〔註2〕但長期以來，

〔註1〕 在這方面，與主張「政府萬能」的孫中山相比，是何其的相似。其實也不難
　　　　理解，因為我們都是受著同一個傳統文化的影響。
〔註2〕 在西方國家，行使指控犯罪的檢察機關屬於行政機關。

在我們的政治理念中，公檢法三機關統稱爲政法機關，被視爲政府的「刀把子」。在具體的司法實踐中，往往是配合多，制約少。一些案件不好處理，或召開「三長會議」（法院院長、檢察院檢察長和公安局局長）溝通，或提交政法委協調。要知道，在西方，法官在審判前是不允許與任何案件當事人接觸的，包括代表國家公訴的檢察官。前些年，我們出現了不少冤假錯案，一個很重要的原因，就是因爲過去過於注重配合而使制約流於形式，該把住的關口沒有把住。

爲什麼我們那麼喜歡配合而不喜歡制約呢？這可能與我們的思想中比較喜歡「和氣」以及「家醜不可外揚」的傳統有關。注重「和氣」便不喜歡硬碰硬，據理相抗；「家醜不可外揚」便意味著遮掩矛盾，文過飾非。還有一個重要原因，就是在於我們的政治文化中，認爲我們的各個政府部門都是建立在一切爲著實現人民利益的基礎上的，目的的共同性便意味著在職能的履行中應該相互配合而不是相互制約。當年孫中山在談到報界對政府的攻擊時便曾說：「報紙在專制時代，則利用攻擊，以政府非人民之政府；報紙在共和時代，則不利攻擊，以政府乃人民之政府也」，要求「今日報紙，必須改易其方針，人心乃能一致」。〔註3〕這說明，這種思想不是一時一世或某幾個人所具有的，而是已經成爲一種觀念，深深地刻在我們的骨子裏了。

公共權力必須接受監督與制約，這不僅僅是人民主權理論、天賦人權理論和權利讓渡理論等現代政治的理性要求，更是實現中華民族偉大復興、實現中華文明現代化的希望所在，從而使中華民族跳出大亂、大治、腐敗、大亂的歷史循環，使中華民族再次屹立於世界偉大文明之林。可喜的是，近年來，這種情況終於有了一些根本性變化：在社會層面，隨著互聯網等信息技術的發展和普及，曾經桀驁不馴、爲所欲爲的公權力開始夾起了尾巴，喊出了「爲官不易」的報怨；在執政層面，隨著依法治國的深入和反腐敗的加強，一些規避法律的「潛規則」開始被打破，依法行政、按程序辦事的意識開始深入部分執政者內心。這說明我們已經開始理智地看待權力監督的問題。特別是執政黨也開始重視權力的監督與制約，並在黨的代表大會報告中進行了專門論述，體現了一種進步，更體現了一種勇氣和魄力。當然，也要清醒地看到，在加強對權力的監督與制約方面，這只是萬里長征邁出了一小步，要將權力制約思想變成全黨、全民乃至全社會的共識，依然還有很長的路要走，

〔註3〕《孫中山全集》第2卷，中華書局1982年版，第348～349頁。

必須加強全社會特別是廣大公職人員關於權力必須接受監督制約意識的養成工作。

二、堅持監督與制衡相結合

　　筆者並不認爲分權制衡模式就比分工監督模式好，正如《布萊克維爾政治學百科全書》作者在分析代表模式的兩種不同類型的優劣時所說的，「無論如何，在實踐中，沒有一種代表模式可以排他性地處於優勢地位。在所有的議會中，代議員必須兼顧地方利益和國家利益。所有代議員也在一定程度上被要求進行獨立的判斷」。〔註4〕這種分析思路也同樣適用於對分工監督與分權制衡兩種模式的評價，即兩種模式無所謂孰優孰劣，而要結合其存在的具體環境來分析。應當說，分權制衡模式確實有著分工監督模式所不具有的優點：它反對絕對權威，每項權力都不完整，每項權力的行使都要借助於其他權力的支持，因而也就在相互牽制中實現了對權力的監督與制約。其實，我們在實際的制度構建中，已經在不經意中運用了這種權力制約模式，比如，會計與出納制度就是該模式運用的典型範例。同樣，分工監督模式所具有的民主監督性也是分權制衡模式所不具備的，分工監督模式更有利於提高權力的行使效率，更有利於從制度上確保人民主權的至高無上地位，保證國家政權始終控制在人民的手裏，而不是像在分權制衡模式下爲了制衡而制衡，致使權力行使效率不高，使公共權力成爲某些強勢利益集團實現其利益的工具。所以，筆者主張兩種模式應當相互結合使用。

　　在具體的制度構建中，有三點有必要予以考慮：第一，要讓每個權力主體都有實體處分權，使其有能力和手段抵抗其他權力的侵蝕，這是保證各權力都有能力自衛且能對其他權力形成制約的關鍵。〔註5〕二是各機關的人員不得交叉任職。目前大多數議會民主制國家所具有的一個共同特徵就是政府官員不得在議會中任職。可以說，禁止文官和現役軍官進入立法機構是現行憲

〔註4〕〔英〕戴維‧米勒、〔英〕韋農‧波各丹諾主編：《布萊克維爾政治學百科全書》，鄧正來等譯，中國政法大學出版社2002年版，第697頁。

〔註5〕在分工監督模式下，爲了防止檢察權對其他權力的侵淩，只規定檢察權具有程序啓動權，不具有實體處分權。因爲它沒有具體的實體處分權，不能對其他機關的違法違規行爲作出處罰，只能提出糾正意見，至於能否糾正，檢察機關則左右不了。因此，影響了檢察權的監督效果。所謂監督權，只是虛設而已。

政國家的一個重要準則，也是中山先生生前所強調的。禁止官員交叉任職，有利於防止各權力主體之間進行利益交換和意志嫁接，從而避免將實際上的數權分立變爲實質上的一權獨裁。三是切實保證司法獨立。司法被視爲公平與正義的守護神，是實現社會公正、對公權力進行制約的最後一道防線。要實現司法公正，必須要讓法官處於一種超然的地位，排除其他非法律因素的干擾，非因法定理由（這裡的法定理由應該是憲法、組織法規定的法定理由）不得減俸、降職和轉職，絕不能讓法官一邊用顫抖的手拿著判筆，一邊想著自己的飯碗，戰戰兢兢地斷案。正如英國大法官丹寧勳爵所言：「只要法官在工作時眞誠地相信他做的事是在他自己的法律權限之內，那麼他就沒有受訴的責任。法官可能弄錯事實，可能對法律無知，他做的事情可能超出他的司法權限——不管是在事實上，還是在法律上——但是只要法官眞誠地相信他做的事情是在自己的司法權限之內，他就不應承擔法律責任。他就不應爲指責他出於敵意、惡意、偏見或者其他諸如此類的東西所苦。基於此種指責的訴訟一向盡被駁回，而且仍將遭到駁回。除法官表明他明知自己無權做某事卻違法去做外，任何其他情況均不能使法官承擔法律責任。」〔註6〕

三、重視國民的自由與權利

仔細觀察就會發現，孫中山對個人自由與國家自由都有一種割捨不下的情懷。西方人權思想的浸淫和清政府的專制統治，使他對公民自由有著一種天然的關愛和嚮往。而中華民族的多災多難，又使他不得不暫時放棄對個人自由的追求而關注國家自由的實現。其實，這也是近代以來不少先進中國人的思想寫照。托克維爾曾在《論美國的民主》中以寥寥數百字，概括了國家崛起的兩種模式：

> 當今世界上有兩大民族，從不同的起點出發，但好像在走向同一目標。這就是俄國人和英裔美國人。
>
> ……美國人在與自然爲他們設置的障礙進行鬥爭，俄國人在與人進行搏鬥。一個在與荒野和野蠻戰鬥，另一個在與全副武裝的文明作戰。因此，美國人的征服是用勞動者犁進行的，而俄國人的征服則是靠士兵的劍進行的。

〔註6〕〔英〕丹寧著：《法律的正當程序》，李克強、楊百揆、劉庸安譯，法律出版社1999版，第72頁。

　　　　為了達到自己的目的，美國人以個人利益為動力，任憑個人去
　發揮自己的力量和智慧，而不予以限制。

　　　　而為此目的，俄國人差不多把社會的一切權力都集中於一人之
　手。

　　　　前者以自由為主要的行動手段，後者以奴役為主要的行動手
　段。

　　　　他們的起點不同，道路各異。然而其中的每一個民族都好像受
　到天意的密令指派，終有一天要各主世界一半的命運。〔註7〕

　　這兩種模式可以細分為兩種：一種是國家崛起，一種是國民崛起。前者
是國家權力的崛起；後者是國民權利的崛起。前者信奉外表的強力與統一；
後者注重內心的自由與幸福。前者信奉國家道德上的團結；後者注重個人思
想上的創造。前者使社會走向封閉；後者使社會走向開放。前者表現為一種
反向運動，國家崛起的過程也是民權衰弱的過程；後者正相反，國民崛起豐
富了國家，使國家不至於凌空蹈虛，徒具虛名，並在適當時候對其進行修理。

　　正如國際歷史學會會長於爾根・科卡所說，德國的現代化很大程度上是
從上而下由國家發起和實現的，而美國和英國卻主要是由社會來推動的，其
動力來自於社會。有學者用這樣的話來形容德國：這是一個奇妙的國家，它
要麼考問世界，要麼拷打世界。當它用思想來考問世界時，它是偉大的；當
它用戰爭來拷打世界時，便有了上個世紀的兩次世界大戰。〔註8〕

　　對於每個自由人而言，國家只是自由人的集合，而不是超越於自由人之
上的東西。政府既不是給我們帶來恩惠與禮物的人，也不是使我們盲目崇拜
和為之服役的主人或神靈，它不過是我們實現目的的手段和工具。弗里德曼
斷言：「除了公民們各自為之服務的意見一致的目標以外，他不承認國家的任
何目標；除了公民們各自為之奮鬥的意見一致的理想以外，他不承認國家的
任何理想。」〔註9〕進一步說，國家的崛起並非政府工作的首要目標，政府應
以服務具體的國民而非抽象的國家為天職。國家崛起之「大公」，不可高於國

〔註7〕〔法〕托克維爾著：《論美國的民主》（上），董國良譯，商務印書館 1988 年
　　　　版，第 480～481 頁。
〔註8〕參見中國中央電視臺製作的電視記錄片《大國崛起》解說詞。
〔註9〕轉引自熊培云：《從國家解放到社會解放》，刊載於《南風窗》第 329 期，2007
　　　　年 3 月 1 日出版。需要說明的是，本文在此還借用了該文中的一些表述。

民謀求自己幸福自由、有保障生活的「小私小利」，而國家崛起之結果，不過是公民們借政府這一工具謀求自己利益最大化時的意外驚喜與額外收穫。

對於今天的中國來說，建國任務已經完成，一個強有力的政府已經建立，那些曾經使孫中山等人一度放棄個人自由的外部因素已經不復存在，正是推行民主憲政、實現公民權利與自由的歷史契機。

四、維護法律的權威與尊嚴

在現代社會，法律在對權力的監督與制約中有著不可替代的作用，幾乎所有的關於權力制約的措施都是以法律的形式規定下來的，從以權利制約權力到以權力制約權力，都離不開法律的規定和保障，甚至道德制約機制也離不開法律的協助，比如《公務員法》、《法官法》、《檢察官法》中都有對國家公務員、法官、檢察官職業道德方面的規定。而遵守法律本身便意味著對權力的制約，因為遵守法律就意味著遵守規則。因此，維護法律的尊嚴和權威，對加強權力的制約至關重要。

要樹立法律的威信與尊嚴，首先政府要帶頭遵法、守法。胡適當年在分析國人為何對國民黨政權制憲行為反應冷淡的原因時說：「制憲事業在一般人的心目中，反成了一種不緊急的點綴」，最根本的原因在於「人民對憲法的效能的根本懷疑」：一是官吏軍人黨部自身不願守法，所以使人民不信任法律。二是政府立法之先就沒有打算實行，所以立了許多紙上具文，使人民失去對法律的信仰，指出「法律的靈魂在於執行」。三是憲法中列舉的條文總是空泛的原則，若沒有附加的詳細施行手續，就都成了無效力的具文，這也是根本法不得人民信任的根本理由。所以他呼籲政府在制憲之先，在事實上表示守法的榜樣，養成守法的習慣，才能「間接地養成人民信任法律的心理」，稱「制憲不如守法，守法才是制憲事業的真正準備工作。」〔註 10〕胡適的這些言論對我們今天樹立法律的權威來說，依然不乏借鑒意義。

其次，要在全社會樹立對法律的信仰和忠誠。法律的權威來源於對法律的信仰，法治的實現離不開對法律的忠誠。對一個國家來說，對法律的忠誠度決定法治的高度，人們對法律的忠誠度越高，國家的法治水平越高。伯爾曼說：「沒有信仰的法律將退化成為僵死的信條，因此，法律必須被信仰，否

〔註10〕參見胡適：《制憲不如守法》，載《獨立市政府》第 50 號，1933 年。

則它將形同虛設」。〔註11〕無獨有偶，孫中山也提出了法律應被信仰的理念。要維護法律的權威，就要把憲法法律置於至高無上的地位，樹立憲法法律至上的觀念；反對任何凌駕於法律之上的特權或個人意志，眞正做到法律面前人人平等。忠誠法律需要信仰法律。信仰法律是忠誠法律的前提和基礎，只有信仰法律才會忠誠法律。信仰法律，是將法律作爲解決糾紛的最高依據和最後途徑，養成一種以正確理性、具體規則和正當程序辦事的生活和工作習慣。信仰法律的實質是承認和尊重人類的理性，尊重社會發展的客觀規律，因爲法律是客觀規律的反映，是人類理性的體現。在這裡，執法者作爲執法的主體，其對法律的信仰和忠誠是人民群眾傚仿的榜樣，因而執法者對法律的信仰和忠誠是國家法治的基石和保障。作爲執法者，要維護法律權威，就應當在執法過程中不畏權勢，不徇私情，秉公執法，確保國家法律得到統一正確實施。

　　維護對法律的權威和尊嚴，信仰和遵從法律，應當避免陷入兩個認識誤區：其一，維護法律權威，信仰和遵從法律，並不是事事皆「唯法」是從。法有其自身的局限性，法律只是解決問題的一種途徑，並不是解決一切問題的唯一途徑。道德、倫理、習慣和自治規範等都是社會運行的重要規範，大量的社會問題也並非都要納入法律的框架內來調整和解決，這既不可能，也無必要。我們倡導維護法律權威，信仰和遵從法律，是倡導在不違背法律和法治精神前提下一切社會糾紛或問題解決方案的共同參與，我們倡導的法治社會，是合乎法律不違反法治精神前提下的能動、有序、自主運行的社會。其二，法治社會不是無情社會，我們倡導信仰法律，不是倡導不要道德倫理。相反，培養對法律的信仰，要依賴於倫理道德的堅守。倫理道德具有重秩序、重自律等特質，它承載著平實的事理，具有現實性，更與人們日常生活休戚相關，更能爲人們所理解接受。因此，我們要認眞對待情理，探尋正式制度的本土資源，打破法治運行的「兩層皮」現象。當然，我們也要改變認「人」不認制度、重感情不重規則的法律權威虛無狀態，將法治精神、規則意識植入人情秩序和倫理道德之中，使民眾在對倫理道德的認同和遵守中養成遵從規則、信仰法律的意識和習慣，從而完成法治精神的微觀構建。只有這樣，我們的法律才能眞正得到信仰和忠誠，我們的法治建設才能有根基，枝繁葉茂。

〔註11〕　〔美〕伯爾曼著：《法律與宗教》，梁治平譯，上海三聯書店 1991 年版，第 47 頁。

參考文獻

孫中山的著作

1. 《孫中山全集》（11 卷本），中華書局出版。
2. 《孫中山選集》（上下卷），人民出版社 1956 年版。
3. 《孫中山選集》，人民出版社 1981 年版。
4. 《孫中山集外集》，上海人民出版社 1990 年版。
5. 《孫中山集外集補編》，上海人民出版社 1994 年版。
6. 《總理全集》，胡漢民編，上海民智書局 1930 年 8 月再版。

研究孫中山的著作

1. 寶成關著：《西方文化與中國社會——西學東漸史論》，吉林教育出版社 1994 年版。
2. 〔美〕林百克著：《孫逸仙傳記》，徐植仁譯，上海三民公司 1926 年出版。
3. 〔英〕康德黎著：《孫逸仙與新中國》，鄭啓中、陳鶴侶譯，上海民智書局 1930 年 4 月版。
4. 胡漢民著：《三民主義與中國革命》，中興學會 1935 年版。
5. 羅香林著：《國父與歐美之友好》，臺北，商務印書館 1954 年版。
6. 〔日〕菊池貴晴著：《現代中國革命的起源——辛亥革命的歷史意義》，嚴南堂書店 1970 年版。
7. 尚明軒編：《孫中山傳》，北京出版社 1979 年 3 月版。
8. 尚明軒編：《孫中山傳》，北京出版社 1981 年版。
9. 〔美〕史扶鄰著：《孫中山與中國革命的起源》，丘權政、符致興譯，黃沫校，中國社會科學出版社 1981 年 6 月版。

10. 張磊著：《孫中山思想研究》，中華書局 1981 年版 8 月版。

11. 李時岳、趙矢元著：《孫中山與中國民主革命》，遼寧人民出版社 1981 年 9 月版。

12. 陳錫祺著：《孫中山與辛亥革命論集》，中山大學出版社 1984 年 10 月版。

13. 尚明軒等編：《孫中山生平事業追憶錄》，人民出版社 1986 年版。

14. 廣東省孫中山研究會主編：《孫中山研究》，廣東人民出版社 1986 年 6 月版。

15. 孫中山研究學會編：《回顧與展望——國內外孫中山研究述評》，中華書局 1986 年 7 月版。

16. 〔美〕韋慕庭著：《孫中山——壯志未酬的愛國者》，楊慎之譯，廣州中山大學出版社 1986 年 10 月版。

17. 蘇愛榮、劉永爲編：《孫中山研究總目》，團結出版社 1990 年版。

18. 孫占元主編：《孫中山與辛亥革命》，山東人民出版社 1991 年 7 月版。

19. 陳錫祺主編：《孫中山年譜長編》，中華書局 1991 年 8 月版。

20. 郭寶平著：《從孫中山到蔣介石——民國最高權力的交替與爭奪》，上海人民出版社 1995 年 4 月版。

21. 〔美〕史扶鄰著：《勉爲其難的革命家》，丘權政、符致興譯，中國華僑出版社 1996 年 8 月版。

22. 中山市孫中山研究會編：《孫中山研究文集》，廣東人民出版社 1996 年 9 月版。

23. 姜義華著：《大道之行——孫中山思想發微》，廣東人民出版社 1996 年 10 月版。

24. 劉曼容著：《孫中山與中國國民革命》，廣東人民出版社 1996 年 10 月版。

25. 唐自斌著：《孫中山法律思想的研究》，湖南師範大學出版社 1997 年 4 月版。

26. 中山大學孫中山研究所編：《孫中山研究論叢（第 14 集）——孫中山與近代中國的改革》，中山大學出版社 1999 年版。

27. 謝政道著：《孫中山之憲政思想》，臺北，五南圖書出版社 2000 年版。

28. 陳鵬仁著：《孫中山先生思想初探》，臺北，近代中國出版社 2000 年 8 月版。

29. 林家有著：《孫中山與近代中國的覺醒》，中山大學出版社 2000 年 10 月版。

30. 何虎生、陶軍謀編：《孫中山大傳》，中國工人出版社 2001 年版。

31. 桑兵著：《孫中山的活動與思想》，中山大學出版社 2001 年 10 月版。

32. 周興樑著:《孫中山與近代中國民主革命》,中山大學出版社 2001 年 10 月版。

33. 孫中山故居紀念館編:《孫中山的家世——資料與研究》,中國大百科全書出版社 2001 年 11 月版。

34. 張笑天著:《孫中山》(上下冊),時代文藝出版社 2001 年 12 月版。

35. 徐萬民主編:《孫中山與辛亥革命》,北京圖書出版社 2002 年版。

36. 《孫中山與華人世界學術研討會論文集》,2007 年。

37. Berkeley: Sun Yat-sen and the Origins of the Chinese Revolution, University of California Press, 1970.

38. Yanheng Ma Lum, Raymond Mun Kong Lum.Homolulu:Sun Yat-sen in Hawaii:Activities and Supporters, Hoover Institution Press, Stanford, 1991.

其他文獻

1. 《馬克思恩格斯全集》,人民出版社 1958 年版。

2. 《馬克思恩格斯選集》第 2 卷,人民出版社 1972 年版。

3. 《列寧全集》第 2 卷(人民出版社 1995 年版),第 11 卷(人民出版社 1987 年版),第 21 卷(人民出版社 1959 年版)。

4. 《毛澤東選集》第 2 卷,第 4 卷,人民出版社 1991 年版。

5. 張克林著:《中國生存論》,1936 年版。

6. 李宗黃著:《新縣制理論與實際》,中華書局 1945 年版。

7. 《憲政問題參考資料》第四集,晉察冀邊區國民大會代表選舉委員會編印,1946 年 3 月出版。

8. 錢端升等編著:《民國政制史》,上海商務印書館 1946 年版。

9. 憲政實施協進會編:《五五憲草及有關法規彙編》,1946 年滬第 1 版。

10. 《中華年鑒》(民國 37 年)(上冊)。

11. 《一二九運動》,人民出版社,1954 年版。

12. 〔英〕約翰·穆勒著:《功用主義》,唐鉞譯,商務印書館 1957 年版。

13. 《世界資料叢刊·羅馬克里同時期》(上),生活·讀書·新知三聯書店 1957 年版。

14. 〔德〕黑格爾著:《哲學史講演錄》第 1 卷,賀麟、王太慶譯,商務印書館 1959 年版。

15. 〔英〕約翰·密爾著:《論自由》,許寶駵譯,商務印書館 1959 年版。

16. 王寵惠著:《追懷國父述略》,《革命先烈先進闡揚國父思想論文集》第 1 冊,1965 年版(臺北)。

17. 〔古希臘〕亞里士多德著:《政治學》,吳壽彭譯,商務印書館 1965 年版。

18. 張晉藩、曾憲義編著：《中國憲法史略》，北京出版社 1979 年版。

19. 〔法〕盧梭著：《社會契約論》，何兆武譯，商務印書館 1980 年版。

20. 〔英〕休謨著：《人性論》（上下兩冊），關文運譯，商務印書館 1980 年版。

21. 北京大學哲學系編：《西方哲學原著選讀》（上下），商務印書館 1981 年版。

22. 《革命逸史》第 2 集，中華書局 1981 年版。

23. 《救國會》，中國社會科學出版社 1981 年版。

24. 〔美〕潘恩著：《潘恩選集》，馬清槐等譯，商務印書館 1982 年版。

25. 〔美〕漢密爾頓、傑伊、麥迪遜著：《聯邦黨人文集》，程逢如等譯，商務印書館 1982 年版。

26. 〔英〕約翰·密爾著：《代議制政府》，汪瑄譯，商務印書館 1982 年版。

27. 梁啓超著：《少年中國說》，《梁啓超選集》，上海人民出版社 1984 年版。

28. 張晉藩等編著：《中國近代法律思想史略》，中國社會科學出版社 1984 年版。

29. 《中國國民黨歷次代表大會及中央全會資料》上冊，光明日報出版社 1985 年版。

30. 〔美〕喬治·霍蘭·薩拜因著：《政治學說史》，托馬斯·蘭敦·索爾森修訂，盛葵陽、崔妙因譯，商務印書館 1986 年版。

31. 張友漁著：《憲政論叢》（上下冊），群眾出版社 1986 年版。

32. 嚴復著：《闢韓》，《嚴復集》第 1 冊，中華書局 1986 年版。

33. 《諸子集成》（8 卷本），上海書店影印出版，1986 年 7 月第一版。

34. 朱光磊著：《以權力制約權力》，四川人民出版社 1987 年版。

35. 〔荷〕亨利·范·馬爾賽文等著：《成文憲法的比較研究》，陳雲生譯，華夏出版社 1987 年版。

36. 何華輝著：《比較憲法學》，武漢大學出版社 1988 年版。

37. 〔法〕托克維爾著：《論美國的民主》，董國良譯，商務印書館 1988 年版。

38. 〔美〕吉爾伯特·羅茲曼主編：《中國的現代化》，國家社會科學基金「比較現代化」課題組譯，江蘇人民出版社 1988 年版。

39. 〔美〕約翰·羅爾斯著：《正義論》，何懷宏、何包剛、廖申白譯，中國社會科學出版社 1988 年版。

40. 〔美〕伯爾曼著：《法律與宗教》，梁治平譯，上海三聯書店 1991 年版。

41. 彭勃等主編：《馬克思、恩格斯、列寧、斯大林論監督與監察》，紅旗出

版社 1991 年版。

42. 〔英〕羅素著：《權力論》，吳友三譯，商務印書館 1991 年出版。

43. 蔡定劍著：《國家監督制度》，中國法制出版社 1991 年版。

44. 王金鋙、李子文著：《中國現代政治思想史》，吉林大學出版社 1991 年版。

45. 王桂五主編：《中華人民共和國檢察制度研究》，法律出版社 1991 年 12 月版。

46. 徐矛編著：《中華民國政治制度史》，上海人民出版社 1992 年版。

47. 梁漱溟著：《論當前憲政問題》，《梁漱溟全集》第 6 卷，山東人民出版社 1993 年版。

48. 歐陽哲生著：《自由主義之累——胡適思想的現代闡釋》，上海人民出版社 1993 年版。

49. 韋慶遠等編著：《清末憲政史》，中國人民大學出版社 1993 年 10 月版。

50. 顧準著：《顧準文集》，貴州人民出版社 1994 年版。

51. 王啓信主編：《國家權力機關監督概論》，山東人民出版社 1994 年 12 月版。

52. 郭寶平著：《民國政制通論》，山西人民出版社 1995 年版。

53. 〔法〕孟德斯鳩著：《論法的精神》（上冊），張雁深譯，商務印書館 1995 年版。

54. 趙寶雲著：《當代資本主義國家監督制約機制》，福建人民出版社 1995 年 12 月版。

55. 〔美〕路易斯·亨金著：《憲政·民主·對外事務》，三聯書店 1996 年版。

56. 張文顯著：《20 世紀西文法哲學思潮研究》，法律出版社 1996 年版。

57. 陳聞桐著：《近現代西方政治哲學引論》，安徽大學出版社 1997 年版。

58. 章伯鋒、莊建平主編：《抗日戰爭》第 3 卷《民族奮起與國內政治》（內），四川大學出版社 1997 年版。

59. 〔美〕埃爾斯特、〔挪威〕斯萊格斯塔德編：《憲政與民主——理性與社會變遷研究》，潘勤、謝鵬程譯，三聯書店 1997 年版。

60. 林喆著：《權力腐敗與權力制約》，北京：法律出版社，1997 年版。

61. 〔匈〕安東尼·德·雅賽著：《重申自由主義》，陳茅譯，中國社會科學出版社 1997 年版。

62. 〔英〕M·J·C·維爾著：《憲政與分權》，蘇力譯，三聯書店 1997 年版。

63. 〔美〕彼得·G·倫斯特洛姆編：《美國法律辭典》，賀衛方等譯，中國政法大學出版社 1998 版。

64. 孔慶泰等編著：《國民黨政府政治制度史》，安徽教育出版社 1998 年版。

65. 俞可平著：《社群主義》，中國社會科學出版社 1998 年版。

66. 〔德〕威廉·馮·洪堡著：《論國家的作用》，林榮遠、馮興元譯，中國社會科學出版社 1998 年版。

67. 王人博、程燎原著：《法治論》，山東人民出版社 1998 年 7 月版。

68. 劉軍寧著：《共和·民主·憲政──自由主義思想研究》，上海三聯書店 1998 年 12 月版。

69. 〔法〕邦德曼·貢斯當著：《古代人的自由與現代人的自由》，閻克文等譯，商務印書館 1999 年版。

70. 〔英〕丹寧著：《法律的正當程序》，李克強、楊百揆、劉庸安譯，法律出版社 1999 版。

71. 高民政著：《從柏拉圖到約翰·密爾──西方傳統政治思想評介》，西安出版社 1999 年版。

72. 〔古羅馬〕西塞羅著：《國家篇、法律篇》，沈淑平、蘇力譯，商務印書館 1999 年版。

73. 劉海年等著：《人權與憲政》，中國法制出版社 1999 年版。

74. 季衛東著：《法治秩序的建構》，中國政法大學出版社 1999 年 7 月版。

75. 〔德〕哈貝馬斯著：《合法化危機》，劉北成、曹衛東譯，上海人民出版社 2000 年版。

76. 梁啓超著：《梁啓超法學文集》，范中信選編，中國政法大學 2000 年 1 月版。

77. 王希著：《原則與妥協──美國憲法的精神與實踐》（修訂本），北京大學出版社 2000 年 1 月版。

78. 〔美〕J·艾捷爾編：《美國賴以立國的文本》，趙一凡、郭國良主譯，海南出版社，2000 年 3 月版。

79. 俞可平著：《權利政治與公益政治》，社會科學文獻出版社 2000 年版。

80. 〔美〕約翰·羅爾斯著：《政治自由主義》，萬俊人譯，譯林出版社 2000 年版。

81. 〔美〕丹尼斯·朗著：《權力論》，陸震綸等譯，中國社會科學出版社 2001 年 1 月版。

82. 〔意〕圭多·德·拉吉羅著：《歐洲自由主義史》，〔英〕R·G·科林伍德英譯，楊軍譯，吉林人民出版社 2001 年 1 月版。

83. 〔英〕阿克頓著：《自由與權力論說文集》，侯艦、范亞峰譯，商務印書館 2001 年版。

84. 夏勇著：《人權概念起源》，中國政法大學出版社 2001 年版。

85. 〔英〕阿克頓著:《自由史論》,胡傳勝譯,譯林出版社 2001 年版。

86. 達巍等著:《消極自由有什麼錯》,文化藝術出版社 2001 年版。

87. 錢穆著:《中國歷代政治得失》,三聯書店 2001 年版。

88. 莫紀宏著:《現代憲法的邏輯基礎》,法律出版社 2001 年版。

89. 〔美〕斯科特·戈登著:《控制國家——西方憲政的歷史》,應奇等譯,江蘇人民出版社 2001 年版。

90. 孫季著:《法律監督論綱》,北京大學出版社 2001 年版。

91. 童之偉著:《法權與憲政》,山東人民出版社 2001 年版。

92. 〔英〕戴雪著:《英憲精義》,雷賓南譯,中國法制出版社 2001 年 4 月版。

93. 〔德〕馮·哈耶克著:《哈耶克論文集》,鄧正來選編譯,首都經濟貿易大學出版社 2001 年 9 月版。

94. 〔英〕戴維·米勒、〔英〕韋農·波各丹諾主編:《布萊克維爾政治學百科全書》,鄧正來等譯,中國政法大學出版社 2002 年版。

95. 〔愛爾蘭〕J·M·凱利著:《西方法律思想簡史》,王笑紅譯,法律出版社 2002 年版。

96. 〔英〕邁克爾·博蘭尼著:《自由的邏輯》,馮銀江、李雪茹譯,吉林人民出版社 2002 年 1 月版。

97. 鄧正來著:《市民社會理論的研究》,中國政法大學出版社 2002 年 7 月版。

98. 鄧正來著:《哈耶克法律哲學的研究》,法律出版社 2002 年 7 月版。

99. 徐祥民著:《中國憲政史》,青島海洋大學出版社 2002 年版。

100. 張學仁,陳寧生著:《二十世紀之中國憲政》,武漢大學出版社 2002 年版。

101. 〔英〕約翰·格雷著:《自由主義的兩張面孔》,顧愛彬、李瑞華譯,江蘇人民出版社 2002 年版。

102. 徐祥民、劉惠榮等著:《政體學說史》,北京大學出版社 2002 年 8 月版。

103. 〔英〕伯林著:《反潮流:觀念史論文集》,馮克利譯,譯林出版社 2002 年 10 月版。

104. 〔英〕巴克著:《希臘政治理論》,盧華萍譯,吉林人民出版社 2003 年 1 月版。

105. 〔美〕約翰·凱克斯著:《反對自由主義》,應奇譯,江蘇人民出版社 2003 年 1 月版。

106. 李澤厚著:《中國古代思想史論》,天津社會科學出版社 2003 年版。

107. 柏拉圖著:《柏拉圖全集》(第三卷),人民出版社 2003 年版。

108. 范進學著：《權利政治學》，山東人民出版社 2003 年版。

109. 徐育苗編：《中外監督制度比較》，商務印書館 2003 年版。

110. 〔英〕以賽亞・伯林著：《自由論》，胡傳勝譯，譯林出版社 2003 年版。

111. 顏德如著：《梁啓超、嚴復與盧梭社會契約思想》，吉林人民出版社 2003 年版。

112. 〔英〕約翰・麥里克蘭著：《西方政治思想史》，彭淮棟譯，海南出版社 2003 年版。

113. 〔英〕S・李德・布勒德著：《英國憲政史譚》，陳世第譯，中國政法大學出版社 2003 年 7 月版。

114. 鄧正來著：《自由主義社會理論》，山東人民出版社 2003 年 8 月版。

115. 顏德如主編：《自由主義與近代中國》，吉林文史出版社 2003 年 12 月版。

116. 石畢凡著：《近代中國自由主義憲政思潮研究》，山東人民出版社 2004 年版。

117. 王彩波著：《西方政治思想史——從柏拉圖到約翰・密爾》，中國社會科學出版社 2004 年版。

118. 張千帆著：《西方憲政體系》（上下冊），中國政法大學出版社 2004 年版。

119. 龍大軒著：《道與中國法律傳統》，山東人民出版社 2004 年 4 月版。

120. 公丕祥著：《中國法制現代化》，中國政法大學出版社 2004 年 11 月版。

121. 蔡定劍主編：《監督與司法公正》，法律出版社 2005 年 5 月版。

122. 曹沛霖等編：《比較政治制度》，高等教育出版社 2005 年版。

123. 郭寶平、朱國斌著：《探尋憲政之路》，山東人民出版社 2005 年版。

124. 何勤華著：《西方法律思想史》，復旦大學出版社 2005 年版。

125. 〔美〕詹姆斯・施密特著：《啓蒙與現代性》，徐向東、盧華萍譯，上海人民出版社 2005 年版。

126. 蕭北庚著：《走向法治政府》，知識產權出版社 2006 年版。

127. 張君勱著：《憲政之道》，清華大學出版社 2006 年版。

128. 宇培峰著：《新儒家、新儒學及其政治法律思想研究》，中國政法大學出版社 2006 年 4 月版。

129. 〔美〕霍貝爾著：《原始人的法》，嚴存生譯，法律出版社 2006 年 5 月版。

130. H・L・A・哈特著：《法律的概念》，許宗馨、李冠宜譯，法律出版社 2006 年 6 月版。

131. 劉誠著：《現代社會中的國家與公民——共和主義憲法理論爲視角》，法

律出版社 2006 年 9 月版。

132. 付春楊著：《民國時期政體研究》，法律出版社 2007 年版。

133. 王培英編：《中國憲法文獻通編》，中國民主法制出版社 2007 年版。